航空法学案例教学规划丛书

总主编　郝秀辉

CASE STYUDY OF AVIATION LAW

Civil Law Volume

航空法案例教程

民法总论卷

郝秀辉◎编著

知识产权出版社
全国百佳图书出版单位

图书在版编目（CIP）数据

航空法案例教程．民法总论卷／郝秀辉编著．--北京：知识产权出版社，2018.9

（航空法学案例教学规划丛书）

ISBN 978-7-5130-5861-2

Ⅰ.①航… Ⅱ.①郝… Ⅲ.①航空法—案例—中国—高等学校—教材 ②民法—案例—中国—高等学校—教材 Ⅳ.①D922.296.5②D923.05

中国版本图书馆CIP数据核字（2018）第219053号

策划编辑：齐梓伊　　**责任编辑：**叶　雪

责任校对：王　岩　　**封面设计：**久品轩

责任印制：刘译文

航空法案例教程：民法总论卷

郝秀辉　编著

出版发行：知识产权出版社有限责任公司　　**网　　址：**http://www.ipph.cn

社　　址：北京市海淀区气象路50号院　　**邮　　编：**100081

责编电话：010-82000860转8173　　**责编邮箱：**yexue2018@outlook.com

发行电话：010-82000860转8101/8102　　**发行传真：**010-82000893/82005070/82000270

印　　刷：北京嘉恒彩色印刷有限责任公司　　**经　　销：**各大网上书店、新华书店及相关专业书店

开　　本：720mm×1000mm　1/16　　**印　　张：**18.25

版　　次：2018年9月第1版　　**印　　次：**2018年9月第1次印刷

字　　数：327千字　　**定　　价：**68.00元

ISBN 978-7-5130-5861-2

航空法案例教程丛书总序

案例教学模式的改革与创新是当代法学教育教学改革的重要内容，已获共识并被广泛采用。案例教学模式以问题为中心，以实务为导向，以理论与实践相结合为教学目的，是培养应用型、创新型人才的有效途径。自最高人民法院发布建立和完善案例指导制度以来，判例研究作为一种教学组织模式的重要性日益彰显。在信息化和智能化的时代，案例教学的资料收集与检索获得前所未有的便利，但也给如何创新法学案例教学的形式和内容提出新挑战。

推进案例教学必须要与相应的案例教材配套，教材（特别是案例教材）建设是深化教学改革，全面推进素质教育，培养卓越法律人才的重要保证。教材是体现教学内容和教学方法的知识载体，是进行教学的基本工具，是学科建设和课程建设成果的凝结和体现，加强教材规划与建设是提高教学质量的重要基础性工作。

目前，案例教学虽然在法学教育中推广较快，以案例分析为内容的各类图书或参考书也汗牛充栋，但因其选择的相关案例过于零散和随意，或过于简单和浅显，较多图书在规则阐述方面存在系统性和逻辑性不足，尤其是特色化、个性化的案例教材严重短缺，不能发挥案例教材应有的作用。

近年来，中国民航大学的法学学科专业建设取得重大进展。2001 年法学本科专业面向全国招生，2012 年获批法学一级学科硕士点，2014 年获批法律硕士专业学位点，2017 年获批天津市高等学校“十三五”综合投资规划“应用型”专业建设项目。天津市人文社科重点研究基地——航空法律与政策研究中心、天津市级实验教学示范中心——航空法学实验教学中心均已获批。

中国民航大学法学专业为有效实现专业特色化发展，围绕应用型航空法律人才需求特点，以学校为本位，自我设计开发和确定了大量凸显航空法特色的“校本课程”，意在通过校本课程教学实现专业人才培养目标。多年来，法学院持续构建以任课教师为主体的研究团队，积极开展对航空法教学内容的研究，有计划地推进分层分类、立体化的特色教材建设，开发和编撰作为校本课程实施的媒介——“校本教材”。其中《航空法学原理与实例》《航空运输合同法》《航空保险法》和《航空恐怖主义犯罪的防范与控制》等教材，已在教学中投入使用，获得良好效果和较大反响。

为进一步促进中国民航大学航空法案例教学的发展，避免航空法案例教材的无序、重复编撰与出版，根据航空法律人才培养教学计划，特别开展《航空法案例教程》系列丛书的编写，统一规划和设计案例教程的体系和内容，强化案例教材建设的过程性管理。

本套丛书注重特色性、研究性和实用性。每部教程所选案例均为航空领域的典型案例和现实问题，突出强化对案例的深度研究和法理阐释，不局限于对既有案例的单纯评述，也非对臆造案例的学术构造，而是意在通过总结法律适用的经验和技术，探讨司法裁判的妥当性，切入航空业发展对法律规范和法学理论的真需求，研究理论和实务良性互动的现实问题。每部案例教程的编著均以法学课程的案例教学为指引，在教程体例设计上注重科学性、逻辑性和教学规律，在案例选择上注重精准性、代表性和可接受性，充分发挥案例教程对航空法学案例教学的作用。

2018年3月

目　录

第一章

民法概述

民法学是研究民事法律制度、民事法律现象和民法所反映的社会发展规律的科学。民法学是一尊辉煌凝重的大鼎，是一棵枝繁叶茂的大树，是一座飘着历史幽香的科学殿堂。民法学的内容取决于民法的内容。

所谓民法，是指调整平等主体的自然人、法人和其他组织之间的财产关系和人身关系的法律规范的总和①。民法是一门权利之法，它不仅宣告民事主体的各种民事权利，而且给予了具体的权利操作方式，被称为人民权利的“圣经”。民法是一部活的法，从不讳言一己之私利，无论对人、对己、对社会，都力图实现公平、正义、诚实信用与平等。民法被奉为生活的百科全书，关乎人们的日用常行，蕴含一定的生活理念，内含着丰富的生活技巧，告诉人们为人处世之方、待人接物之法、安身立命之术，最富有生活的品格。民法是济人之道、生前之道、现实之道，其通过民事权利能力制度，从整体上为人树立了榜样，塑造理想的人，民法通过各种具体的民事权利制度给人以机会权、生存权和发展权等各种各样的权利，民法的理想是让现实的人获得民法所有的权利，实现人的全面、彻底的解放。②

第一节　民法的调整对象

根据《中华人民共和国民法总则》（以下简称《民法总则》）第 2 条规

① 王利明：《民法》，中国人民大学出版社 2015 年版，第 3 页。

② 姚辉：《民法的精神》，法律出版社 1999 年版，第 1 ~ 8 页。

定："民法调整平等主体的自然人、法人和非法人组织之间的人身关系和财产关系。"

依该条规定，其规范之法律关系为自然人、法人和非法人组织之间的人身关系和财产关系。"自然人、法人和非法人组织"所涵盖的范围在逻辑上应是主体全称。

民法的调整对象为平等主体之间的人身关系和财产关系；其中财产关系是以商品经济为基础的财产所有关系和财产流转关系，一般具有平等自愿和等价有偿的性质。人身关系，是人们在社会生活中形成的具有人身属性、与主体的人身不可分离、不以经济利益而以特定精神利益为内容的社会关系。在航空领域，存在大量的民法所调整的财产关系和人身关系。

一、财产关系

（一）无人机被毁损的赔偿关系

【案例】厦门加能电力科技有限公司与陈某某财产损害赔偿纠纷案

【案情介绍】2012年9月25日，厦门加能电力科技有限公司所有的无人驾驶的遥控飞机，在翔安区马巷镇巷南中学门口附近公路上紧急迫降着陆时，与陈某某驾驶的其自有的轿车相碰撞。事故造成飞机尾部断裂、机翼受损。轿车车头右侧及右前轮有剐蹭痕迹，现场道路上留有一条印迹明显的小车急刹车挫痕。事后，厦门加能电力科技有限公司将陈某某诉至法院，主张陈某某故意撞毁其无人飞机，向其索赔各项财产和律师费用损失24万余元。一审法院审理认为，厦门加能电力科技有限公司讼争无人机飞行未经相关飞行管制主管部门批准，属违规飞行作业，且在无人飞机降落时未做好安全防范措施，是造成本次事故的根本原因，其无人机的损失应由其自行承担，原告索赔主张缺乏事实和法律依据，不予支持，驳回起诉。一审宣判后，原告向福建省厦门市中级人民法院提起上诉。二审审理后判决维持原判。①

【案例评析】无人驾驶航空器（简称无人机），是一架由遥控站管理（包括远程操纵或自主飞行）的航空器，也称遥控驾驶航空器。

近年来随着技术进步，民用无人驾驶航空器的生产和应用在国内外得到

① 福建省厦门市翔安区人民法院（2013）翔民初字第488号民事判决书、福建省厦门市中级人民法院（2014）厦民终字第3864号民事判决书。

了蓬勃发展。在不妨碍民用无人机多元发展的前提下，加强对民用无人机驾驶人员的规范管理越来越紧迫。由于民用无人机在全球范围的发展速度也非常快，国际民航组织已经开始为无人机及其相关系统制定标准和建议措施（SARPs）、空中航行服务程序（PANS）和指导材料的任务。多个国家相继推出了临时性管理规定。中国 2013 年也发布咨询通告——《民用无人驾驶航空器系统驾驶员管理暂行规定》（也属于临时性管理规定），针对目前出现的无人机及其系统的驾驶员实施指导性管理。

本案所涉规范包括《中华人民共和国民法通则》（以下简称《民法通则》）、《中华人民共和国侵权责任法》（以下简称《侵权责任法》）、《通用航空飞行管制条例》等相关规定。

《民法通则》第 5 条规定："公民、法人的合法的民事权益受法律保护，任何组织和个人不得侵犯。"第 6 条规定："民事活动必须遵守法律，法律没有规定的，应当遵守国家政策。"

《通用航空飞行管制条例》（国务院、中央军委第 371 号令）第 3 条规定："本条例所称通用航空，是指除军事、警务、海关缉私飞行和公共航空运输飞行以外的航空活动，包括从事工业、农业、林业、渔业、矿业、建筑业的作业飞行和医疗卫生、抢险救灾、气象探测、海洋监测、科学实验、遥感测绘、教育训练、文化体育、旅游观光等方面的飞行活动。"第 4 条规定："从事通用航空飞行活动的单位、个人，必须按照《中华人民共和国民用航空法》的规定取得从事通用航空活动的资格，并遵守国家有关法律、行政法规的规定。"第 12 条规定："从事通用航空飞行活动的单位、个人实施飞行前，应当向当地飞行管制部门提出飞行计划申请，按照批准权限，经批准后方可实施。"

《民用无人机驾驶员管理规定》第 5 条规定："……下列情况下，无人机系统驾驶员自行负责，无须证照管理：A. 在室内运行的无人机；B. Ⅰ、Ⅱ类无人机（如运行需要，驾驶员可在无人机云系统进行备案。备案内容应包括驾驶员真实身份信息、所使用的无人机型号并通过在线法规测试）；C. 在人烟稀少、空旷的非人口稠密区进行试验的无人机……"

本案双方争议主要焦点有二：无人机试飞行为是否违规？原告在飞行过程中是否存在过错，是否应当承担事故责任？

首先，依据《通用航空飞行管制条例》规定，在我国境内从事通用航空飞行活动，必须遵守本条例，条例明确规定了除军事、警务、海关缉私飞行和公共航空运输飞行以外的航空活动均应适用该条例。此案中原告进行无人机飞行，应当适用该条例。讼争飞机用于高空线路巡查，用途属于通用航空范畴。原告未提供证据证明其取得《通用航空经营许可管理规定》的经营许可资质和相关部门的审批或备案，依法应认定为违法经营和违规飞行。

其次，根据《通用航空飞行管制条例》规定，从事通用航空飞行活动的单位、个人实施飞行前，应当向当地飞行管制部门提出飞行计划申请，按照批准权限，经批准后方可实施，并对飞行安全负责。原告未经批准擅自进行无人机飞行活动，属于违规飞行作业，其应当对未尽安全保障义务而发生的损失承担责任。

最后，原告在飞行过程中未做好安全防范措施是造成事故的主因。原告选择在中学附近，即城镇居民区域进行试飞活动，存在重大安全隐患。事发路段建设后虽然尚未投用，但属于机动车可行驶的道路，并未禁止车辆通行，属于开放性公共场所。原告应当预见可能有过往车辆通行，须采取切实有效的防范措施避免车辆进入，但原告并未采取设置路障等有效措施和试飞期间禁止车辆、其他人员进入的明显标志。无人机突然降落在机动车路面上，行进中的车辆驾驶人难以预料，难以及时采取切实有效的安全避让措施。

因此，原告对本案事故的发生具有重大过错，违规飞行和操作不当是事故主因，两审法院认定原告应对自身的飞行安全自行负责从而驳回其诉讼请求并无不当。

【思考题】

2016 年6 月，美国70 岁女子J女士在家里休息，突然发现有一架无人机在她家附近“转悠”。发现无人机的J女士迅速被激怒，立即拿出家中的短管猎枪，击落了正在“侵犯”的无人机。J女士认为无人机侵入了自己的私有领地。无人机的主人认为并没有侵犯到J女士的隐私权，控诉J女士故意损害他人财物，提出要求J女士赔偿他的损失。

击落“正在侵犯你隐私权”的无人机，应该赔偿吗？

提示：关于应否赔偿问题有三种不同的意见：意见一认为不该赔。无人机驾驶员侵犯权利在先，被侵犯者采取暴力手段将无人机击落，属于自我防范。意见二认为应该赔。无人机驾驶员是在公共区域进行飞行，飞行器没有闯入居民家中，居民可采取拉窗帘等手段来屏蔽干扰，击落无人机并非维护自身权益的最佳方式。意见三认为双方共担，量化责任。驾驶员在驾驶无人机时并没有明确告知周围人群自身的意图，很容易造成误会。当驾驶员存在恶意行为时，如不及时阻止，会造成自己隐私等被不法分子掌握，事后追责不能消除其恶意行为造成的损害。

（二）机票买卖合同关系

【案例】美亚公司诉肖某某合同纠纷案

【案情介绍】被告肖某某通过确认件形式与原告美亚公司签订机票合同。原告美亚公司向被告肖某某提供下列机票订购服务：旅行团机票出发日期为2014年5月6日，返程日期为2014年5月13日，路线为杭州－昆明－杭州，团队人数为52人。双方确认上述旅游行程内容无误，并相互盖章签名确认。原告美亚公司履行上述合同中的所有义务，被告肖某某须向原告支付上述旅行团机票款合计74 880元。后被告仅支付22 880元，余款52 000元未付。2014年6月19日，被告在原告催促并且核对原告出具的旅行团团费欠款明细无误后，写下欠条并签字确认盖手印，并在欠条上约定最终还款期限。支付欠款期限届满后，被告未能按时支付，经原告多次催讨均未果。原告诉至法院，请求判令被告向原告支付旅游团机票款52 000元和承担本案所有诉讼费用。法院经审理认为：肖某某欠美亚公司机票款52 000元的事实，有其出具的欠条为证，足以认定。肖某某未按约定履行给付义务，已构成违约。依照《合同法》第6条、第107条、第113条的规定，判决被告肖某某于本判决生效后10日内支付原告杭州美亚航空服务有限公司机票款52 000元。本案受理费由被告肖某某负担。①

【案例评析】《中华人民共和国合同法》（以下简称《合同法》）第6条规定："当事人行使权利、履行义务应当遵循诚实信用原则。"第107条规定："当事人一方不履行合同义务或者履行合同义务不符合约定的，应当承担继续履行、采取补救措施或者赔偿损失等违约责任。"第113条规定："当事人一方不履行合同义务或者履行合同义务不符合约定，给对方造成损失的，

① 杭州市下城区人民法院（2015）杭下商初字第05517号。

损失赔偿额应当相当于因违约所造成的损失，包括合同履行后可以获得的利益，但不得超过违反合同一方订立合同时预见到或者应当预见到的因违反合同可能造成的损失。经营者对消费者提供商品或者服务有欺诈行为的，依照《中华人民共和国消费者权益保护法》的规定承担损害赔偿责任。”

在本案中，原告美亚公司对于未售出的机票享有处分、收益的权利，应属于财产所有关系，而被告肖某某与美亚公司之间是基于机票订购而产生的财产的流转关系。

根据《民法通则》第2条的规定，我国民法调整平等主体之间的财产关系。所谓财产关系是指人们在产品生产、分配、交换和消费过程中形成的具有经济内容的关系。在本案中，首先，原告美亚公司是独立的法人、被告肖某某是自然人，二者均是平等的民事主体。其次，平等主体间的财产关系，包括财产所有关系和财产流转关系。财产所有关系是指因占有、使用、收益、处分而发生的社会关系。流转关系是指因转移财产而发生的社会关系。

【思考题】

2016年1月16日，原告等四人与被告签订“团队出境旅游合同”一份，双方约定出发时间为2016年1月26日，结束时间为2016年2月4日，共10天，每人的旅游费用为4890元。原告等四人于2016年1月16日共同交款共计19 560元，被告向其出具了“旅游服务专用收据”一份，其中详细约定了违约情形及其处理办法，现在原告中的一人初某某因故违约，被告依据“旅游服务专用收据”中条款拒绝向原告退款，现在原告初某某诉至法院请求被告旅行社全额退款。[①]

本案是否由民法调整？本案的调整对象是否为民法调整平等主体之间的财产关系？

二、人身关系

我国民法不仅调整平等民事主体之间的财产关系，同时调整平等民事主体之间的人身关系。所谓人身关系，是指没有财产内容但有人身属性的社会

① 天津市河东区人民法院（2016）津0102民初2036号民事判决书。

关系。人身关系基于一定的人格和身份产生，体现人精神和道德上的利益，包括人格关系和身份关系两类。

所谓人格关系，是指民事主体的人格利益而发生的关系，人格利益是指人的生命、健康、肖像等方面的利益，在民法上对应的是生命权、健康权、肖像权等人格权。

民法调整的人身关系具有以下几个特点。

（1）非财产性质。人格、身份都不具有直接的经济价值，不是物质财富，故人身关系以人身利益而非财产利益为内容。

（2）与特定人自身不可分离。人格和身份必属于特定的人。对于其具有的人格或身份，主体既不可转让，也不可放弃。

（3）平等性质。民法所调整的人身关系具有平等性质，即只有自然人、法人或其他民事主体在民事活动领域发生的人身关系，才为民法所调整。民事活动领域之外的某些身份关系（如行政职务关系等）不具有平等性质，应由其他法律部门调整。

（一）航空旅客的人身损害赔偿关系

【案例】胡某某诉孙某某侵权损害赔偿案

【案情介绍】2014 年 10 月 12 日 10 时 40 分许，原告胡某某在桃仙机场 T3 航站楼送别亲属后，在去往二层值机 B 岛与 C 岛区间的卫生间途中，被从十字方向经过正欲办理行李托运的被告孙某某推行的行李手推车撞倒，导致身体受伤，被送至盛京医院急诊救治，诊断为多发外伤、右髌骨骨折；病情初步稳定后，胡某某回到户籍所在地的锦州市中心医院继续医治，诊断为右髌骨骨折，胸廓软组织挫伤，左侧第 4 和第 5 肋骨骨折，双膝关节半月板损伤，双膝关节积液，腰 4－5、腰 5－骶 1 椎间盘突出，于 2014 年 10 月 12 日至 12 月 1 日在该院住院治疗 50 天，期间均为二级护理，共计支付医疗费 14 630.99元，其中由医保统筹支付 10 779.18 元，胡某某个人支付 3851.81 元。原告胡某某起诉至法院，要求赔偿经济损失。

法院经审理查明，被告孙某某在公共场所推行行李车行进过程中，未能进行充分瞭望，并未与周围不特定的人、物保持安全距离，且对于行李车前方横向通行的行人，亦没有依照公共场所通行习惯，进行让行、避险，以致胡某某受伤，应承担相应的民事责任；原告胡某某作为完全民事行为能力人，行走过程中对路况应有注意和自我保护的义务，对损害后果亦应自行承担一定的责任。法院综合分析事实经过和损害后果产生的原因，认定由被告孙某某就原告胡某某的合理经济损失承担70%的赔偿责任，由胡某某自行承担30%的赔偿责任。赔偿款项，应由被告孙某某按70%的比例给付原告胡某某医疗费2696.27元、住院伙食补助费3500元、误工费14 501.17元、护理费3368.44元、交通费350元、残疾辅助器具（肢具）费1400元、病案复印费22.05元。由于举证等原因，胡某某据此要求给付残疾赔偿金、鉴定费、精神损害抚慰金的诉请不能成立。①

【案例评析】本案原告胡某某在去往二层值机B岛与C岛区间的卫生间途中，被从十字方向经过正欲办理行李托运的被告孙某某推行的行李手推车撞倒，导致身体受伤。显然，这种人身健康受损害赔偿关系发生于两个具有平等地位的航空旅客之间，因此属于民法的调整对象。受害人胡某某有权向法院提出损害赔偿诉讼请求，侵权人则对其侵害行为应该基于自身过错大小比例承担损害赔偿。

在航空旅客运输实践中，航空旅客所受损害并非仅是飞行中发生空难所致死亡，还会发生在机场这一公共区域内。侵权人可能是航空公司、机场经营人，也可能是第三人和航空旅客。例如，2015年11月17日12时35分许，原告陈某某与丈夫丁某某从轨道2号线浦东国际机场站北出入口检票进站，准备乘自动扶梯下至站台过程中，走在原告之前的被告严某某因携带的行李箱被扶梯口设置的限制桩阻拦而停顿反向推行李箱时，原告亦因侧身与其丈夫说话而未注意到扶梯口情况，以致原告被被告的行李箱绊倒受伤。原告先后于上海浦东新区人民医院和交通大学医学院附属新华医院门诊就诊治疗，诊断为腰1椎体骨折。另查明，自动扶梯口的限制桩上贴有禁止携带大件行李箱和轮椅的乘客使用扶梯的黄色警示牌。在审理过程中，原告提出申请对伤后“三期”情况进行鉴定，经法院委托，华东政法大学司法鉴定中心出具鉴定意见书，认定原告陈某某因外力作用致腰1椎体压缩性骨折，酌情给予伤后休息150日、营养60日、护理75日。故原告诉至法院，请求判决被告严某某支付其医疗费、交通费、杂费、鉴定费、营养费、护理费、误工费和律师代理费等损失。法院经审理认为，对于医疗费和交通费双方意见一致；

① 沈阳市浑南区人民法院（2015）浑南民一初字第01667号民事判决书。

对于营养费和护理费，根据鉴定意见书确定的期限，结合原告的受伤情况及上海市司法实践和护工劳务报酬标准，分别确定为1800元和6167元；对于误工费，原告已到退休年龄，且未提供充分的收入减少证据，故不予支持；对于律师代理费，参照上海市司法实践标准，确定为1200元；对于杂费，系原告伤后的合理费用，予以支持。依照《侵权责任法》和《最高人民法院关于审理人身损害赔偿案件适用法律若干问题的解释》的规定，判决被告严某某赔偿原告陈某某医疗费、交通费、营养费、护理费、鉴定费、杂费；赔偿原告陈某某律师代理费。①

民法是权利法，民法最基本的职能在于对民事权利的确认和保护。自然人的健康权受法律保护，侵害他人造成人身财产损害的，应当承担侵权责任。被侵权人对损害的发生也有过错的，可以减轻侵权人的责任。

本案原告陈某某和被告严某某均于浦东机场站准备乘坐地铁，在地铁站内的自动扶梯旁，原告因被告倒推行李箱的行为而绊倒受伤。首先，被告携带大件行李搭乘自动扶梯存在安全隐患，应当乘坐升降电梯，相关内容在扶梯口有显著警示牌提醒，同时扶梯口亦安装了限制桩防止大件行李通过。而被告却仍旧携带行李箱试图搭乘扶梯，终因箱子过大被限制桩卡住无法通过，故被告搭乘电梯的不当行为造成原告摔倒受伤，存在过错，应当承担纠纷的主要责任。其次，原告在行走过程中侧身与其丈夫说话，疏于注意前方扶梯口的情况，以致当被告行李箱无法从扶梯口通过时，未能及时止步，造成摔倒受伤，自身亦存在一定过错，应当承担次要责任。

（二）机场与著作权人的侵权损害赔偿关系

【案例】王某某诉天河机场著作权侵权损害赔偿纠纷案

【案情介绍】 王某某通过对湖北省武汉市东湖风景区的自然风光进行拍摄，创作完成涉案摄影作品《东湖磨山游艇》后，将该作品向湖北省版权局申报著作权登记，并获得鄂作登字17－2014－G－20141601号作品登记证书。2014年9月，王某某发现在天河机场负责经营管理的武汉天河机场2号航站楼国内到达区的8～10号门廊的对外大型玻璃幕墙墙体广告位上发布有多幅自然风景图片展示镜框，使用《东湖磨山游艇》摄影作品为背

① 上海铁路运输法院（2016）沪7101民初146号民事判决书。

景做大型旅游广告宣传，并留有“东湖磨山”字样，但未署名图片的相关制作、发布者和作品来源等信息。王某某认为该行为严重侵害了其对该作品享有的著作权，给其造成较大的精神伤害和经济损失。为此提起诉讼，请求法院判令：（1）天河机场立即停止侵害王某某《东湖磨山游艇》摄影作品的著作权，在相关媒体上向王某某赔礼道歉消除不良影响，并赔偿王某某经济损失7000元；（2）天河机场承担本案律师费3000元及诉讼费。一审法院判决天河机场在《长江日报》相关页面刊登致歉声明，向王某某赔礼道歉、消除影响。如天河机场逾期不做出声明，法院将在同等媒体上公开涉案侵权事实，相关费用由天河机场承担；天河机场赔偿王某某的经济损失及合理费用共计4000元。[①] 王某某不服一审判决提起上诉，请求支持一审提出的经济损失及合理费用共计1万元的请求。二审法院经审理驳回上诉，维持原判。[②]

【案例评析】本案争议焦点为：王某某是否对涉案权利作品享有著作权？著作权被侵犯后如何确定赔偿数额？

知识产权是一种比较特别的民事权利，兼具人身权和财产权的双重属性。著作权作为知识产权的一种类型，是指权利人依法对文学、艺术和科学领域内具有独创性并能以某种有形形式复制的智力成果享有的权利。具体包括文字作品；口述作品；音乐、戏剧、曲艺、舞蹈、杂技艺术作品；美术、建筑作品；摄影作品；电影作品和以类似摄制电影的方法创作的作品；工程设计图、产品设计图、地图、示意图等图形作品和模型作品；计算机软件；法律、行政法规规定的其他作品。

根据《中华人民共和国著作权法》（以下简称《著作权法》）的规定，著作权包括两个方面的内容，即著作人身权和著作财产权。著作人身权，又称精神权利，是指作者基于作品的创作而依法享有的以精神利益为内容的权利，主要包括发表权、署名权、修改权以及保护作品完整权。著作财产权，是指著作权人通过各种方式利用其作品以及基于利用作品而依法享有的以获得财产利益为内容的权利，著作财产权包括复制权、发行权、改编权等权利。

我国《著作权法》采用自动保护原则，即作品一经产生，不论整体还是

① 湖北省武汉市中级人民法院（2015）鄂武汉中知初字第00580号民事判决书。

② 湖北省高级人民法院（2016）鄂民终56号民事判决书。

局部，只要具备了作品的属性即产生著作权，不要求登记或发表，也无须在复制物上加注著作权标记。虽然著作权属从作品完成之日就自动产生，无须经过登记程序，但在网络时代，信息复制和传播的速度非常之快，著作权人对复制和传播媒体的控制有难度，作品一旦经过多个渠道广泛流传，要证明原始作者的身份有很大困难。根据2000年《最高人民法院关于审理涉及计算机网络著作权纠纷案件适用法律若干问题的解释》的规定，有关著作权登记证书、创作手稿等是证明著作权属的有力证明，因此，申请著作权登记是证明自己著作权人身份的好办法。

本案当事人王某某通过拍摄创作完成涉案《东湖磨山游艇》摄影作品，并按照《作品自愿登记试行办法》的规定完成了作品登记，作品登记证书载明的作者为王某某。同时，王某某持有并向法院提交了涉案权利作品的数码底片，与其作品登记证书相互印证，可以证明该摄影作品的著作权的权利归属于王某某，可以据此认定王某某是涉案权利作品的著作权人。

通过法院审理，将王某某提交的涉案权利作品数码底片与讼争宣传图片进行对比，可以确认两者之间的自然景观、植被、游艇主要部分画面均相同，依据两者的景观视角、客观事物等内容予以分析判断，可以确认两者应为同一幅作品。讼争图片的使用行为并未获得授权许可，应认定为侵害了王某某摄影作品著作权的行为。天河机场作为该宣传广告的经营主体，对该侵权行为应当承担侵权责任。

关于侵权赔偿数额的确定问题，《最高人民法院关于审理著作权民事纠纷案件适用法律若干问题的解释》第25条第2款规定："人民法院在确定赔偿数额时，应当考虑作品类型、合理使用费、侵权行为性质、后果等情节综合确定。"本案中，因王某某确认天河机场已停止刊登涉案广告并放弃立即停止侵权的诉讼请求，故法院没有再判令天河机场承担停止侵权的民事责任。天河机场并非出于商业营利目的使用被控侵权图片，且使用被控侵权图片的时间较短，一审法院综合考虑涉案权利作品的类型及同类图片许可使用费标准、被控侵权行为的性质和使用篇幅情节、行为人主观过错等因素，并确认王某某为本案维权聘请律师提起诉讼所支付的律师费3000元为制止侵权行为的合理费用，最终酌定本案的经济损失及合理费用为4000元。因被控侵权图片刊登时并未署名作者身份，侵害王某某对其作品享有的署名权，故法院判令天河机场对王某某进行赔礼道歉、消除影响。

【思考题】

案例1：何某某诉中国南方航空股份有限公司合同纠纷案

2015年4月11日，何某某乘坐中国南方航空股份有限公司（以下简称南方航空公司）CZ3424航班，于4月12日凌晨抵达武汉。在旅客下飞机过程中，何某某被另一名旅客的行李砸伤头部，致其眼角处受伤。何某某当即报警，机场公安民警出警，在民警主持下，双方自行协商后离开。何某某因受伤在华中科技大学同济医学院附属协和医院住院治疗15天。同年8月26日，经湖北同济法医司法鉴定中心鉴定，何某某受伤不构成伤残，后期治疗费3000元，休息时间5个月，护理时间1个月。由此，何某某于2016年1月12日，以生命权、健康权、身体权纠纷为由，诉至法院，请求邹某某、被告南方航空公司承担因侵权所造成的经济损失，后撤回起诉。同年5月18日，何某某以航空旅客运输合同案由起诉南方航空公司，请求判令被告赔偿原告各项经济损失45 117.45元，并由被告承担本案诉讼费。另查明，原告何某某于2014年3月与武汉力虎轻钢装饰工程有限公司签订劳动合同，在该公司从事部门管理工作。经依法核算，原告何某某因此次航空运输导致的经济损失为39 838.95元，其中医疗费20 347.95元、后期治疗费3000元、住院伙食补助费225元（15元/天×15元）、护理费2361元（参照湖北省交通事故损害赔偿标准，居民服务行业在岗职工人均年收入28 729元/年÷365天×30天）、误工费11 806元（参照湖北省交通事故损害赔偿标准，居民服务行业在岗职工人均年收入28 729元/年÷365天×150天）、鉴定费1900元、交通费酌定200元。①

旅客下飞机过程中所受人身伤害，航空公司应否赔偿？原告何某某先后提起侵权之诉和航空旅客运输合同之诉，对判决结果会有什么影响？

案例2：河南大地通用航空有限公司诉何某某合同纠纷案②

2014年3月24日，原告、被告双方签订“专项培训服务期协议”，协议约定甲方根据事业发展，需要持有商用驾驶执照的飞行员，甲方同意送乙方进行商用驾驶执照培训，乙方在取得商用驾驶执照毕业后要与甲方签订为期16年的劳动合同，协议第5条约定在培训期间，如因乙方（除身体原

① 湖北省武汉市黄陂区人民法院（2016）鄂0116民初2469号民事判决书。

② 河南省郑州市上街区人民法院（2016）豫0106民初135号。

因外）导致本协议无法履行的或在培训结束后拒绝同公司签订劳动合同的，乙方应当向甲方赔偿除飞行员培训本金及其他费用外，再向甲方赔偿培训费×150%的违约金。被告在取得飞行员商用驾驶执照后，拒绝与原告签订劳动合同，原告现诉请法院要求判令被告何某某向原告支付409 500元及相应利息（至被告偿还本息之日）及违约金122 850元，诉讼费由被告承担。

本案违约赔偿关系是财产关系还是人身关系？

第二节 民法的渊源

民法是私法、权利法、实体法、任意法，而非强制法、义务法、程序法、公法。民法的渊源是指民事法律规范借以表现的形式，它主要表现为各国家机关根据其权限范围所制定的各种规范性文件。[①] 民法的渊源外延广阔，除形式意义的民法典外，还包括宪法，其他民事法律、行政规章、地方性法规，最高人民法院的司法解释以及国家认可的民事习惯等。此外，根据我国民法适用的基本原则，在民商事领域，我国加入的国际条约可以优先于国内法适用。因此，某种意义上，我国认可并加入的国际条约实质上已经成为我国民法的渊源之一。

航空法具有天然的国际性，正如赵维田教授的航空法经典著作《国际航空法》中所言："航空法天生就是国际法。"因此，在航空法与民商法交叉的领域，充斥着大量优先适用的国际条约，如《国际民用航空公约》（以下简称《芝加哥公约》）、《统一国际航空运输某些规则的公约》（以下简称《1999年蒙特利尔公约》）、《关于在航空器内犯罪和其他某些行为的公约》（以下简称《东京公约》）等。

一、民法渊源之一：《民用航空法》

《中华人民共和国民用航空法》（以下简称《民用航空法》）是由第八届全国人民代表大会常务委员会第十六次会议于1995年10月30日经审议通过

① 王利明：《民法（第六版）》，中国人民大学出版社2015年版，第16页。

公布的，自1996年3月1日起施行，共16章，214条。迄今修正有4次，均已生效。修订送审稿一部在审议中。

1. 第一次修正

（1）修正依据：根据2009年8月27日第十一届全国人民代表大会常务委员会第十次会议《关于修改部分法律的决定》进行第一次修正。

（2）修正内容。

将第194条、第196条、第198条、第199条中的“依照刑法第x条的规定”“比照刑法第x条的规定”修改为“依照刑法有关规定”。

将第191条中引用已纳入刑法并被废止的关于惩治犯罪的决定的规定修改为“依照刑法有关规定”。

将第192条修改为：“对飞行中的民用航空器上的人员使用暴力，危及飞行安全的，依照刑法有关规定追究刑事责任。”

将第193条第1款修改为：“违反本法规定，隐匿携带炸药、雷管或者其他危险品乘坐民用航空器，或者以非危险品品名托运危险品的，依照刑法有关规定追究刑事责任。”第3款修改为：“隐匿携带枪支子弹、管制刀具乘坐民用航空器的，依照刑法有关规定追究刑事责任。”

将第195条修改为：“故意在使用中的民用航空器上放置危险品或者唆使他人放置危险品，足以毁坏该民用航空器，危及飞行安全的，依照刑法有关规定追究刑事责任。”

将第197条修改为：“盗窃或者故意损毁、移动使用中的航行设施，危及飞行安全，足以使民用航空器发生坠落、毁坏危险的，依照刑法有关规定追究刑事责任。”

将第200条有关法律问题的决定中引用的“治安管理处罚条例”修改为“治安管理处罚法”。

2. 第二次修正

（1）修正依据：根据2015年4月24日第十二届全国人民代表大会常务委员会第十四次会议《关于修改〈中华人民共和国计量法〉等五部法律的决定》进行第二次修正。

（2）修正内容。

删去第68条中的“会同国务院财政部门、物价主管部门”。

将第92条修改为："企业从事公共航空运输，应当向国务院民用航空主管部门申请领取经营许可证。"

将第93条中的"设立公共航空运输企业"修改为"取得公共航空运输经营许可"。

将第97条第3款修改为："国际航空运输运价的制定按照中华人民共和国政府与外国政府签订的协定、协议的规定执行；没有协定、协议的，参照国际航空运输市场价格确定。"

删去第211条中的"对被吊销经营许可证的，工商行政管理部门应吊销其营业执照。"

3. 第三次修正

（1）修正依据：根据2016年11月7日第十二届全国人民代表大会常务委员会第二十四次会议《关于修改〈中华人民共和国对外贸易法〉等十二部法律的决定》进行第三次修正。

（2）修正内容：删去第39条第1项中的"领航员""飞行通信员"。

4. 第四次修正

（1）修正依据：根据2017年11月4日第十二届全国人民代表大会常务委员会第三十次会议《关于修改〈中华人民共和国会计法〉等十一部法律的决定》进行第四次修正。

（2）修正内容：删去第147条第2款中的"并依法办理工商登记；未取得经营许可证的，工商行政管理部门不得办理工商登记"。

5. 修订送审稿①

1999年12月，中国民航局向国务院法制办上报《关于建议修改〈中华人民共和国民用航空法〉的函》（民航体函〔1999〕928号），建议结合行业发展实际，启动《民用航空法》修订工作。2000年年初，开始了修订前期论证和征求意见工作，为修订工作准备材料。2003年正式启动了《民用航空法》的修订起草工作。在法律修订过程中，广泛征求行业内外意见，就修订基本原则、主要内容等听取了各方意见。经过反复修改论证，形成了《民用航空法》修订讨论稿。

2007年，中国民航局局务会议审议了修订讨论稿，明确了修订基本原则

① 《关于〈中华人民共和国民用航空法〉修订送审稿的说明》。

和法律重点方面。在此基础上，2012 年又继续开展研究工作。2015 年委托中国民航科学技术研究院开展“民航法修订”课题研究，并形成了修订建议稿。根据 2015 年 5 月民航局局务会议精神，以建议稿为基础，分别召开论证会听取管理者、业内外航空法专家学者的意见。2015 年 9 月，在全行业广泛征求了意见，共收集到 62 个单位和民航局机关各司局反馈意见 634 条。在对所有意见进行了逐条研究处理，并在就重点问题进行调研的基础上，对该稿做了进一步修改。2015 年 12 月，民航局修法领导小组和民航局局务会分别对《民用航空法》修订稿进行了审议。

2016 年 1 月至 3 月，中国民航局就该稿征求了 14 个省（区、市）、8 个中央部委和最高人民法院等单位的意见，收集反馈意见 119 条，意见集中于行业发展、机场规划、安全监管、运输服务、运输责任和通用航空等方面。中国民航局进行了逐条研究，并就重点问题专门征求了有关方面意见和建议，对修订稿再次进行了研究修改，形成社会公开征求意见稿。2016 年 8 月 8 日至 9 月 6 日，民航局官网发布了社会公开征求意见稿及说明，征求意见时间为 30 天。同时向 12 位第十二届全国人大代表、全国政协委员，国家发改委、中国气象局以及中国消费者协会等单位书面征求意见。收到各方面的电子邮件、传真、信函和书面反馈 107 件（实名反馈 86 件、匿名反馈 21 件），涉及意见 292 条，其中，总体性意见 30 条、具体意见 262 条（含中消协及地方消协意见 63 条）；王昌顺、李军、车尚轮、王均金等 4 位第十二届全国人大代表和全国政协委员，国家发改委、工信部、中国气象局以及中国消费者协会等行业外单位提供了正式书面意见。社会公众征求意见期间，民航局召开了消费者、飞行员、维修人员、私人飞机拥有者、法学专家以及金融机构、保险公司、律师事务所等代表参加的 11 个专门座谈会征求意见；参加了全国人大法工委、国务院法制办委托中国法学会召开的立法咨询专家论证会，召开了航空公司一线工作人员征求意见会。通过上述方式，共听取了 120 多位法学专家、专业人员以及公司、机场、空管一线人员的意见建议。公众反馈意见比较广泛，主要集中在全面放松通航管制、加强消费者权益保护、完善运输管理制度等方面。在征求意见的同时，民航局结合中央对民航发展、改革的要求和行业发展实际，同步进行了修订稿的调整完善工作，形成了送审稿。

2016 年 11 月 14 日，民航局局务会审议并原则通过了修订送审稿。根据会议审议情况，进一步修改完善。2016 年 12 月 27 日，民航局向交通部上报了《民用航空法》修订送审稿。本次修订主要以现有框架为基础，按照“急用先修”的原则，除文字调整以外，主要围绕完善民航业发展机制、加强航空安全管理、放松经济性管制、保护消费者权益、促进通用航空发展、运输凭证现代化、修改运输责任制度等方面，对119个法律条文进行了修订或删除并新增51条。调整的主要制度安排包括：（1）突出强化航空安全的各项制度；（2）有效完善民航发展的体制机制；（3）切实加强公众合法权益的保护；（4）全面完善法律责任，加大处罚力度，填补责任空白，完善责任体系；（5）立法技术及其他，包括结构变化、语言处理和其他。

（一）关于国际航空运输旅客签证的规定

【案例】宋某某诉英国航空公司航空旅客运输合同纠纷案

【案情介绍】2015年2月3日，原告宋某某通过被告英国航空公司网站购买了2015年6月5日从北京飞往尼斯（在伦敦转机）及2016年6月21日从尼斯飞往北京（在伦敦转机）的机票，并向被告支付了6453元。2015年6月5日，原告在被告值机柜台办理登机时未能办理登机手续，原因为其未持有在伦敦转机所需要的过境签证。后原告在被告处办理了退票手续。原告向北京市朝阳区人民法院提出诉讼请求，要求被告退还机票款5934元，并赔偿房费损失672元。①

【案例评析】本案争议的焦点在于航空公司是否应该对旅客签证信息负有告知义务？

原告主张被告就转机中的签证要求负有告知义务；被告则认为其作为航空公司主要提供运输服务，了解签证信息系原告的义务，且在原告通过被告网站购买机票时已经勾选确认知晓并同意被告的“乘客和行李的一般承运条件”。

国际航空运输的入境和放行制度是国家行使主权、管理领空的重要措施和法律保障，包括航空器出入境的放行制度和航空器所载旅客、机组、货物和其他物件出入境的放行制度。旅客的护照检查、证件检查、签证检查、出入境登记卡检查和行李物品检查、交通运输工具检查等，是边防检查的主要内容。边防检查则是为了保卫国家的主权和安全，而对出入国境的人员等进

① 北京市朝阳区人民法院（2015）朝民初字第45464号民事判决书。

行的检查。根据《国际民用航空公约》的规定，缔约各国的有关当局有权对其他缔约国的航空器在降停或飞离时进行检查，并查验本公约规定的证件和其他文件，但应避免不合理的延误。[①]《民用航空法》第103条规定："公共航空运输企业从事国际航空运输的民用航空器及其所载人员、行李、货物应当接受边防、海关、检疫等主管部门的检查；但是，检查时应当避免不必要的延误。"第179条规定："外国民用航空器应当在中华人民共和国国务院民用航空主管部门指定的设关机场起飞或者降落。"第180条规定："中华人民共和国国务院民用航空主管部门和其他主管机关，有权在外国民用航空器降落或者飞出时查验本法第九十条规定的文件。外国民用航空器及其所载人员、行李、货物，应当接受中华人民共和国有关主管机关依法实施的入境出境、海关、检疫等检查。实施前两款规定的查验、检查应当避免不必要的延误。"

笔者认为，旅客准备合格的出国签证、护照等旅行证件是航空运输合同的约定义务；旅客准备并查询合格的签证、护照等出国文件更具有针对性和可行性；航空公司查验证件的目的是为避免自己利益受损，不是对旅客应履行的义务；准备有效旅行签证应是国际航空旅客的附随义务。[②]

"航空运输总条件"在航空运输合同体系中占据核心地位，是其极为重要的组成部分。所谓"航空运输总条件"（general conditions of carriage），又被称为"运输共同条件"或"一般运输条件"，是指航空公司对大批量的公共航空运输合同所预先制定的，由合同一方当事人——航空公司在合同缔结时，向合同另一方当事人——旅客、托运人提出的合同条款。当然，航空运输总条件也不是航空运输合同的全部证明和终极代表，除"航空运输总条件"之外，航空运输合同还包括其他可适用的重要规定和条件，其中包括特殊旅客的运输规定、电子设备的限制使用规定和在飞机上饮用酒精饮料的规定等。[③]

本案被告英国航空公司在其官方网站上公示的"乘客和行李的一般承运条件"，就是航空运输合同的核心组成部分——"航空运输总条件"，原告购买机票之前已确认和接受该"乘客和行李的一般承运条件"，并受之约束。

---

① 《国际民用航空公约》第16条。

② 郝秀辉：《航空运输合同法》，法律出版社2016年版，第111~113页。

③ 郝秀辉："论'航空运输总条件'的合同地位与规制"，载《当代法学》2016年第1期，第101~102页。

其第7条规定："我们拒绝为您提供承运服务或禁止您旅行的权利包括如下情形：7a15）如果您没有，或者似乎没有携带有效旅行证件；如果您试图进入您的旅行证件不适用的国家/地区，您（不是我们）必须检查您要访问的任何国家/地区的相关入境要求，和向我们出示您的旅程所需的所有护照、签证、健康证明和其他旅行证件。13a2）您必须遵守您起飞、进入或您以过境乘客身份途经的所有国家/地区的所有法律、法规和命令；13a3）如果发生以下情况，我们将不对您承担任何责任：您不具备所有必要的护照、签证……"

可见，根据被告英国航空公司的"乘客和行李的一般承运条件"上述规定，原告必须根据入境、过境国家、地区的法律事先备齐有效签证，否则被告有权拒绝原告登机且不承担任何责任。现因原告未持有在伦敦转机所必需的过境签证导致其与被告的运输合同未能顺利履行，该不利后果应由原告自行承担，其无权向被告主张赔偿。故法院对原告的诉讼请求予以驳回。①

（二）关于国内航空行李运输损害赔偿的规定

【案例】张某某诉海南航空股份有限公司航空运输合同纠纷案

【案情介绍】2012年11月10日，案外人徐某某、张某甲、于某某三人受张某某的委托，前往东北与案外人李某某签订"野山参买卖合同"，采购野山参8.8千克，每千克价格为40 000元，货款总值352 000元，采购人已经通过现金支付或银行转账方式付清上述货款。2012年12月5日，张某某购买海南航空股份有限公司（以下简称海南航空公司）的HU7344号航班机票，从辽宁省沈阳市桃仙机场飞往广州白云国际机场，并将上述野山参放置在行李箱内交付海南航空公司进行托运，但张某某托运时未向海南航空公司申报行李箱内装载的行李内容，也未申报价值。航班抵达广州白云国际机场后，张某某并未领取到其装有野山参的行李，张某某随即向海南航空公司和白云机场公司申报行李运输事故，并向机场公安机关报案。后经公安机关追查，查明由于张某某的行李箱与其他旅客的行李箱相似，被其他乘客误领，公安机关随后将张某某的行李箱追回。张某某主张该行李箱内的野山参已经变质，不具备药用价值且缺损0.5千克，遂提起本案诉讼，要求海南航空公

---

① 北京市朝阳区人民法院（2015）朝民初字第45464号民事判决书。

司、白云机场公司按购买合同的价值赔偿野山参价款352 000元及三名采购人徐某某、张某甲、于某某来穗处理事件的住宿费4740元。

白云机场公司于2012年12月5日并未安排工作人员在HU7344号航班到达区核对乘客行李票。海南航空公司与白云机场公司于2010年签订“地面服务代理协议”，由白云机场公司为海南航空公司提供在广州白云国际机场的地面服务。张某某为向海南航空公司、白云机场公司追偿损失向法院提起诉讼，请求判令海南航空公司、白云机场公司向张某某连带赔偿损失356 740元并承担本案的诉讼费。一审和二审法院经审理后判决海南航空公司赔偿张某某货物损失352 000元，白云机场公司对此承担连带赔偿责任。①

【案例评析】本案争议焦点包括三个：一是航空承运人是否对托运行李丢失、毁损构成违约；二是白云机场公司应否对旅客直接承担违约责任；三是行李毁损、丢失的赔偿是否适用限额赔偿。

关于违约问题，根据原中华人民共和国国家质量监督检验检疫总局、中国国家标准化管理委员会发布的《公共航空运输服务质量》规定，在中华人民共和国获得经营许可的公共航空运输企业及其代理人在机场交付行李应当准确、迅速，交付行李时应准确核对行李牌号码，同时收回旅客持有的行李识别联。海南航空公司收取张某某托运的货物后，负有在航班目的地将承运货物准确、及时、完好地交付给张某某的义务。本案中，海南航空公司未能在航班目的地广州白云国际机场将张某某托运的行李准确、及时、完好地交付给张某某，海南航空公司未能完成约定承运义务，其行为已构成违约，依法应承担违约损害赔偿责任。《民用航空法》第125条第1款规定：“因发生在民用航空器上或者在旅客上、下民用航空器过程中的事件，造成旅客随身携带物品毁灭、遗失或者损坏的，承运人应当承担责任。因发生在航空运输期间的事件，造成旅客的托运行李毁灭、遗失或者损坏的，承运人应当承担责任。”第5款规定：“本条所称航空运输期间，是指在机场内、民用航空器上或者机场外降落的任何地点，托运行李、货物处于承运人掌管之下的全部期间。”

关于白云机场公司应否对旅客直接承担违约责任的问题，海南航空公司

---

① 广州市白云区人民法院（2013）穗云法花民二初字第35号民事判决书、广州市中级人民法院（2014）穗中法民二终字第1837号民事判决书。

与白云机场公司于2010年6月1日签订“地面服务代理协议”，由白云机场公司为海南航空公司提供在广州白云国际机场的地面服务，因此，白云机场公司在向旅客提供地面服务时应严格遵循服务质量标准，保证托运的行李准确、及时、完好地交付托运旅客。但在涉案航班到港后，白云机场公司并未安排工作人员在行李领取区域检查核对旅客的行李牌号码并回收旅客持有的行李识别联，其提供的地面服务不符合航空运输服务质量标准，是导致张某某托运的行李遭其他旅客误领而未能准确完好交付的原因之一，其行为亦已构成违约。但是，白云机场公司应是对委托人海南航空公司而非旅客构成违约，地面代理服务合同关系和航空旅客运输合同关系是两个不同的法律关系，合同主体的相对人有所不同，白云机场公司不是航空旅客运输合同的主体，其作为代理人，没有证据证明其存在应与委托人海南航空公司承担连带责任的情形。因此，一、二审法院判决白云机场公司和海南航空公司对旅客承担连带赔偿责任是没有依据的。正当的判决是应由海南航空公司对旅客承担赔偿责任，赔偿后再依据“地面服务代理协议”向白云机场公司进行追偿。

关于限额赔偿问题，根据《民用航空法》第132条规定：“经证明，航空运输中的损失是由于承运人或者其受雇人、代理人的故意或者明知可能造成损失而轻率地作为或者不作为造成的，承运人无权援用本法第一百二十八条、第一百二十九条有关赔偿责任限制的规定……”法院认为，海南航空公司和白云机场公司在履行承运义务过程中存在明显过错而导致违约，虽然张某某在托运行李时未申明货物的实际价值，但海南航空公司、白云机场公司无权援引赔偿责任限制的规定。对此，法院的认定是没有问题的。

二、民法渊源之二：民航规章

在航空运输危险品所致损害案例中，民航规章不仅是行政处罚的依据，也是民事损害赔偿法律责任认定的重要法律依据。

（一）关于危险品航空运输管理的民航规章

随着各国社会经济的发展和对外开放步伐的加快，危险品航空运输的市场需求不断增长。但由于所涉及的链条长、环节多、人员复杂（国际航空运输尤为突出），危险品航空运输中存在的问题也逐渐显现，夹带、谎报、匿报以及违法运输危险品的问题较为突出。

1996年美国VALUE JET航空公司的592航班（DC－9飞机）运输使用

过的氧气发生器因意外发生反应，造成货舱内剧烈燃烧（温度高达3000华氏度），592航班在起飞后15分钟飞机坠毁，机上110名旅客和机组人员全部罹难。事故调查显示起火原因是货舱内有119个隐瞒申报的危险品“氧气发生器”，该“氧气发生器”放置不当，起飞后由于震动而升温爆炸并引起火灾。2000年，美国联邦法官作出判决，要求托运人对此事故赔偿1100万美元。

1973年，加利福尼亚一家电子厂将一批由零件、设备和化工产品组成的货物运往其位于苏格兰的工厂。一部分货物从加利福尼亚运出，另一部分货物包括160只装有硝酸的木箱从新泽西运出。这两部分货物在纽约组成一票货物申报为“电子设备”。在拼板时工人将一些包装件倒置过来，拼板完成5小时后装上了飞机，飞机到达巡航高度不久后机组人员闻到了烟味。由于烟雾越来越大机组决定在波士顿机场紧急迫降。在降落的过程中飞机撞到地面，3名机组人员全部罹难，飞机坠毁，货物抛洒在波士顿湾。事故原因是货舱中的货物有未如实申报的危险品——硝酸。调查结果显示托运人签署了一份空白“托运人危险品申报单”给货运代理，供货商用卡车将货物送交货运代理，货运代理将货物交给包装公司做空运包装。包装公司不了解硝酸的包装要求，将装有5升硝酸的玻璃瓶放入一个以锯末为吸附和填充材料的木箱中。这样的包装共有160个，部分包装外粘贴了方向性标签，另一些则没有贴。货物在交运时，货运单上的品名被改成了电器，危险品文件在操作过程也丢失。这160个木箱在装集装器时，粘贴了方向性标签的木箱是按照向上的方向码放的，而未粘贴方向性标签的木箱被倾倒了。事后用硝酸与木屑接触做试验，证明硝酸与木屑接触后会起火，8分钟后冒烟，16分钟后木箱被烧穿，22分钟后爆燃，32分钟后变为灰烬。到达巡航高度时，因瓶子的内外压差，造成瓶帽松弛，硝酸流出与木屑接触后起火。实际起火的木箱可能不超过2个，但它导致了整架飞机的坠毁。

2012年年底，A销售代理公司经某外航航班（中国至B国）运输一票普通快件货物。飞机在B国降落时，经B国民航局抽查，发现该票普货内含疑似危险品，B国民航局遂将该信息通报至中国民航局。C地区管理局按照中国民航局的指示对该案进行调查取证，最终认定托运人A销售代理公司构成在普货中夹带危险品，并依据《中国民用航空危险品运输管理规定》（CCAR－276）第276.303条规定对其给予警告和罚款人民币2万元的行政处罚。

由上可见，危险品能够对人体健康、安全、财产或环境构成危险，包括对从事航空运输的人员、航空旅客及其财产、民用航空器等造成危害，酿成危险品事故征候、危险品事故、航空器事故征候，甚至航空器事故。如易燃易爆危险品在飞机上处置不当，会造成航空器起火、燃烧、爆炸，严重的则会造成机毁人亡的事故。因此，必须加强相关管理规范的制定和执行。

《民用航空法》第101条第4款规定："危险品品名由国务院民用航空主管部门规定并公布。"据此，民航局依据《民用航空危险品运输管理规定》（交通部令2016年第42号）[①] 以及国际民航组织《危险物品安全航空运输技术细则》（DOC9284 AN/905，以下简称《技术细则》）2017～2018版的相关内容编写了《航空运输危险品目录》（2017版）。此外，民航局还制定了系列有关航空危险品运输的管理规范，如《公共航空运输经营人危险品航空运输管理程序》（AP－276－TR－2014－01）、《地面服务代理人危险品航空运输备案办法》（AC－276－TR－2014－01）、《危险品航空运输培训管理办法》（AC－276－TR－2014－02）、《危险品航空运输批准和豁免管理程序》（P－276－TR－2017－01）、《危险品航空运输数据报送管理办法》（AC－276－TR－2016－01－R1）以及《危险品航空运输违规行为举报管理办法》（AP－276－TR－2016－02）。因此，国内公共航空运输经营人、在外国和中国地点间进行定期航线经营或者不定期飞行的外国公共航空运输经营人以及与危险品航空运输活动有关的任何单位和个人进行危险品航空运输时，都必须遵守上述民航规章的规定，保证航空运输安全。

（二）关于航班"定座"行为管理的民航规章

"定座"作为航空运输合同的特别术语，是航空旅客运输合同中的一种特定法律行为。其是指在航空客运合同中对旅客预订的座位、舱位等级或对行李的重量、体积的预留。目前，有关"定座"法律行为的规定仅见于《中国民用航空旅客、行李国内运输规则》[②]《中国民用航空旅客、行李国际运输规则》[③] 和航空公司的国际、国内运输总条件之中。[④]

根据《中国民用航空旅客、行李国内运输规则》和《中国民用航空旅客、行李国际运输规则》的规定，旅客在定妥座位后，凭该定妥座位的客票

---

① 自2016年5月14日起施行。

② 该规则以"第二章（定座）"专章规定，共三个条文。

③ 该规则第12条对此予以规定。

④ 郝秀辉：《航空运输合同法》，法律出版社2016年版，第45～46页。

乘机；承运人可规定航班开始和截止接受定座的时限，必要时可暂停接受某一航班的定座；不定期客票应在向承运人定妥座位后才能使用；合同单位应按合同的约定定座。已经定妥的座位，旅客应在承运人规定或预先约定的时限内购买客票，承运人对所定座位在规定或预先约定的时限内应予以保留；承运人应按旅客已经定妥的航班和舱位等级提供座位。旅客持有定妥座位的联程或来回程客票，如在该联程或回程地点停留72小时以上，须在联程或回程航班离站前两天中午12点以前，办理座位再证实手续，否则原定座位不予保留。如旅客到达联程或回程地点的时间离航班离站时间不超过72小时，则不需办理座位再证实手续。旅客定座时，由于承运人未提供该航班座位，使持有正常票价客票的旅客不能在客票有效期内旅行，承运人应当按规定延长该旅客的客票有效期。①

目前，关于“定座”行为的性质、法律效力等问题并未有明确立法规定，对定座取消纠纷的司法认定造成一定的障碍，有待于从理论上予以澄清和探讨。

在航空运输销售实践中，预定座位和购买机票常常紧密结合，以致经常不被区分，甚至常被人们视为一体行为。实际上，民航业的管理者和经营者是将座位预定和购买机票、旅客运输区分为前后不同阶段的不同行为的。座位预定在先，购买机票其次，履行运输在后。“定座”就是旅客与航空公司之间约定在将来一定期限内订立购票合同而达成的允诺或协议，其行为性质应认定为一种“预约”，或称为预备性契约，它是与本约合同（购票合同）相对应的。

我国现行合同立法没有对预约合同作出明确规定，但《最高人民法院关于审理买卖合同纠纷案件适用法律问题的解释》第2条②的规定已经确立了“预约合同”的概念，并形成了关于预约合同的基本制度，从而为航空运输中的“定座”问题提供了解释依据。

“定座”作为一种预定座位的预约合同，与本约的购票合同是既有联系

① 《中国民用航空旅客、行李国内运输规则》第5~7条、《中国民用航空旅客、行李国际运输规则》第12条。

② 第2条规定：“当事人签订认购书、订购书、预订书、意向书、备忘录等预约合同，约定在将来一定期限内订立买卖合同，一方不履行订立买卖合同的义务，对方请求其承担预约合同违约责任或者要求解除预约合同并主张损害赔偿的，人民法院应予支持。”

又有区别的两个合同。① 购票合同是当事人依据定座的预约合同所最终订立的合同。定座的预约合同是一种独立的合同。购票合同一旦订立，定座的预约即终止，或因定座的更改或取消而终止（有不得更改或取消定座限制的除外）。定座的预约合同形式是应乘客的要求由航空公司提供的相关确认证明或书面的定座记录，不同于表现为统一纸质机票或航空行程单形式的购票本约合同。

定座预约的内容较为简单，主要是约定关于座位、舱位等级或对行李的重量、体积的预留事项，航空公司因营运限制、保安和安全需要或任何航空公司控制范围以外的原因而要更改座位分配、调整有关客舱服务的要求（如饮品、特殊餐食、电影等）、更改机型，不需承担任何责任，即使定座预约对前述事项有所约定。预订座位必须使用和进入航空公司的计算机订座系统并经确认方为有效，且须遵循航空公司关于定座特别手续的规定。

在定座的预约合同中，航空公司的义务只是在规定或预先约定的时限内保留旅客预定的座位，如乘客未能在航空公司或其授权代理指定的购票时限内支付票款，航空公司无须对取消的定座承担违约责任。定座预约可使当事人产生缔约请求权，但在一方违约时，并非一概产生强制缔约的效果，是否实际履行应依具体情形而定。

在实践中，如果当事人一方违反定座预约，导致对方解除定座但遭受一定损失的，依据《合同法》第 97 条和《最高人民法院关于审理买卖合同纠纷案件适用法律问题的解释》第 2 条的规定，对方当事人可以要求解除预约合同并主张损害赔偿，以实现对其的充分救济。例如，甲在春运期间的最后时刻“秒杀”预订了某航空公司的最后一张特价机票，该特价机票为不可退改签机票。但在“秒杀”定座成功后支付票款前（预定时间内）的期间内，航空公司甲擅自解除了甲的定座预约，将该特价机票卖给了其他旅客，甲则可主张损害赔偿。

① 关于预约合同和本约合同的关系，判例学说上主要有三种观点：（1）“合同更新说”认为预约合同是独立的合同，但本约合同签订后形成合同的更新；（2）“同一合同说”认为预约合同和本约合同是一个合同，预约合同只是缔结了框架性合同，具体的合同在本约合同确定后才确立；（3）“两个合同说”认为预约和本约都构成合同，且是两个独立的、当在法律上分开的合同。参见王利明：“预约合同若干问题研究”，载《法商研究》2014 年第 1 期，第 58 页。

三、民法渊源之三：最高人民法院的司法解释

【案例】艾某某诉春秋航空股份有限公司航空旅客运输合同纠纷案

【案情介绍】艾某某于2009年8月2日，在春秋航空公司网站订购2009年10月12日上海虹桥经南昌昌北至昆明巫家坝机票一张，电子客票号码为：1＊＊＊＊＊＊＊。在“航空运输电子客票行程单”中登记的旅客姓名为艾某某，机票票价为660元，机场建设费为50元，座位等级为R1，在签注栏中另标注：“不得签转，不得变更，不得退票”。2009年10月2日，艾某某因家中有事，提前返回昆明，未能搭乘上述预订的航班。嗣后，艾某某曾多次与春秋航空公司协商退票事宜，但因春秋航空公司以其所购系特价机票，根据春秋航空公司规定除机场建设费外票款一律不予退还为由而协商未果，艾某某遂起诉至法院，请求判令：(1) 确认运输合同无效；(2) 春秋航空公司退还票款人民币660元；(3) 春秋航空公司退还艾某某机场建设费人民币50元。上海市长宁区人民法院审理后，依法判决春秋航空公司返还艾某某机场建设费人民币50元；驳回艾某某其余诉讼请求。[①] 原告不服提起上诉，上海市第一中级人民法院审理后维持原判。

【案例评析】本案的争议焦点包括两个，一是旅客和航空公司通过网上订票方式签订的航空旅客运输合同中关于特价机票不得签转、不得变更、不得退票的约定是否有效；二是原告未能实际乘坐预订的航班，能否要求航空公司返还购票款。

本案中，航空公司关于特价机票不得改签、不得退票的约定，是其单方面为反复使用而预先拟定，且在合同订立之时未与旅客进行协商的格式条款。格式条款如何适用及其法律效力如何？对此，需要借助于最高人民法院相关司法解释的规定。

根据《最高人民法院关于适用〈中华人民共和国合同法〉若干问题的解释（二）》的规定，采用格式条款订立合同的，提供格式条款的一方除应当遵循公平原则确定当事人之间的权利和义务，并采取合理的方式提请对方注意免除或者限制其责任的条款，按照对方的要求对该条款予以说明外，还需

---

① 上海市长宁区人民法院（2011）长民一民初字第2526号民事判决书。

确保其提供的格式条款没有违反《合同法》中关于认定合同无效的相关规定，否则对方可以向法院申请确认该条款无效。

航空公司的庭审证据显示，购票人自登录网站起到订票成功，其间有多次机会可以明确看到某航空公司告知其关于机票舱位的说明及特价机票不得签转、不得退票的相关约定。原告虽非本人订票，但作为购票人的朋友，应当将订票过程中出现的对原告权利义务有重大影响的信息告知原告，航空公司已经履行《合同法》规定的告知和说明义务。本格式条款并没有免除自己责任、加重旅客责任，也未排除旅客的主要权利，因此合同有效，当事人应该按照合同约定全面履行各自的义务。原告在订票并支付足额票款后，因家中有事提前返回昆明，导致航空公司客观上无法依约向其提供旅客运输服务，系旅客自身原因所致，航空公司并无过错。航空公司提供多种不同价位的机票供选择，并对各类机票的舱位情况、退票及变更限制进行明确说明。根据经验，机票价款打折伴随一定的权利限制在日常生活中普遍存在，是公平合理的，旅客自愿选择票价较低但限制相应较多的舱位等级系其自主选择，作为一个有完全民事行为能力的成年人，应当对自己选择的后果承担相应的责任。退还机场建设费符合双方的约定，某航空公司也明确表示同意返还。因此，两审法院均认定航空公司关于特价机票不得退、改、签的格式规定，并非是针对合同效力而作的强制性规定，而且该格式规定的适用并无不当，应属有效。①

四、民法渊源之四："超售"的民事习惯

该习惯在民法的渊源即民法法源的立法规定中，体现在《民法通则》第6条和《民法总则》第10条。《民法通则》第6条规定："民事活动必须遵守法律，法律没有规定的，应当遵守国家政策。"《民法总则》第10条规定："处理民事纠纷，应当依照法律；法律没有规定的，可以适用习惯，但是不得违背公序良俗。"

比较这两个条文，不难发现二者的重要区别：在法律没有规定的时候，《民法通则》规定的是遵守国家政策，《民法总则》规定的是可以适用习惯。在民法领域，民事法律规定不足较常见，因此可以适用习惯或法理来补充，但不应用政策来补充，因为政策与法律不同，不完全具有法律的稳定性、安

① 上海市第一中级人民法院（2011）沪民终字第1684号民事判决书。

定性、公示性和强制性，立法机关和政策制定机关也不同，不能以政策代替法律。只有通过立法程序把政策法律化，通过立法程序使政策规定的内容变成法律条文，才具有法律的属性。若法律规定不足就适用政策，表明一个国家法治的不健全；法律规定不足适用习惯或者法理，使所有的民事纠纷都能得到解决，则是现代法治精神的体现。

【案例】王某某诉东方航空股份有限公司航空旅客运输合同纠纷案

【案情介绍】2014 年 8 月 17 日，王某某在“去哪儿网”上订购了东方航空股份有限公司（以下简称东方航空公司）航班号为 MU787 由上海浦东国际机场飞往罗马费尤米西诺机场的机票 2 张，乘机人为王某某及王某某的丈夫黄某某，王某某的票价为人民币 4637 元，起飞时间为 2014 年 9 月 21 日 12 时 30 分，东方航空公司于当天完成出票。9 月 21 日，王某某至浦东国际机场办理值机手续时，东方航空公司工作人员告知由于航班超售，王某某及其丈夫不能登机。东方航空公司在安排转乘当天其他航班未果后，当日向王某某出具了“不正常航班证明”，载明原定于 2014 年 9 月 21 日 12 时 30 分起飞的 MU787 航班由于超售延误，起飞时间推迟至 9 月 22 日；旅客接受东方航空公司安排改乘 2014 年 9 月 22 日 12 时 30 分 MU787 航班成行；旅客最终未接受机场提供的 2500 元经济补偿。嗣后，王某某按照东方航空公司安排改乘了 9 月 22 日 12 时 30 分的 MU787 航班，从上海飞往罗马。后王某某与东方航空公司就机票超售造成的损失协商不成，遂于 2015 年 2 月诉至原审法院，请求判令：（1）东方航空公司对超售造成王某某延误的行为进行书面道歉；（2）东方航空公司赔偿因航班延误造成的直接损失费用人民币 7521 元，其中欧洲酒店费用人民币 369 元，欧洲交通延误费用人民币 816 元，王某某带薪休假补偿费用人民币 6336 元；（3）东方航空公司对于自身的欺诈行为应赔偿机票价款的 3 倍计人民币 13 911 元。一审法院审理后按照《统一国际航空运输某些规则的公约》《1999 年蒙特利尔公约》第 19 条、第 29 条，《合同法》第 112 条、第 113 条、第 290 条、第 299 条的规定判决东方航空公司赔偿王某某人民币 3369 元，驳回王某某的其余诉讼请求。王某某不服提起上诉，二审法院维持原判。①

① 上海市浦东新区人民法院（2015）浦民一（民）初字第 6762 号民事判决书、上海市第一中级人民法院（2015）沪一中民一（民）终字第 1946 号民事判决书。

【案例评析】本案的争议焦点除了东方航空公司因机票超售承担违约责任的赔偿范围之外，还有更加重要的争议点，即东方航空公司销售暗含超售性质的机票是否构成欺诈？

所谓机票超售，是指接受的旅客订座数超过了相应票价舱位的实际座位数或飞机的最大允许座位数。[①] 超售行为必须发生于办理航班乘机手续前。所有的超售都应是航空公司主动的积极行为造成的，并不存在被动超售[②]的概念。如果航班由于机械、飞机调配等原因引发的机型更改、航班合并，最终造成航班旅客“溢出”的现象，则被称为“超编”。[③]

长期以来，机票超售是航空运输实践中的习惯。1978 年，美国民航局长强行推行超售，当年超售人数 10 万多人，超售从此成航空业内通行的做法，渐成一种行业惯例被各国航空公司所采用。德国汉莎航空公司 1986 年使用超售手段多运载 63 万旅客。[④] 我国航空公司在 2001 年后引入这种特殊客票销售方法，机票超售最早出现在 2002 年，之后变成航空运输销售的“潜规则”，直到 2007 年北京市朝阳区人民法院宣判我国第一起“超售”赔偿诉讼案，我国航空公司超售的行业做法才引起重视和热议。航空业内的超售惯例的形成和通行主要有四方面原因：超售有利于航空公司节约运营成本；航班座位具有预售性和不可储存性、相对固定的生产能力性、市场需求的多样性和波动性；是法定机票签转自由的对价；违约收益大于违约成本激励了航空公司的超售。[⑤] 因此，超售在航空业界盛行。

从超售对合同履行的影响来看，它将使所有不特定的购票旅客均面临不能登机的风险，导致合同履行障碍，因此，超售拒载的善后处理程序和救济措施应是超售运用和制度建构的核心关键所在。在超售机票的情形下，各航空公司及其机票销售代理人应向旅客履行全面而充分的告知义务，告知旅客

---

① 杨思梁：《最赢利的管理方法——收益管理》，航空工业出版社 2000 年版，第 10 页。

② 有人将航班超售分为主动超售和被动超售两种情况。翁丽敏：“合理超售，追求收益最大——寻求航班超售和收益间的平衡点”，载《江苏航空》2007 年第 1 期，第 6 页。

③ 《中国南方航空股份有限公司旅客、行李国际运输总条件》（2011 年 4 月 19 日批准）第 1.1.27 条。

④ 刘玮：“航空客运收益管理中超售问题的研究”，南京航空航天大学 2005 年硕士学位论文，第 3 页。

⑤ 郝秀辉：《航空运输合同法》，法律出版社 2016 年版，第 155 ~ 158 页。

存在“超售”机票可能因航班满员无法登机的风险，这是航空旅客运输合同成立的前置程序。①

超售是航空公司超过航班实际座位数过量销售机票，但超售行为并不必然造成旅客被拒绝登机。如果因超售使旅客无法登机，就意味着航空公司违反了航空运输合同的约定，显然构成违约。考察司法实践中此类判例，虽然航空公司通常主张机票超售是航空公司对机票进行管理的手段而不能作为违约方式，但法院基本会判决航空公司承担违约责任。②

在本案中，东方航空公司虽然已通过民航总局官网和东航公司官网对超售进行旅客公示，但该种告知方式欠缺明确性和指向性。在王某某购票过程中，东方航空公司未能有效地进行提示，且超售对合同履行具有重大影响，应当向旅客予以特别提示，从而使旅客能自行考虑是否选择购买存在超售可能的机票。因此，东航公司未尽到经营者的告知义务。

机票超售作为国际民航业内的惯例，法律上对超售行为未予明令禁止，民航总局在公开网站上对超售进行介绍和许可，对超售尚未作出明确的禁止性规范。但是，航空公司如果采用超售的营销模式，必须兼顾航空消费者的利益。航空承运人基于市场竞争、运营成本、客源流失等考虑，对航班进行超售也符合国际航空业的售票惯例。在航空实践中，超售行为应该按照其特定的运作程序和模式进行，最为关键的是保障旅客知情权、明确善后处理程序和损害赔偿问题。因此，超售是否为欺诈行为，不能笼统而论，需要根据航空公司在超售运作过程中的情况进行判断。

在本案中，东方航空公司通过官网上对旅客须知进行公示的方式，向旅客告知航班存在超售可能以及补偿方案，王某某系从其他购票网站上进行购票，在购票时并未予以注意。东方航空公司未对王某某明确告知航班存在超售，东方航空公司未能有效掌握涉案航班的机票预订情况，在订立合同时出现超售，从主观上而言更多是由于过分自信导致的过失，并非对包括王某某在内的该航班所有购票人进行虚假宣传或者故意隐瞒真实情况，事后东方航空公司也采取了为王某某安排改乘航班的补救措施，与经营者欺诈的主观恶意性存在区别，故王某某认为东方航空公司构成欺诈索要3倍赔偿的主张，未能获得法院支持。

---

① 郝秀辉：《航空运输合同法》，法律出版社2016年版，第89页。

② 同上，第174~176页。

五、民法渊源之五：国际航空公约

《民法总则》第 11 条规定：“其他法律对民事关系有特别规定的，依照其规定。”《民用航空法》第 184 条规定：“中华人民共和国缔结或者参加的国际条约同本法有不同规定的，适用国际条约的规定；但是，中华人民共和国声明保留的条款除外。中华人民共和国法律和中华人民共和国缔结或者参加的国际条约没有规定的，可以适用国际惯例。”

【案例】杨某某诉德国汉莎航空公司航空运输合同纠纷案

【案情介绍】原告杨某某于 2013 年 1 月 10 日在德国法兰克福宝齐莱以 24 700 欧元的价格购买百达翡丽女表一块，以 47 000 欧元的价格购买宝玑女表一块。2013 年 1 月 14 日，原告乘坐被告德国汉莎航空公司的法兰克福至北京的 LH720 航班，于 2013 年 1 月 15 日上午到达北京后，原告未能找到其托运的一件新秀丽牌（Samsonite）行李箱。经查找，被告于 2013 年 1 月 17 日将原告行李箱送至原告住处，原告查验行李后在送达人员携带的行李单下方空白处注明“收到箱后打开发现，两块表丢失，一块百达翡丽女表 2.47 万欧元，一块宝玑表 4.7 万欧元，表的说明书和发票一同丢失，箱子上的锁已被撬开，锁丢失。”旁边有代表被告方送行李的人员鲁某某的签字。鲁某某另在其所属公司制作的财产损失报告下方注明“客人打开箱后，两块表没见到。”此后，原告向被告申请原价赔偿。被告以无法确认行李箱中确实存放过遗失手表为由，未予同意。经查，原告在办理托运时未声明托运物品价值。

根据法兰克福机场官网的介绍，对于手提行李中的退税商品，乘客可在通过护照检查后去相应的海关服务柜台办理海关退税章，乘客须出示要退税的商品、已填写的退税单以及护照、签证，海关检查无误后在退税单上盖章，乘客可去相应的退税服务公司的柜台领取退税金；对于托运行李中的退税商品，乘客在办理登机手续和行李托运时应向航空公司的工作人员说明，航空公司会在该行李上挂上挂牌，乘客可以将有挂牌的行李拿到海关服务柜台出示退税商品（同时要出示已填写的退税单以及护照、签证），办理退税证明盖章，在获得海关退税章以后，海关服务柜台有专人将该托运行李送上航班，乘客在办理完盖章后，可以去相应的退税服务公司的服务柜台领取退税金。

原告称其遗失的两块手表系托运行李中的退税商品，并提交了德国海关在为其办理退税手续后在行李上贴的盖有海关印章的标签，以证明该两块表在托运的新秀丽行李箱中，但该标签上仅载明“根据乘客要求将此行李简短标记为____”字样，未注明具体退税商品的名称。经查，原告在2013年1月14日办理退税的商品除了涉案两块女表外，另有西服一套，原告为该西服在涉案行李箱中办理了托运。

被告在其公司网页“行李服务指南”中说明：“所有贵重物品，如笔记本电脑、手机、掌上电脑、重要文件、身份证明、首饰等，应放置于您的手提行李内。”被告另提交其在北京首都国际机场股份有限公司官网上“旅客服务”“旅客须知”“海关检查须知”的介绍资料，提示居民旅客在境外获取的总值超过人民币5000元（含5000元）的自用物品为旅客须向海关申报的物品范围，旅客以分离运输方式运进行李物品，应当在进境时向海关申报。原告称没申报是因为当时没有找到行李，不能确定行李是否进入境内。庭审中，原告展示了受损的涉案行李箱，显示其拉链扣有损坏，边角有明显磨损。原告要求被告赔偿损失未果，诉至法院，请求判决：（1）被告赔偿原告财产损失合计71 700欧元，折合人民币589 675.14元（按2013年8月19日中国银行折算汇率标准计算822.42元/100欧元）；（2）被告赔偿原告新秀丽牌行李箱损失费3000元。[①]

【案例评析】

1. 本案法律关系的性质和法律适用的选择

一个航空运输被确认为是国内航空运输还是1929年《华沙公约》意义上的国际航空运输，有不同的重要意义，因为这将意味着对管辖法院和适用法律的选择不同。如果确认为是《华沙公约》意义上的国际航空运输，依据《华沙公约》第28条第1款规定，有关赔偿的诉讼由原告选择，应在以下缔约国之一的领土内向法院提出：承运人住所所在地或其主营业所所在地或签订合同的营业处所在地或目的地。

① 北京市朝阳区人民法院（2013）朝民初字第36235号民事判决书。

中华人民共和国1958年加入《华沙公约》，并于2005年批准加入《1999年蒙特利尔公约》。在本案中，原、被告之间是一种国际航空运输关系，双方所在国均为《1999年蒙特利尔公约》的成员国，合同约定的出发地点和目的地点分别在该公约的两个当事国领土内，根据《民用航空法》第184条规定，本案纠纷应适用《1999年蒙特利尔公约》处理。

国际航空运输是指根据当事人各方订立的航空运输合同，以航空器运送人员、行李或者货物而收取报酬的国际运输，由此产生的航空运输责任适用国际条约和国际惯例。

根据《华沙公约》和《1999年蒙特利尔公约》的规定，判断国际航空运输的标准主要包括以下几个方面。①

第一，根据当事人的约定。一项运输是否为国际运输，取决于合同所体现的双方意愿，仅是当事人约定的航空运输合同所规定的出发地点、目的地点和经停地点所处的地理位置，既与航空承运人、托运人、收货人、旅客、航空工作人员的国籍无关，也与飞机的国籍无关，与上述人员的住所和航空运输合同的订立地点也都无关。

第二，出发地点、目的地点和约定经停地点至少有一个在其他缔约国。下列航空运输均为国内航空运输，而不是《华沙公约》意义上的国际运输：(1) 运输的出发地和目的地均在同一国家领域内，且在他国并无任何约定地点的航空运输；(2) 当事人之间运输合同规定的出发地和目的地均在同一缔约国内，承担该运输的飞机不是由于运输合同规定而是由于其他原因临时降落经停于他国领域内；(3) 当事人之间运输合同规定的出发地和目的地均在同一缔约国领域内，并规定在外国有经停地点，但承担该运输飞机的航线在外国上空穿过。

第三，连续承运人与不可分割的运输。如果航空运输是由几个连续的航空承运人承办的，合同各方认为它是一个单一的经营活动，那么无论是以一个合同或一系列合同的形式订立，无论机票是一张还是分为几张，都应作为一个不可分割的运输，并不因为其中一个合同或一系列的合同完全在同一缔约国的主权、宗主权、委任统治权或权力管辖下的领土内履行而丧失其国际

① 杨惠、郝秀辉：《航空法学原理与实例》，法律出版社2017年版，第174~175页。

性质。[1] 一旦某项运输属于公约意义上的连续运输，那么每一个接受旅客、行李或者货物的承运人均受国际公约的约束。

2. 本案诉争的焦点

焦点一是旅客主张遗失的手表是否因托运而丢失？

原告主张两块手表在托运行李箱中，需要完成举证责任。但原告提交的证据为退税证明和办理退税印章的行李标签，二者难以证明退税行李办理了托运，因原告退税商品另有西服一套，行李标签并未注明行李的具体名称是手表或西服。退税商品是否办理行李托运，实践操作不一，退税商品的损失是否为行李托运过程中所致，并无法律上的关联，毕竟退税商品存在旅客随身携带和办理行李托运两种做法，原告现有证据无法作出手表损失是托运行李期间造成的排他性判断。

焦点二是航空公司就旅客因行李托运发生的损失如何承担责任？

《1999年蒙特利尔公约》第17条第2款规定："对于因托运行李毁灭、遗失或者损坏而产生的损失，只要造成毁灭、遗失或者损坏的事件是在航空器上或者在托运行李处于承运人掌管之下的任何期间内发生的，承运人就应当承担责任。但是，行李损失是由于行李的固有缺陷、质量或者瑕疵造成的，在此范围内承运人不承担责任。关于非托运行李，包括个人物件，承运人对因其过错或者其受雇人或者代理人的过错造成的损失承担责任。"第22条第2款规定："在行李运输中造成毁灭、遗失、损坏或者延误的，承运人的责任以每名旅客1000特别提款权为限，除非旅客在向承运人交运托运行李时，特别声明在目的地点交付时的利益，并在必要时支付附加费。在此种情况下，除承运人证明旅客声明的金额高于在目的地点交付时旅客的实际利益外，承运人在声明金额范围内承担责任。"

原告在延迟收到行李箱后，经查验行李箱锁被撬开，锁具丢失。代表被告送行李箱的人员现场对该事实签字确认，可以认定被告在行李托运中存在不当运输行为，造成了原告行李箱的损坏，被告应赔偿原告的损失，具体损失由法院酌定，最终审理法院判决被告德国汉莎航空公司赔偿原告杨某某行李箱损失1000元。[2]

---

① 参见《华沙公约》第1条第3款的规定。

② 北京市朝阳区人民法院（2013）朝民初字第36235号民事判决书。

第三节 民法的适用

一、事业单位通航飞行员辞职赔偿的法律适用

【案例】金某某与南海第一救助飞行队劳动合同纠纷案

【案情介绍】2005年9月5日，交通部北海第一救助飞行队（甲方）与金某某（乙方）签订了“培训协议书”，约定：本协议培训时间于2005年9月11日生效，于2006年8月11日终止，共计300天；培训主要内容为美国直升机驾驶执照（FAA驾驶执照）；乙方同意根据甲方工作需要，参加直升机培训；根据培训费用情况，乙方对应的培训服务期自2005年9月11日始至2020年9月11日止，共计15年；培训费用折合人民币479 635.1320元，乙方如在服务期限内提出自费出国、工作调动、学习等情况时，应承担违约责任；服务期15年，偿还标准为未满3年偿还培训费100%，从第4年起每年按照培训费用8%递减；本协议内容的变更、修改应在甲乙双方协商一致的情况下进行。

2005年9月7日，中华人民共和国交通部救捞局与直升机探险股份有限公司签订“培训合同”，约定直升机探险股份有限公司为金某某等3名飞行员进行FAA直升机培训，每名飞行员的培训费59 141.20美元。为此，交通部救捞局实际支付培训费177 423.60美元，折合人民币1 426 816.05元，分摊到金某某的实际培训费用为人民币475 605.35元。

2008年1月1日，金某某经交通运输部救助打捞局内部人事调整至南海第一救助飞行队工作，任职飞行管理部门的飞行员，后任搜救队队长。金某某与南海第一救助飞行队双方均确认金某某与交通部北海第一救助飞行队的人事关系由南海第一救助飞行队承接。

2011年11月15日，金某某与南海第一救助飞行队双方签订“聘用合同”，约定：合同期限为7年，自2008年1月1日至2015年7月15日止；除南海第一救助飞行队在试用期内提前3日通知、考入普通高等院校、被录用或选调为公务员及依法服兵役的情形外，南海第一救助飞行队提出解除聘用合同未能与金某某协商一致的，南海第一救助飞行队应当坚持正常

工作，继续履行聘用合同，6个月后再次提出解除合同仍未能与金某某协商一致的，即可单方面解除合同，但必须完成工作交接；因南海第一救助飞行队怠于履行工作交接导致的延期办理退工、档案转移手续等，责任由南海第一救助飞行队自行承担；合同解除后，南海第一救助飞行队应当为金某某开具“解除聘用合同证明书”，双方应当在15日内办理人事档案转移手续，不得以任何理由扣留金某某的人事档案，不得无故不办理档案转移手续。

2009年7月3日，南海第一救助飞行队与欧直商贸（上海）有限公司签订培训合同，后者根据合同为南海第一救助飞行队派出的金某某等3名飞行员进行了EC225模拟机培训。为此，南海第一救助飞行队共支付培训费人民币440 970元。

2009年11月1日，南海第一救助飞行队与中信海洋直升机股份有限公司签订了培训合同，约定该公司为南海第一救助飞行队的飞行员进行EC155B机型改装、EC225差异改装及检查相关培训。为此，南海第一救助飞行队安排金某某等3名飞行员参加培训活动，共支付培训费人民币375 000元。

2010年8月20日，南海第一救助飞行队与欧直商贸（上海）有限公司签订培训合同，后者根据合同为南海第一救助飞行队派出的金某某等5名飞行员进行模拟机培训。为此，南海第一救助飞行队共支付培训费人民币1 030 590元，每个飞行员培训费均为人民币206 118元。

2013年8月1日，南海第一救助飞行队与南方航空公司签订了“飞行保障协议书”，约定该公司为南海第一救助飞行队的飞行员进行培训。

南海第一救助飞行队主张，除了上述4次培训有培训合同外，金某某在职期间，南海第一救助飞行队还安排金某某参加其他多项培训，共花费培训费、差旅费等高达人民币14 953 009.47元。金某某认可其参加了南海第一救助飞行队所主张的活动，但主张其没有与南海第一救助飞行队签订任何培训协议，也没有参加任何培训，差旅费报销显示系单位安排其去参加工作或者参加交流活动等。

2013年10月8日和2014年4月16日，金某某向南海第一救助飞行队两次提出辞职未获准后，向珠海市劳动人事争议仲裁委员会提起仲裁，仲裁委经审理确认双方“聘用合同”于2014年4月23日解除，并裁决南海第一救助飞行队为金某某开具“解除聘用合同证明书”，办理人事档案转移和社会保险关系转移手续。南海第一救助飞行队不服裁决，提起诉讼。二审法院的判决结果均与裁决相同。①

2015 年 5 月 6 日，南海第一救助飞行队对金某某提起劳动争议仲裁申请，要求金某某向其支付费用 210 万元，并赔偿其培训费用 14 953 009.47 元。2016 年 2 月 26 日，珠海市劳动人事争议仲裁委员会裁决金某某支付南海第一救助飞行队 110 万元、培训费 256 826.89 元。② 金某某、南海第一救助飞行队均不服并提起诉讼和上诉，二审法院的判决结果均与裁决相同。③

【案例评析】

1. 飞行员辞职纠纷法律适用的选择问题

交通部北海第一救助飞行队与南海第一救助飞行队均隶属于交通运输部救助打捞局，二者均为事业单位法人，经费来源为财政补助收入，举办单位为交通运输部救助打捞局。

《民法总则》第 11 条规定："其他法律对民事关系有特别规定的，依照其规定。"民用航空活动包括公共航空运输和通用航空活动。根据《民用航空法》第 91 条④和第 145 条⑤规定，南海第一救助飞行队从事抢险救灾活动属于通用航空，金某某属于通用航空公司的飞行员。

根据现行有关规定，公共航空运输企业和通用航空企业的飞行员辞职赔偿标准有不同规定。

公共航空运输企业适用的是《关于规范飞行人员流动管理保证民航飞行队伍稳定的意见》（民航人发〔2005〕104 号文）。⑥ 其规定为航空运输企业招用其他航空运输企业在职飞行人员的，根据现行航空运输企业招收

---

① 珠海市香洲区人民法院（2014）珠香法民一初字第 1863 号民事判决书、珠海市中级人民法院作出（2015）珠中法民一终字第 730 号民事判决书。

② 珠海市劳动人事争议仲裁委员会（2015）珠劳人仲案字 365 号仲裁裁决书。

③ 珠海市香洲区人民法院（2016）粤 0402 民初 2064 号民事判决书；广东省珠海市中级人民法院（2017）粤 04 民终 1436 号民事判决书。

④ 《民用航空法》第 91 条规定："公共航空运输企业，是指以营利为目的，使用民用航空器运送旅客、行李、邮件或者货物的企业法人。"

⑤ 《民用航空法》第 145 条规定："通用航空，是指使用民用航空器从事公共航空运输以外的民用航空活动，包括从事工业、农业、林业、渔业和建筑业的作业飞行以及医疗卫生、抢险救灾、气象探测、海洋监测、科学实验、教育训练、文化体育等方面的飞行活动。"

⑥ 中国民用航空总局、人事部、劳动和社会保障部、国务院国有资产监督管理委员会、国务院法制办公室联合下发。

录用培训飞行员的实际情况，参照 70 万～210 万元的标准向原用人单位支付费用。

通用航空企业适用的是《中国民航通用航空总局关于规范通用航空飞行人员流动管理有关问题的通知》（民航人发〔2005〕199 号文）。其规定为航空企业招用其他通用航空企业在职飞行人员的，应当与飞行人员和其所在单位进行协商一致后，方可办理有关手续，并根据现行通用航空企业招收录用培训飞行人员的实际费用情况，参照 50 万～110 万元的标准向原单位支付费用，即以初始培养费用 50 万元为基数，按年均 15% 递增计算补偿费用，最高计算 8 年，最高补偿费用为 110 万元。40 岁以后再从 110 万元开始，以 50 万元为基数，按年均 15% 递减计算补偿费用。对未与原用人单位终止或解除劳动合同的飞行人员，不得建立新的劳动关系、签订劳动合同。

金某某无论是在交通部的北海或南海救助飞行队任职，都属于通用航空飞行人员流动问题，故南海第一救助飞行队诉请金某某按照 210 万元标准支付赔偿费用，显然是对管理规定的适用和理解错误，故无法获得法院支持。

2. 飞行员与雇用单位之间利益如何平衡问题

交通部北海第一救助飞行队（甲方）与金某某（乙方）签订的“培训协议书”及金某某与南海第一救助飞行队双方签订的“聘用合同”均系合同当事人的真实意思表示，未违反法律、行政法规的强制性规定，合法有效，合同当事人均应全面履行。

飞行员具有专业性及特殊性，其技能需要长时间的能力培养过程和持续的能力保持，培训则是飞行员维持、提升能力的必要途径，培训属于飞行员职业的必要组成部分。对于飞行员而言，基于劳动关系获得培训权利的对价，应是履职要达到一定的服务期。金某某经内部人事调动到南海第一救助飞行队任职，当南海第一救助飞行队从北海第一救助飞行队承接金某某的劳动关系时，自然包括了培训协议中权利义务关系的移转，因此该培训协议对金某某和南海第一救助飞行队有约束力，可参照执行。

金某某与南海第一救助飞行队所签订的“聘用合同”第 10 条第 2 款约定，乙方经甲方出资培训，原约定的服务期未满而提出解除本合同的，应当向甲方赔偿培训费，标准为按照签订的“培训协议书”约定的违约职责标准执行。而“培训协议书”约定培训服务期 15 年，自 2005 年 9 月 11 日至 2020

年9月11日；偿还标准未满3年偿还培训费100%，从第4年起每年按照培训费用8%递减。

金某某入职后参与交通部北海第一救助飞行队及南海第一救助飞行队安排的多次培训活动，在长达8年零9个月的工作和学习中，金某某不断被提升，担任的职务从飞行员至搜救队长，在此过程中用人单位必然对其进行过持续不断的培训并支付了相应培训费用。金某某未满服务期提出解除劳动关系，应当支付相应的培训费用，符合民法的公平原则。

据此，一审法院参照通用航空飞行人员流动管理有关应补偿的培训费标准，并根据金某某参与培训实际支付的培训费用，按照“培训协议书”应支付违约金的约定，确认本案金某某应赔偿的培训费数额并无不当。对于南海第一救助飞行队关于其为金某某支出一千余万元培训费的主张，并无充分证据证明，故被二审法院驳回。①

二、法航公司航班上中国旅客死亡赔偿的法律适用

【案例】苏某某、张某某与法国航空公司航空运输人身损害责任纠纷案

【案情介绍】 原告苏某某之夫、张某甲之父张某某，于2008年10月20日作为中国的借聘专家赴援中非共和国工作。2009年4月23日，张某某乘飞机回国，在中非班吉机场登上被告法国航空公司AF883航班后死亡。原告赴中非处理张某某死亡善后事宜，遗体就地火化，骨灰带回。后就张某某在乘机中的死因和赔偿问题诉至法院。

一审法院依据《1999年蒙特利尔公约》《侵权责任法》和《最高人民法院关于审理人身损害赔偿案件适用法律若干问题的解释》，判决被告法国航空公司赔偿原告人民币430 352元。② 法国航空公司不服一审判决提起上诉，认为一审判决适用适用法律错误。二审法院审理后判决维持原判，驳回上诉。③

【案例评析】 本案是一起涉外性质的航空旅客运输合同在履行过程中发生了航空旅客死亡的纠纷。

---

① 广东省珠海市中级人民法院（2017）粤04民终1436号民事判决书。

② 太原市中级人民法院（2011）并民初字第56号民事判决书。

③ 山西省高级人民法院（2015）晋民终字第340号民事判决书。

1. 诉讼案由的选择权问题

1999年《合同法》第122条和2017年《民法总则》第186条均规定，因当事人一方的违约行为，损害对方人身权益、财产权益的，受损害方有权选择请求其承担违约责任或者侵权责任。故本案原告有权选择人身损害侵权诉讼，被告坚持按合同诉讼不符合法律规定。

2. 我国管辖法院应如何选择法律适用问题

根据《民法通则》第8条和《民法总则》第12条规定，中华人民共和国领域内的民事活动，适用中华人民共和国法律。法律另有规定的，依照其规定。

《民用航空法》第184条第1款规定："中华人民共和国缔结或者参加的国际条约同本法有不同规定的，适用国际条约的规定；但是，中华人民共和国声明保留的条款除外。"

《民法通则》第142条规定："涉外民事关系的法律适用，依照本章的规定确定。中华人民共和国缔结或者参加的国际条约同中华人民共和国的民事法律有不同规定的，适用国际条约的规定，但中华人民共和国声明保留的条款除外。中华人民共和国法律和中华人民共和国缔结或者参加的国际条约没有规定的，可以适用国际惯例。"

我国和法国均是《1999年蒙特利尔公约》的缔约国。本案张某某在中非共和国乘坐被告法国航空公司航班前往法国，然后回国，符合《蒙特利尔公约》规定的适用范围。

依据《民法通则》第142条和《民用航空法》第184条规定，本案应优先适用《1999年蒙特利尔公约》，而且双方当事人也一致认为本案应适用《1999年蒙特利尔公约》。

《1999年蒙特利尔公约》第17条第1款规定："对于因旅客死亡或者身体伤害而产生的损失，只要造成死亡或者伤害的事故是在航空器上或者在上、下航空器的任何操作过程中发生的，承运人就应当承担责任。"本案证据证明张某某是在登上被告AF883航班后死亡的，虽然被告组织了航班上的乘客医生对张某某进行了救治，但对于被告联系医生在21:00到达至21:40宣告张某某死亡，这40分钟时间该医生采取了何种措施并没有表述和记载，对于张某某死亡的原因也没有客观准确的结论。因此，被告法国航空公司应当承担赔偿责任。

《1999年蒙特利尔公约》第21条规定了旅客死亡或者伤害赔偿的最高责任限额（即每名旅客不超过100 000特别提款权），但这是一条概括性赔偿条款，是此种情形下的最高赔偿限额，具体赔偿数额还须原告提供损失的证据和标准。在《1999年蒙特利尔公约》没有具体赔偿计算标准情形下，我国《侵权责任法》第16条、最高人民法院《关于审理人身损害赔偿案件适用法律若干问题的解释》第27条对于丧葬费及死亡赔偿金规定了计算标准，法院据此作出被告应向原告赔偿的具体数额的判决并无不当。

第二章

民法的基本原则

民法的基本原则在民法体系中占有重要的地位和作用，是民事立法、民事行为和民事司法的基本准则，是民法调整的社会关系和民法观念的综合反映。[1] 民法基本原则的功能，概而言之，乃为弥补传统民法之不足，是克服法律局限性的工具，[2] 具体而言，突出表现为它的指导功能、约束功能和补充功能。

民法基本原则在立法技术上具有以下特征：[3] 非规范性规定[4]、不确定规定[5]、衡平性规定[6]、强行性规定[7]、强制补充性规定[8]。民法基本原则不同

---

① 魏振瀛主编：《民法（第四版）》，北京大学出版社、高等教育出版社 2010 年版，第 19 页。

② 徐国栋：《民法基本原则解释——成文法局限性之克服》，中国政法大学出版社 1992 年版，第 9 页。

③ 以下特征和内涵参见徐国栋：《民法基本原则解释——成文法局限性之克服》，中国政法大学出版社 1992 年版，第 18 ~ 45 页。

④ 民法规范具体规定了民事权利和民事义务以及相应的法律后果，其逻辑结构包括行为模式和保证手段；是行为准则和审判准则；是维持目的的法律；是技术法，确保准则法实现。民法基本原则不提供具体可操作的行为模式，也无保证手段；具有民法规范不具备的立法准则的功能；是关于民法目的的法律，是准则法。

⑤ 不确定规定又称模糊规定，只是授权法官在具体规定提供的幅度和范围内行使自由裁量权的规定，其属性来源于其所用语词的模糊性和抽象性。

⑥ 衡平性规定是授权法官通过撇开具体规定或将具体规定变通适用进行司法的规定，其属性来源于其位阶上的较高性。

⑦ 强行性规定是与任意性规定相对应的概念，因民法基本原则承载了社会的根本价值，对这些价值的破坏将危害社会赖以存在的根基，故民法基本原则的规定不能由当事人自由选择，必须无条件地一体遵循。

⑧ 民法基本原则不论当事人有无特别约定，其有关部分都当然地成为每一法律关系的补充内容，每个民事法律关系都必须遵循民法基本原则，否则无效。这种强制补充性格体现了国家的干预。

于民法具体原则。前者是就民事法律规范的整体而言的，其效力贯穿全部民法规范的始终，对全部民法规范具有价值导向作用；后者是民法基本原则在具体民事关系领域内的展现，是仅在具体的民事领域提供直观性和可操作性的原则，其效力仅局限于民事关系领域的某一范围。

根据《民法总则》，民法基本原则包括：平等原则、意思自治原则、公平原则、诚信原则、公序良俗原则、绿色原则。

一、平等原则

平等原则是民法的其他基本原则的基础。平等原则主要体现在民事权利能力的平等、民事主体地位的平等以及民事权益平等地受法律保护。①

《民法总则》第 4 条规定："民事主体在民事活动中的法律地位一律平等。"本条"法律地位一律平等"的意义涵盖非常广泛，其是指各民事主体互不隶属，如无法律明文规定，不能以单方行为形成双方民事关系，如不得强买强卖。平等原则在民航领域民事关系中的适用具有重大意义，不仅表现在对公共航空运输企业之缔约强制的要求，而且表现在对具有优势市场地位的航空运输承运人有关航空运输总条件、超售声明等格式条款中损害消费者利益条款的禁止。

【案例】王某某、林某某等与中国南方航空股份有限公司航空旅客运输合同纠纷案

【案情介绍】2012 年 11 月 12 日，王某某、林某某等向南方航空公司购买 5 张自广州至四川九寨沟的机票，支付票款共计 4510 元，起飞时间是 2013 年 2 月 15 日 7 点 55 分；2012 年 12 月 18 日，又向南方航空公司购买 5 张自重庆至广州的回程机票，支付票款共计 7200 元，起飞时间是 2013 年 2 月 18 日下午 1 点。2013 年 1 月 7 日，南方航空公司通过 95539 短信平台通知王某某、林某某等人取消上述航班及办理退款事宜。同日，王某某、林某某等人向其他航空公司购买 10 张广州 – 成都 – 九寨沟的往返机票（支付票款共计 14 064 元），并于 2013 年 2 月 16 日在成都的 7 天连锁酒店住宿支付住宿费 334 元，支出往返酒店的士费 106 元。林某某被误工 2 天，损失 1517. 24 元。

① 魏振瀛主编：《民法（第四版）》，北京大学出版社、高等教育出版社 2010 年版，第 22 页。

王某某、林某某等人起诉请求南方航空公司向原告赔偿因航班取消而造成的经济损失4311.24元（多支出的机票款2354元、住宿费334元、交通费106元、误工费1517.24元）。

一审法院认为，原告向被告购买广州至四川九寨沟的往返机票并支付了票款，客运合同已成立，双方应遵约履行。被告取消航班，但未能依被告要求安排改乘其他班次航班，属于违约行为，应承担违约责任，故依法判决支持原告诉请。[①] 南方航空公司不服提起上诉，二审判决维持原判。[②]

【案例评析】 本案的争议焦点是航空公司能否基于旅客的退票权享有航班取消权并不承担责任？

南方航空公司在上诉申请书中提出，航空公司的航班取消权和旅客的退票权是平等的，航空公司取消航班不应承担责任。理由在于航空运输合同关系受民法基本原则调整，平等民事主体之间的权利义务应按对等原则处理，《中国民用航空旅客、行李国内运输规则》第21条、第22条规定，旅客可以在购买机票后1年内退票，同时作为航空运输合同组成部分的“中国南方航空公司旅客、行李国内运输总条件”也赋予旅客在13个月内的退票权。因此，从权利义务对等原则看，上诉人取消航班不应承担责任。在法院的判决书中，对南方航空公司提出的观点，并未给予充分的论理性解释和说明，判决理由有些简单、粗糙。

毋庸置疑，作为航空旅客运输合同的双方主体——航空公司和旅客是平等的，但这种平等体现的是一种法律地位的平等、缔约的平等和权利救济的平等，绝不是体现在航空公司的航班取消权和旅客的退票权上的平等上。旅客的退票权来自于法定和约定，法定1年期的退票权主要出于对航空旅客权益的特别保护，而航空公司约定更长的退票期更多是基于商业竞争战略的考虑，以此吸引更多客源。但是，航空公司的航班取消则要受到限制，其原因主要在于公共航空运输具有的准公共属性。

公共航空运输不同于包机运输，其航班时刻和航线均是固定的，它的经营性表明其虽然是一种商业活动，以盈利为目的，但涉及航空运输的公共利益、公共秩序问题。因此，对公共航空运输企业市场准入的条件及程序不仅

---

① 广州市白云区人民法院（2013）穗云法民二初字第440号民事判决书。

② 广州市中级人民法院（2014）穗中法民二终字第144号民事判决书。

要进行规范，基于航空运输的高安全性要求，业务上也制定了严格的准入标准，如航线经营、航班时刻要经行政许可，获得经营许可证后，方可展开营业活动。为达维护正常市场秩序的目的，必须要加强航班正常的监管。根据《航班正常管理规定》，承运人应当按照获得的航班时刻运营航班；航班出港延误或者取消时，承运人应当根据运输总条件、客票使用条件，做好旅客服务工作，为旅客妥善办理退票或者改签手续；旅客要求出具航班延误或取消书面证明的，承运人应当及时提供。①

二、意思自治原则

《民法总则》第 5 条规定："民事主体从事民事活动，应当遵循自愿原则，按照自己的意思设立、变更、终止民事法律关系。"

该条所定自愿原则应指意思自治原则，又称私法自治原则，是民事主体在法律规定的范围内按照自己的意志从事民事活动，管理自己的事务，创设自己的权利和义务，不受国家和他人的非法干涉。

意思自治原则是现代民法的"三大基石"之一，表现了民事主体的各个意志在经济活动领域内依法获得的最大限度的自由，由其可引申出"契约原则""契约自由原则"及"契约自由之限制"。

意思自治原则与公平原则、诚实信用原则、国家适度干预原则以及权利滥用禁止原则并行不悖，相辅相成，共同构成中国民事立法、司法和法律解释所遵循的基本原则。

【案例】财保上海公司诉中铁快运沈阳公司等航空货物保险代位求偿纠纷案

【案情介绍】2013 年 12 月 31 日，作为托运人的国药公司与作为承运人的中铁快运沈阳公司，签订了"快运包裹运输服务合同"及"快运包裹运输服务合同（补充协议）"（简称补充协议），约定中铁快运沈阳公司自 2014 年 1 月 1 日至2014 年 12 月 31 日其间为国药公司提供快运包裹货物门到门服务，包括航空运输服务；航空运输过程中由于航空公司及相关承运原因造成货物损毁、丢失、短少、变质、污染、湿损等事故，由中铁快运沈阳公司在第一

① 2017 年 1 月 1 日起施行的《航班正常管理规定》第 6 条、第 27 条、第 28 条。

时间联系航空公司提供相关事故证明，中铁快运沈阳公司负责代国药公司办理索赔事宜；参加保险、报价运输的货物按货物实际损失赔偿，但最高不超过声明价格；未办理保险运输的物品发生损失时，按航空运输法律赔偿，最高额不超过100元/公斤。

中铁快运沈阳公司作为委托方、民航快递吉林公司作为受托方，签订“航空运输服务委托合同”，约定由民航快递吉林公司为中铁快运沈阳公司提供15条航空运输服务，为中铁快运沈阳公司提供全国各地发运及到达出港地区航空货物的机场提货业务，并将货物派送至中铁快运沈阳公司指定地点，合同有效期自2014年7月1日至2014年12月31日。

2014年7月17日，国药公司委托中铁快运沈阳公司运输一批共77件、重1088公斤的药品，该批药品发送地为长春市双阳，到达地为福州。同日，国药公司就运输货物向财保上海公司投保货物运输保险，保险货物共77件重1088公斤，保险金额为680 400元，装载运输工具为MF8054，自长春至福州。

中铁快运沈阳公司将该批药品交予民航快递吉林公司进行运输，民航快递吉林公司于2014年7月17日以托运人的名义将药品交由厦航公司运输。

2014年7月18日，上述药品运抵福州。2014年7月19日，厦航公司福州货运部出具“厦门航空公司货物不正常运输报告单”，载明该票货物77件受潮，其中42件破损，内物亦受潮。

保险事故发生后，经调查和检验，长春市食品药品监督管理局双阳分局根据国药公司的情况描述，同意国药公司质量管理部“该批药品在运输中存在严重的不符合运输条件的情况，质量情况已经失控，依法判定为不合格品，要求全部销毁”的判定意见。鉴于药品的特殊性及更严格的质量监管要求，涉案货物全部被销毁。

2015年3月20日，案外人仁祥保险公估（北京）有限公司出具“国药一心制药有限公司药品运输过程中水湿事公估报告”。报告载明事故原因可能为货物在长春机场装机前或装机过程中遭遇雨淋，损失理算金额为580 538.46元。

2015年7月17日，财保上海公司向国药公司转账580 538.46元。国药公司向财保上海公司出具“权益转让书”，同意在收到理赔款580 538.46元后，自动将其对第三者的索赔权转让给财保上海公司，并保证协助后者向第三者追偿损失。

财保上海公司向法院起诉请求：（1）中铁快运沈阳公司、民航快递吉林公司、厦航公司向财保上海公司连带赔偿货物损失580 538.46元及自财保上海公司支付保险金之日起至涉案判决生效之日止按银行同期贷款利率计算的相应利息；（2）中铁快运沈阳公司、民航快递吉林公司、厦航公司承担本案的全部诉讼费用。一审法院审理后，判决中铁快运沈阳公司、民航快递吉林公司、厦航公司向财保上海公司连带赔偿货物损失108 800元；驳回其他诉讼请求，原因在于保险代位求偿权纠纷中财保上海公司取得的仅是国药公司对第三人求偿的权利，因此财保上海公司诉求中保险金支付之日起至判决生效之日止按银行同期贷款利率计算的利息，并无法律依据。[①]

【案例评析】本案包含的法律关系比较复杂，具体如图1所示。

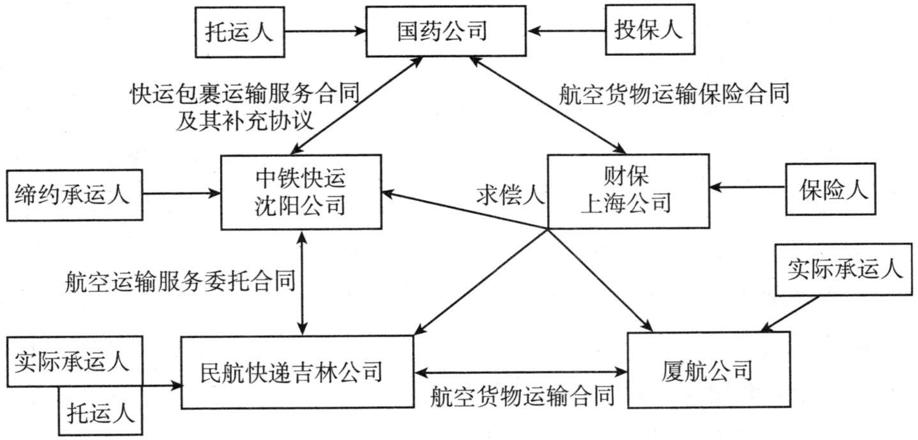

图1　财保上海公司诉中铁快运沈阳公司、民航快递吉林公司、厦航公司保险代位求偿纠纷案法律关系示意

根据《合同法》第4条、第125条的规定，托运人与承运人可以根据意思自治原则的规定，在不违背法律、法规强制性规定的情况下签订合同，自由处分自己的权利，相应的法律后果各自承担。国药公司与中铁快运沈阳公司签订的“快运包裹运输服务合同”及补充协议系双方当事人的真实意思表示，且不违反法律、法规的强制性规定，合法有效。

国药公司根据前述协议，将本案涉案货物交由中铁快运沈阳公司进行航

① 福建省厦门市湖里区人民法院（2016）闽0206民初2334号民事判决书、福建省厦门市中级人民法院（2017）闽02民终3767号民事判决书。

空运输，双方形成航空运输合同关系，中铁快运沈阳公司系缔约承运人，应当对合同约定的整个运输过程负责，有义务将货物安全交付给收货人。中铁快运沈阳公司根据其与民航快递吉林公司签订的合法有效的“航空运输服务委托合同”，委托民航快递吉林公司进行运输，后者根据中铁快运沈阳公司的授权，履行安排航班、以自己名义订仓、货物交付等运输义务，厦航公司则实际承运该批药品从长春至福州，故民航快递吉林公司和厦航公司应为实际承运人，对其履行的运输负责。根据厦航公司福州货运部出具“货物不正常运输报告单”所记载的情况，本案货损发生于厦航公司承运期间。因此作为实际承运人的民航快递吉林公司、厦航公司和作为缔约承运人中铁快递沈阳公司应对前述货损承担连带赔偿责任。对此，各方当事人应无异议。

本案纠纷产生的症结所在是，国药公司未依照合同约定由中铁快运沈阳公司负责办理保险，亦未向中铁快运沈阳公司声明价格，更未将已自行向财保上海公司投保事宜及时告知中铁快运沈阳公司并征询其意见。

本案中，国药公司与中铁快运沈阳公司签订“快运包裹运输服务合同”及补充协议的目的在于确认双方在货物运输过程中的货损赔偿责任，上述协议约定航空运输过程中若国药公司同意参保，由中铁快运沈阳公司负责办理，保险费率按货物声明价值的3‰核收保险费，参加保险、保价运输的货物按货物实际损失赔偿，但最高不超过声明价格；未办理保险运输的物品发生损失时，按航空运输法律赔偿，最高赔偿额不超过每公斤100元。该约定是双方当事人的真实意思表示，且不违反法律、法规的强制性规定，合法有效，对双方均有约束力。

财保上海公司提出应对该约定作扩大理解，因与合同所使用的语句、合同的目的及交易习惯等相悖，未能获得法院支持。根据前述规定的上下文语义判断，国药公司只有经中铁快运沈阳公司负责办理保险运输并向后者声明货物价格的，方按不超过声明价格的实际损失赔偿，否则应适用每公斤100元的赔偿限额规定。

本案中国药公司自行向财保上海公司投保，并未依照合同约定由中铁快运沈阳公司负责办理保险，亦未向后者声明价格，如声明价格则可能影响后者的注意义务和损失的可预见性。而中铁快运沈阳公司并非国药公司与财保上海公司所签保险合同的签约当事人，其就本案运输货物的保险赔偿责任应遵循其与国药公司所签“快运包裹运输服务合同”及补充协议的约定。

因此，中铁快运沈阳公司有权援引补充协议的约定对行使代位求偿权的财保上海公司进行抗辩，即本案运输货物损失应适用每公斤100元的赔偿限额。因中铁快运沈阳公司与民航快递吉林公司签订的“航空运输服务委托合同”约定了完全相同的条款，同理赔偿限额亦可适用于民航快递吉林公司。法院的判决在事实认定和适用法律上是正确的。

三、公平原则

《民法总则》第6条规定，民事主体从事民事活动，应当遵循公平原则，合理确定各方的权利和义务。

《合同法》第5条规定，当事人应当遵循公平原则确定各方的权利和义务。

上述条款规定的意义，在于透过对参与交易者课以“应当遵循公平原则，合理确定各方的权利和义务”之义务，在必要时，法院可因当事人的申请，介入审查其约定的交易关系是否符合公平原则，以在其自始不符或事后因情事变更而不符时，可对因此遭受不利者提供救济。关于自始不符合公平原则，是指在缔约阶段不得滥用优势地位或乘人之危的一般规定，这具体化于《民法总则》第151条①。

公平原则是民法的一项基本原则，它要求当事人在民事活动中应以社会正义、公平的观念指导自己的行为，平衡各方利益，处理纠纷。当事人应当遵循公平原则确定各方的权利和义务。公平原则强调在市场经济中，对任何经营者都只能以市场交易规则为准则，享受公平合理的对待，既不享有任何特权，也不履行任何不公平的义务，权利与义务相一致。

公平原则的核心含义是立法者和裁判者在民事立法和司法过程中应维持民事主体之间的利益均衡。公平原则是进步和正义的道德观在法律上的体现，对于弥补法律规定的不足和保证私法自治原则的实现具有重要意义。

【案例】何某某诉某航空公司航空旅客运输合同纠纷案

【案情介绍】何某某于2011年4月11日通过案外人某旅行网向某航空公司购买了上海往返欧洲的机票4张，旅客姓名分别为何某某及案外人何某甲、

---

① 《民法总则》第151条规定：“一方利用对方处于危困状态、缺乏判断能力等情形，致使民事法律行为成立时显失公平的，受损害方有权请求人民法院或者仲裁机构予以撤销。”

王某某、何某乙，行程是2011年8月2日至17日，何某某为此支付4张机票票款共计18 570元（含何某某的机票票款4950元）。后何某某因故不能成行，于2011年7月10日通过某旅行网办理了涉案4张机票的退票手续，某航空公司为此收取退票费共计8000元（含何某某的机票退票费2000元）。案外人某旅行网订票界面显示，某航空公司所售上海至罗马MU787航班的未使用退票条件为1000元。何某某向法院提起诉讼，要求判令航空公司返还退票款8000元。一审法院判决航空公司收取的退票费用过高，酌情予以调整至票价的20%，航空公司不服提起上诉，二审法院审理后判决维持原判。①

【案例评析】公平原则是民事活动中衡量民事主体之间物质利益关系及确定民事主体权利义务和民事责任承担的标准之一。本案纠纷的争执点主要在于高额退票费收取的合法依据和旅客权益的保障问题。

从实践来看，目前机票退票费存在强制收取、高额收取的严重问题。航空公司制定的退票费标准并未举行听证会，没有听取合同对方即消费者的意见，由此剥夺了消费者的知情权和平等协商权。高额的退票费违背了公平交易原则。航空公司的单方退票规定显失公正、公平，剥夺了消费者的公平交易权。根据《规范旅客运输退票费意见》规定，退票费的收取条件和收费标准应由国务院各运输主管部门制定，不应由运输企业自行制定。但民航局并没有对特价票的“退票费”加以特别规定。②《中华人民共和国消费者权益保护法》（以下简称《消费者权益保护法》）第26条第2款规定：“经营者不得以格式条款、通知、声明、店堂告示等方式，作出排除或限制消费者权利、减轻或者免除经营者责任、加重消费者责任等对消费者不公平、不合理的规定，不得利用格式条款并借助技术手段强制交易。”

在航空机票买卖关系中，机票退票费金额的确定应考虑承运人与旅客享有平等民事权利，主要弥补退票环节成本，并适当兼顾提高运输组织效力等因素。

在本案中，航空公司不能利用其缔约优势以格式条款的形式强行规定向旅客收取高达票价40%的退票费，违反公平交易原则，明显加重旅客的负担，在本案中也实际损害了何某某作为消费者的合法权益。因此，法院对于退票费予以调整是正确的。

---

① 上海市浦东新区人民法院（2011）浦民一（民）初字第36310号民事判决书、上海市第一中级人民法院（2012）沪一中民一（民）终字第456号民事判决书。

② 郝秀辉：《航空运输合同法》，法律出版社2016年版，第198页。

四、诚信原则

诚实守信是市场活动的基本准则，是保障交易秩序的重要法律原则，它和公平原则一样，既是法律原则，又是一种重要的道德规范，它要求全部民事主体诚实不欺，讲究信用，以善意的方式行使权利。

《民法总则》第7条规定："民事主体从事民事活动，应当遵循诚信原则，秉持诚实，恪守承诺。"

诚信原则被奉为现代民法的最高指导原则，学者称为"帝王条款"。[①] 其是一切权利行使及义务履行应当遵守的原则，用以保护相对人的信赖。这是一切法律关系合理发展的基础。诚信原则作为民法基本原则之一，在诸多民事单行法中均有体现。如《中华人民共和国保险法》（以下简称《保险法》）第131条第2项规定："保险代理人、保险经纪人及其从业人员在办理保险业务活动中不得有下列行为：（二）隐瞒与保险合同有关的重要情况。"

【案例】携程销售机票附加保险产品被罚案

【案情介绍】上海保监局对携程保险代理有限公司[②]涉嫌违法一案调查显示，2016年，其在通过携程旅行网销售保险产品过程中存在违法违规行为。即在通过携程旅行网销售保险产品过程中，未明确列明承保主体和代理销售主体，未具体告知消费者承保公司、代理销售公司名称。此外，在保险订单确认环节，仅罗列了全部合作的多家保险公司产品条款链接和备案号，未具体披露消费者所投保的保险产品适用哪家公司条款及相应备案号。携程旅行网隐性搭售行为持续时间长，以渠道优势获得高额利益，造成保险公司侵害保险消费者利益的经营行为。携程旅行网作为在线旅游代理商（OTA），热衷于附带销售保险产品的原因是对保险费有抽成比例。例如，一趟从成都飞往上海的航班中，携程旅行网机票附加的航意险需要30元，而同样的保险在中国国际航空股份有限公司（以下简称国航公司）官网APP上只卖20元，差价高达50%。2017年12月1日，上海保监局向携程保险代理有限公司开出总计40万元的罚单，称其2016年通过携程旅行网销售保险产品过程中存

---

① 梁慧星：《民法解释学》，中国政法大学出版社1995年版，第303页。

② 携程保险代理有限公司成立于2011年7月，注册资本金5000万元，股东为上海携程商务有限公司（持股90%）和携程计算机技术（上海）有限公司（持股10%）。

在“未明确披露承保公司、代理销售主体，未明确披露产品条款信息及批备编号”等违法行为。①

为贯彻落实《社会信用体系建设规划纲要（2014～2020年）》和《国务院关于建立完善守信联合激励和失信联合惩戒制度加快推进社会诚信建设的指导意见》的精神，加强民航行业信用文化建设，维护民用航空活动秩序，促进民航行业健康发展，民航局正式印发《民航行业信用管理办法（试行）》②。共五章31条，对民航行业信用信息的采集、使用、移除等事项进行了规范，要求设立全国统一的民航行业信用信息记录，全面记录在我国境内从事民用航空活动或者在我国境外从事需要我国批准的民用航空活动的组织和个人的基本信息和违法失信信息。违法失信信息是指违反相关法律、行政法规、规章规定或者依法应当记入信用记录的失信行为信息，分为一般失信行为信息和严重失信行为信息。

管理办法认定了15种行为为严重失信行为：（1）依据《中国民航安全管理失信行为管理办法》被列入“安全管理失信单位黑名单”或“安全管理失信人员黑名单”的；（2）因违规运输危险品造成危险品运输事故征候，并且拒绝采取措施加以整改的；（3）因未履行民航局安保工作要求，导致发生劫机、炸机以及其他严重非法干扰事件，或者发生暴力恐怖事件，或者发生机场控制区非法入侵并接触航空器的安保责任事件的；（4）因人为因素发生特别严重安全检查事件的；（5）存在无照经营行为的；（6）在民航专业工程、设备招投标中围标串标的；（7）存在价格违法、违规行为，依据《中国民用航空国内运输价格行为规则》等属于情节严重的；（8）拖欠民航发展基金，性质严重的；（9）因运输服务工作处置不当，严重侵犯消费者利益并引发具有恶劣社会影响的群体性事件，责任单位拒绝采取补救措施挽回影响，或者拒绝采取措施改进服务的；（10）被民航行政机关处以3万元（含）以上罚款行政处罚的、处以吊销行政许可处罚的、处以责令停产停业行政处罚的或者处以撤销行政许可的；（11）民航行政机关作出决定后，有履行能力但拒不履行或者逃避执行的；（12）在申请行政许可或者接受民航行政机关检

---

① 姬雪莹：“携程被罚40万只因卖机票时‘隐姓埋名’干了一件事”，载《每日经济新闻》，2017年12月4日。

② 本办法自2018年1月1日起试行，其中关于一般失信行为信息的规定，自2020年1月1日起生效。

查、调查、评估等工作过程中，提供虚假材料、虚假证言证词的；（13）一年内已发生两次以上相同类型的一般失信行为的；（14）被民航局专业领域信用评价体系认定为严重失信行为的；（15）在从事民用航空活动过程中，存在其他被法律、行政法规或者规章认定为严重失信行为的。

五、公序良俗原则

公序良俗是由“公共秩序”和“善良风俗”两个概念构成的，要求民事主体遵守社会公共秩序，遵循社会主体成员所普遍认可的道德准则。这项原则还有一种含义，凡违反公序良俗的民事法律行为是无效的。

《民法总则》第8条规定：“民事主体从事民事活动，不得违反法律，不得违背公序良俗。”第10条规定：“处理民事纠纷，应当依照法律；法律没有规定的，可以适用习惯，但是不得违背公序良俗。”

公序良俗与法律同为民事活动合法性的认定标准。公序良俗不仅是较为抽象的不确定概念，其适用待于进一步具体化，而且其具体化下来的内容亦常随当时政治权力的变迁而转化。公序良俗具有使制定法具备适用于不同时空情况的开放性。

【案例】捷新公司诉捷新通公司不正当竞争纠纷案

【案情介绍】捷新公司于1997年6月25日成立，捷新通公司于2004年3月29日成立，二公司均委托京华公司生产加工AB300－33型“京华”牌机场摆渡车，并各自对外销售。其中，捷新公司的客户有中国西北航空公司、泉州晋江机场、民航山东省管理局、舟山普陀山机场有限公司、张家界荷花机场股份有限公司、上海国际机场股份有限公司、大连周水子国际机场、海南美立机场股份有限公司等；捷新通公司的客户有上海航空股份有限公司、武汉天河机场有限责任公司等；在此过程中，捷新公司与捷新通公司均无自己的商标。2002年9月29日，中国民用航空总局向捷新公司颁发AB300－33型机场摆渡车生产许可证，有效期自2002年9月至2004年9月。捷新通公司亦曾向民航总局申请生产许可证，但未获批准。

原告捷新公司起诉被告捷新通公司，认为捷新通公司2004年3月以来采取不正当竞争手段，假借其公司名义进行业务经营，导致第三人的误解，其行为属于不正当竞争，侵犯了捷新公司的合法权利，京华公司明知AB300－

33 型机场摆渡车系捷新公司商品，捷新通公司并无生产许可证，仍为其加工该型机场摆渡车，亦构成侵权。故诉至法院，请求法院判令二被告：（1）立即停止侵害，停止使用其法人名称进行民事行为，在《中国民用航空》杂志上公开赔礼道歉、消除影响；（2）赔偿捷新公司损失 83 万元。

【案例评析】法院认为，捷新公司与捷新通公司作为同行业经营者在市场竞争中应遵循诚实信用原则，不得采取引人误解的方式谋取竞争优势。捷新公司以二被告生产、销售其知名商品 AB300－33 型机场摆渡车为由状告二被告不正当竞争，但捷新公司并未举证充分证明：（1）AB300－33 型机场摆渡车为其知名商品；（2）此商品的型号 AB300－33 为其特有；（3）捷新通公司假借其名义进行经营并造成客户的混淆。故对其主张不予支持，判决驳回原告捷新公司的全部诉讼请求。①

《中华人民共和国反不正当竞争法》（以下简称《反不正当竞争法》）第 2 条第 1 款规定："经营者在生产经营活动中，应当遵循自愿、平等、公平、诚信的原则，遵守法律和商业道德。"第 6 条规定："经营者不得实施下列混淆行为，引人误认为是他人商品或者与他人存在特定联系：（一）擅自使用与他人有一定影响的商品名称、包装、装潢等相同或者近似的标识；（二）擅自使用他人有一定影响的企业名称（包括简称、字号等）、社会组织名称（包括简称等）、姓名（包括笔名、艺名、译名等）；（三）擅自使用他人有一定影响的域名主体部分、网站名称、网页等；（四）其他足以引人误认为是他人商品或者与他人存在特定联系的混淆行为。"

六、绿色原则

《民法总则》第 9 条规定："民事主体从事民事活动，应当有利于节约资源、保护生态环境。"这是《民法总则》新确定的一项法律原则，是具有重大意义的创举，规定民事主体从事民事活动应当有利于节约资源、保护生态环境，这项原则既传承了天地人和，人与自然和谐相处的传统文化理念，又体现了新的发展思想，有利于缓解我国不断增长的人口与资源生态之间的矛盾。

---

① 北京市海淀区人民法院（2005）海民初字第 17933 号民事判决书。

【案例】李某某诉山东通用航空公司财产损害赔偿纠纷案

【案情介绍】 原告李某某在泗阳县张家圩镇马洪村境内的邢马河西侧租赁土地，共有16个池塘用于养殖南美白对虾，于2014年6月份分两次投放南美白对虾虾苗用于养殖。

2014年7月，被告山东通用航空公司通过招投标的方式，与泗阳县农业委员会签订“飞机施药防治美国白蛾合同书”，为防治美国白蛾次生灾害，在泗阳指定范围内为林木施药。

2014年8月2日、8月3日，被告山东通用航空公司经过原告的虾塘上空，为虾塘东面河堤上的杨树施药，造成原告虾塘面积为55.8亩的5个虾塘内养殖的南美白对虾死亡。原告与被告就赔偿事项协商未果，为维护其合法权益，诉至法院，请求依法判决被告赔偿原告各项损失107.98万元。

另查明，2014年6月26日泗阳县农业委员会发布“关于做好飞机施药防治美国白蛾次生灾害预防工作的通知”，其中明确载明：“飞防所用药剂符合国家无公害标准生物制剂，对人、畜、禽无害，但影响桑蚕、蜜蜂、虾、蟹、蝎等生长发育。”在附件“飞机施药防治美国白蛾注意事项”第1项载明：“飞防用药对人、畜、禽安全，但对桑蚕、虾、蟹和蜜蜂、蝗虫、蝎等特种养殖影响较重……”2014年7月29日泗阳县人民政府发布泗政发（2014）89号文件“关于杨树白蛾飞机防治工作的通告”：（1）飞防时间为2014年7月30日至8月5日；（2）飞防范围中有张家圩；（3）注意事项第2项：“飞防用药为灭幼脲，对人、畜安全无害，对环境没有污染，是符合国家无公害标准的生物制剂，但影响桑蚕、蜜蜂、虾、蟹、蝎等动物及昆虫的生长发育……”

以上事实有土地租赁合同、泗阳县人民政府关于杨树白蛾飞机防治工作通告、飞机施药防治美国白蛾合同书、虾死亡照片、证人证言、现场勘测图以及当事人陈述等证据在卷佐证。

法院经审理，依照《侵权责任法》第7条、第15条第1款第6项、第19条、第65条，最高人民法院《关于审理环境侵权责任纠纷案件适用法律若干问题的解释》第1条第1款、第13条和《中华人民共和国民事诉讼法》（以下简称《民事诉讼法》）第142条的规定，判决被告山东通用航空服务有限公司赔偿原告李某某损失331 452元。[①]

---

① 江苏省宿迁市宿城区人民法院（2015）宿城生民初字第0001号民事判决书。

【案例评析】《最高人民法院关于审理环境侵权责任纠纷案件适用法律若干问题的解释》第1条规定："因污染环境造成损害，不论污染者有无过错，污染者应当承担侵权责任。污染者以排污符合国家或者地方污染物排放标准为由主张不承担责任的，人民法院不予支持。污染者不承担责任或者减轻责任的情形，适用海洋环境保护法、水污染防治法、大气污染防治法等环境保护单行法的规定；相关环境保护单行法没有规定的，适用侵权责任法的规定。"

《民法总则》第3条规定："民事主体的人身权利、财产权利以及其他合法权益受法律保护，任何组织或者个人不得侵犯。"第9条规定："民事主体从事民事活动，应当有利于节约资源、保护生态环境。"

在泗阳县农业委员会发布的"飞机施药防治美国白蛾注意事项"文件中明确提出"飞防用药对人、畜、禽安全，但对桑蚕、虾、蟹和蜜蜂、蝗虫、蝎等特种养殖影响较重"，同时，文献资料亦可证实，被告飞机施药成分中的灭幼脲对甲壳类水生生物的生长影响较重。因此，被告山东通用航空服务有限公司在进行喷洒农药作业飞行时，负有环境保护和避免对地水面人员和财产造成损害的注意义务，一旦造成损害，应按无过错责任原则进行赔偿。

泗阳县人民政府2014年7月29日发布的"关于杨树白蛾飞机防治工作的通告"第2项飞防范围显示，张家圩镇在此次飞防施药范围内，且有多名证人证实2014年8月2日下午、8月3日上午，被告的飞机两次经过原告养殖基地施药，可以确认被告飞机施药作业经过原告养殖的虾塘。原告养殖的南美白对虾自2014年8月2日起发生死亡现象，至8月6日全部死亡，其间与被告飞机经过原告虾塘时间上一致，可以认定原告养殖的虾是在被告飞机经过原告虾塘、为原告虾塘河堤上的杨树施药后发生死亡。而被告没有提供其他证据证明原告养殖的虾发生损害系其他原因所致，根据现有证据证明被告播撒林药致原告虾塘受害的可能性更大，故可认定被告飞机施药行为与原告所遭受的损害之间存在因果关系。根据法律规定，公民的合法财产受法律保护，侵犯公民财产权的，侵权人应当承担赔偿责任。

【案例】曹某某、于某某诉南京禄口国际机场有限公司噪声污染责任纠纷案

【案情介绍】1999年，为解决禄口机场周围6个自然村受噪声污染的问题，南京市江宁县人民政府在江宁政发（1999）351号文件中明确两条解决意见：一是6个自然村的居民、农户的主房和附属物原则上全部搬迁；二是对不愿搬迁的住户，每人每月发放补助费10元，以后不得再以噪声为由提出任何要求。1999年庄湖村集体搬迁时，包括曹某某、于某某在内的8户村民选择了领取噪声补贴的方式。2011年，8户村民开始信访，南京市江宁区人民政府回复：原所在村（社区）搬迁地新址已无宅基地安置；补助标准可以适当调整，具体标准可与街道办事处商谈。8户村民对江宁区政府的回复不服，向南京市人民政府提出复核申请，南京市人民政府复核意见为当初预留的宅基地已经全部用完，规划新址上目前没有空余的宅基地满足信访人的搬迁要求，待条件成熟后再行搬迁或拆迁。

曹某某、于某某因与禄口机场噪声污染责任纠纷，于2013年5月8日向江宁法院提起诉讼，请求法院依法判令被告赔偿二原告人身损害赔偿费用共计25万元、精神损失费2万元；判令被告停止对原告身体的侵害（判令被告采取将原告迁出机场噪声影响范围等措施）。

一审法院认为，曹某某、于某某主张要求将其搬迁出噪声污染范围之外或禄口机场自行搬迁的诉讼请求，因搬迁不属于人民法院民事案件的受理范围，于2014年11月20日作出（2013）江宁环民初字第2号民事裁定，驳回原告起诉。原告不服，上诉至南京中院。2015年2月27日，南京中院作出（2015）宁环民终字第2号民事裁定，驳回上诉，维持原裁定。曹某某、于某某不服，申请再审，请求撤销一、二审裁定，但曹某某、于某某的再审申请被裁定驳回。[①] 原因在于原告曹某某、于某某与被告禄口机场环境污染责任纠纷，江宁法院曾于2015年4月10日作出（2013）江宁环民初字第2号民事判决：由被告禄口机场赔偿原告曹某某听力损伤的医疗费、赔偿金、辅助器具费计35 529.3元及精神损害抚慰金5000元，合计40 529.3元；赔偿于某某听力损伤的医疗费、辅助器具费等合计12 369.72元。南京中院（2015）宁环民终字第3号民事判决也已对曹某某、于某某主张的人身损害赔偿请求予以支持，判令禄口机场予以上述相应赔偿。

【案例评析】对航空器噪声损害的救济可从两个方面考察，即预防性救济和补偿性救济。[②] 总体来看，无论国际还是国内，预防性救济强于补偿性

① 江苏省高级人民法院（2015）苏环民申字第00002号民事裁定书。

② 郝秀辉："航空器噪音损害及其补偿性救济途径之探索"，载《甘肃社会科学》2009年第4期，第86~91页。

救济。例如，民航发达国家早在20世纪60至70年代就开始关注了航空器噪声问题。尤其是美国的噪声污染控制就是从控制飞机噪声污染开始的，其早在1968年就颁布了《飞机噪声削减法》，由联邦航空局（Federal Aviation Administration，以下简称FAA）研究实施飞机噪声安全标准。[①] FAA在1969年就颁布了联邦航空条例（FAR）第36部《航空器型号和适航合格审定的噪音标准》，除此之外，FAA有关噪声的规定还有FAR91部《运行和飞行的一般规则》；FAR150部《机场噪声相容性规划》；FAR161部《机场噪声和准入限制的通告和批准》等。除FAR36部外，都是运行方面的规定。FAR36部主要规定了各型号航空器在申请型号合格证和适航证时的噪声测量和评定程序及航空器噪声的各阶段划分标准，除了对航空器噪声审定的技术标准、程序进行详细规定外，还明确阐述了航空器噪声管理。1969年的FAR36部至今已经修订到第28修正案。[②] 纵观国际，如果允许各国规定不同的飞行航空器的噪声标准，势必使国际航空运输受到严重影响，因而需要在国际范围内解决航空器噪声问题。鉴于20世纪六七十年代大量现代喷气式航空器的剧增，航空器噪声和声震对地面上的人或物造成的损害不得不引起更大重视，因为现代喷气式飞机高达100分贝的噪声污染损害已是一种客观存在。国际民航组织（ICAO）在1972年就颁布了国际民航公约附件16“环境保护”第1卷“航空器噪声”。在“航空器噪声”中主要规定了各缔约国航空器普遍满足的噪声水平、噪声的监测以及有关噪声其他方面的协调建议，这种具有法律性质的航空器噪声标准可能成为非安全性的适航限制。国际民航公约附件16中航空器噪声的规定为各国在预防性控制航空器噪音损害方面树立了典范和模板。

但在航空器噪声损害的补偿性救济方面，可寻求的相关国际协议只有1933年和1952年的《罗马公约》，而在以保障和建立国际航空安全和秩序为宗旨的《芝加哥公约》体系中规定噪声损害补偿责任是不合适的，因为从航空法律属性上看，“芝加哥公约”应划归航空公法体系，逻辑上不可能直接规定航空器噪声损害的补偿性救济问题。但是，在1933年“罗马公约”制

---

① 张国宁、周扬胜：《美国的噪声污染控制法规与标准》，载《世界环境》2002年第4期，第14~16页。

② 金奕山：《民用航空器型号合格审定中的环境保护标准——航空器噪声》，载《航空标准化与质量》2008年第2期，第55~56页。

定时，世界航空运输业处于萌芽时期，飞机数量还不是很多，飞机的噪声、声震引起的损害问题还未能引起国际重视，因此该类问题没有进入公约的视野。“二战”后，世界空运业进入了快速发展的成长期，不仅出现了大型喷气式客机，而且飞机总量得以数倍增长，但是在制订 1952 年“罗马公约”时，因没有预见到喷气式飞机对地面产生噪声损害，致使没有把该公约视为规定这类问题的合适文件。但修订 1952 年“罗马公约”、增加航空器噪声损害补偿责任会遇到修订程序上需要 2/3 以上多数国家批准的阻碍。美、法等国频繁发生的噪声诉讼也曾促使 20 世纪 60 年代中期修改“罗马公约”建议的提出，但由于六七十年代劫机事件的频发和严重，国际航空组织忙于航空刑事公约的制定，直到 1974 年以后才成立一个法律小组来拟订关于噪声和声震引起损害的责任问题的文本。针对该文件在 1976 年国际民航组织法律委员会的会议上作了充分的讨论，但因存在严重意见分歧，最后把是否需要制定新文件的问题交给了法律小组去决定。令人不解的是，1975 年“修改罗马公约的法律小组”和 1978 年“由声震和噪声产生损害的责任问题的法律小组”却都认为这个问题尚不成熟，因而在 1978 年外交会议上对噪声和声震问题最终没有取得与会国家的一致意见，通过的 1978 年“蒙特利尔议定书”对此又未能作出决议，只能留给国内立法去解决。由于“罗马公约”的缔约国较少，收效甚微，国际民航组织（International Civil Aviation Organization，以下简称 ICAO）一直没有放弃修改 1952 年“罗马公约”。2000 年在蒙特利尔召开的国际民航组织法律委员会第 31 届会议上，瑞典代表提出了将 1952 年“罗马公约”现代化问题列入法律委员会工作会议的建议，ICAO 秘书处从 2001 年开始启动了公约现代化的工作，迄今已经形成了一个初步的公约草案和关于补充赔偿机制的议定书。但非常遗憾的是，草案内容并没有有关航空器噪声损害补偿责任的任何踪影。其实，预防性措施虽然不可或缺，终究也不能代替补偿性措施功能的发挥，尤其是对于已经造成损害和即将造成损害的航空器噪声，还必须有相应的法律予以补救性救济，因为“有损害就必须有补偿”是一项永不失色的民法誓言。在人类现有的技术下，客观上完全消除飞机噪声是不现实的，而“一定程度的声音和振动都是有害于公众健康、安宁、安全和生活质量的，是与公众利益相违背的。每个人都有权获得这样一种环境的权利，即不受噪音侵扰、影响其生活及生活的质量、健康以及享受其财产的权利”。[①] 因此，本着对人生命的尊重和人生存质量提高的保障以及对人所赖以生存的物质财产的保护之基点，航空器噪声损害补偿之难题应该搭上“世界环保行动”的“方便车”，借助国际公约的力量，推动各国立法和判例对噪声损害补偿之理念的确立。

与国际上的态度相反，纵观各国对航空器噪声损害救济的态度和实践，美、英、德、加等航空大国对此一直是积极响应和支持的，正因为1952年《罗马公约》未能对噪声污染的责任问题作出任何规定，才致使这些国家没有批准该公约。德国早在1936年出台的《航空交通法》就已经对飞机噪声损害问题进行了关注，不仅规定了严格责任，而且还排除了不可抗力的免责事由。英、美等国的判例法在给航空器噪声损害提供法律救济方面发挥了有益的作用。如美国俄勒冈州最高法院1962年11月7日判决的“索恩伯格诉波特兰航空站案”和华盛顿州最高法院1964年7月10日判决的“马丁诉西雅图航空港案”就对影响土地所有人的过度噪声给予了赔偿。[②] 为什么对航空器噪声损害的法律救济方面的国内法比国际公约更积极呢？因为在实践中，通常遭受机场附近航空器噪声干扰的人是机场附近土地使用者，他虽然是为主张个人权利，以个体身份出现的，但他可能是遭受广泛干扰的社区的代表。他们向航空港的所有者和经营者提出损害赔偿诉讼，噪声造成了妨害，这种妨害噪声可能来自飞越上空的航空器、着陆的航空器、起飞的航空器、航空器动力系统的测试或比赛。而这种诉讼要求的法律救济在一定程度上依赖可用的各国法，因为这种诉讼是对航空港的所有者或经营者，或者使用航空港的国家航空器的经营者，因而不是国际诉讼的问题。除非是由外国航空器造成的噪声妨害，诉讼才具有国际因素，否则，这种诉讼本质上是在本国领土上的国内诉讼。[③]

我国在航空器噪声损害的预防和补偿方面的法律规范基础如何？总体上讲大大不如其他国家。由于我国民用航空事业起步较晚，国产等老型号飞机没有经过噪声审定，而目前大多使用的是国外航空器，只是通过型号认可审定其噪声水平。对于航空器噪声损害问题，我国长期以来未有足够重视，相

① 金俭、朱喜钢：“美国城市噪音控制与法律救济”，载《城市问题》2004年第1期，第70～74页。

② 该两起案件见《CCH航空法案例集》，第8卷，第17281页和18324页，也见〔荷〕迪德里克斯. 弗斯霍尔：《航空法简介》，赵维田译，中国对外翻译出版公司1987年版，第170页注释。

③ Gerald F. Fitz Gerald: Aircraft noise in the vicinity of aerodromes and sonic boom, University of Toronto Law Journal vol. 21, no. 2, 1971 pp. 226—240.

关政策和证件管理也不完善，甚至出现过航空器因噪声证件问题在国外机场被扣留的事件。早先的国家标准只是国家环境保护局在1988年制定的《机场周围飞机噪声环境标准及测量方法》和《城市区域环境噪声标准》，直到2002年3月20日，我国参考ICAO附件16第1卷和FAR36部才正式出台了第一部关于航空器噪音的法规CCAR－36部，并在2007年4月15日根据两部国际标准的最新修正案进行了第一次修订，各个机型各个阶段的噪声评定方法与ICAO附件16第1卷和FAR36部一致。但我国总体上对航空器噪声损害的预防性救济还是比较落后的，如在减轻飞机噪声影响方面，国际上通用一种通过执行“机场减噪声程序”的办法。根据对与我国通航46个国家和地区的75个国际机场的统计，有16个国家和地区的23个机场，即约1/3的国家和地区1/3的机场公布了“机场减噪声程序”，其中北美和欧洲国家制定减噪声程序的机场比例均在50%以上。而在我国内地现有的142个民用运输机场中，仅首都机场有一个使用西跑道向南起飞的减噪声起飞转弯离场程序和一则起飞爬升程序的规定，我国其余所有民用运输机场再无减噪声程序内容。① 在航空器噪声监测方面，许多国家都启动了噪声监测，如东京成田机场从2002年4月17日开始24小时监视所有IFR② 起降的飞机。法兰克福、慕尼黑、希思罗、阿姆斯特丹、戴高乐、旧金山、洛杉矶、肯尼迪等机场都已是如此。而我国只在北京首都机场启动了噪声监测工程项目，这都被视为开了“我国民航机场使用噪声监测装置的先河”。③ 从我国现有的法规看来，无论是上述国家环保局规定的《我国机场噪声标准值和适用区域表》和《城市区域环境噪声标准》，还是现有的CCAR－36部、《环境噪声污染防治法》《关于保护和改善环境的若干规定（试行草案）》和《环境保护法》，都仅是对城市区域和交通运输的环境噪声污染防治的一些原则性规定，只能属于航空器噪音损害救济的预防性法律措施，而实践中这些预防性控制措施也常常执行不力或根本未予监督执行。至于航空器噪声损害救济的直接补偿性法律措施仍是一个空白，只能借助于民法通则等间接性救济，这对于我国的环保是非常不利的。

---

① 刘炳权：“谈谈机场运行的减噪声程序”，载《中国民用航空》2006年第3期，第57～61页。

② “IFR”即仪表飞行规则，是指借助于航空器的仪表和无线电导航设备进行飞行所必须遵守的飞行规则。与之相应的“VFR”即目视飞行规则，是指在目视情况下进行飞行所必须遵守的飞行规则。

③ 刘炳权：“谈谈机场运行的减噪声程序”，载《中国民用航空》2006年第3期，第57～61页。

实际上，对航空器噪声损害的预防性保护和补偿性保护反映了两个不同的法律视角——公法视角和私法视角。尽管公法与私法的区别存在诸多理论，[①] 施瓦布认为，这些理论学说都存在一定的局限性，私法规范与公法规范的区别应在于法律后果的归属对象不同。例如，《德国联邦污染防治法》第4条和《德国民法典》第907条，[②] 前者是公法规定，其借助于行政机关的公权力手段（批准）监督预防环境污染对他人的危害、损害和造成负担不超出可合理期待的程度，它把主要的保护责任放在公权承担人身上。后者则是给予受保护者本人针对妨害人的请求权，其把请求法律保护的主动权完全放在受损害者本人手中。尽管公法规范和私法规范有着相似的调控目标——都是（至少都包含）保护受到不利的人，但却导致不同的法律后果。[③] 在任何时期的任何国家的任何法律，都无法确切地保证公权承担人会尽到完全的保护私益的责任，尤其是“越多地把对社会性义务的监督托付给公权组织，整个法律架构就会越接近极权国家的形象，在这个国家中，个人的行为总是被‘从上面’予以监控和引导。因此，一个法治国家必须把请求法律保护的主动权更多地下放给受损害之人，也只有越多地把社会义务的实现交给民法并由此交付给私人的主动行为，法律制度的自由成分才越多。”[④] 没有任何人比自己更关心自己的利益，没有任何人比自己更痛苦于自身利益的受损，所以，在航空器噪声损害的救济保护上，仅有预防性保护将是一个“瘸腿”的保护，必须加强补偿性保护，而补偿性保护的任务自然降落在民法的肩上。

毋庸置疑，航空器噪声损害具有存在的广泛性、程度的严重性和公私利

---

① 一是利益说，即以法律保护的是私人利益还是公共利益为标准。乌尔比安的《学说汇纂》提供了支持；二是隶属说，即以法律保护的是平等关系还是隶属关系为标准；三是主体说，即以参加法律关系的主体是否有公权主体为标准；四是性质说（本文作者定名），即梅迪库斯定义的：公法是指受约束的决策的法，私法是指自由决策的法。〔德〕迪特尔·梅迪库斯：《德国民法总论》，邵建东译，法律出版社2001年版，第11～14页。

② 《德国联邦污染防治法》第4条第1款规定：“因其性质或因其运营而极有可能会对环境造成有害干涉或以其他方式危害公众或邻居，或对之造成重大损害或重大负担的设施，以及固定的用于存放或处理废弃物的废弃物处理设施，其设立和运营必须经过批准。”《德国民法典》第907条第1款规定：“土地所有权人可以要求在相邻土地上不得建造或保持确可预见其存在或使用将会对土地所有权人的土地造成不法干涉的设施。”

③ 〔德〕迪特尔·施瓦布：《民法导论》，郑冲译，法律出版社2006年版，第68～69页。

④ 同上，第70页。

益的交叉性等特性，确需不同的部门法从不同的角度出发相互配合与共同调整。例如，“在大多数情况下，美国环境保护法律的条款由行政机构实施。但是一些法律也允许私人对违反空气、水、噪声污染标准的人提起损害赔偿或获取禁止令的诉讼。”① 综观损害救济的各种法律规范，尽管航空法和环境法对噪声损害的补偿承担救济的重责，但它们作为一个新兴的综合性法律部门，其进化和发展必然需要从其他相关法律部门中获取理论上的支持，尤其需要获得来自民法的支持。而民法理论经过长期的演化，已经相对成熟和完善，很多理论观点和制度规则都可以对航空法和环境法的成长起到示范作用，供其有选择地吸收和借鉴。尤其是民法中的“权利”工具对于航空器噪声损害的补偿性救济具有极其重要的意义和作用。安得烈亚斯·冯·图尔早在1910年就写道：“权利是私法的核心概念，同时也是对法律生活多样性的最后抽象”。② 梅迪库斯也曾说：“我同意对‘私法仅仅依靠权利这一思维手段是不够的’批评，但权利绝对不是可有可无的思维手段。要使某个人负有的义务在私法上得到实现，最有效的手段就是赋予另一个人享有一项相应的请求权（此即权利）。许多破坏环境的犯罪行为，恰恰是因为排斥了私法上的停止侵害请求权才得以猖獗，如针对营业性的公害释放或针对不必要的飞机飞行后果，都没有规定私法上的停止侵害请求权。”③ 当然，也有人会问，为什么不利用环境权来救济此种损害呢？因为环境权是一个不同于民事权利的新兴权利，本文因篇幅的原因，不探讨二者的异同，④ 也不详细论证环境权中“私权”与“公权”的比例，但我们必须承认当前的环境权“不仅没有实定法方面的根据，其构成要件、内容、法律效果等也极不明确，以此作为私

---

① Edmund F. Ficek, Thomas P. Henderson, and Ross H. Johnson, Real Estate Principles and Practices, Merrill Publishing House, ed. 1990. p. 57.

② 〔德〕迪特尔·梅迪库斯：《德国民法总论》，邵建东译，法律出版社2001年版，第62页。

③ 同上，第64~65页。

④ 环境权概念的提出至今已有几十年的历史，之所以在立法、司法及理论上存在着诸多争论，一个重要的原因就是学者们将环境权视为一种私权，而且试图在民法体系中完成它的确立、保护和救济制度。但这种尝试在国外的司法实践中屡屡碰壁，不得不引起人们的反思。朱谦：“论环境权的法律属性”，载《中国法学》2001年第3期，第65页。其实，很多学者都认为环境权的复杂性、范围的不确定性、主体的多样性，决定了环境权不宜私权化。二者在许多方面还是存在差异的，如民事权中的人格权和财产权突出私益性，环境权具有公益性；救济方式上，民事权可以得到民事赔偿，环境权不允许以民事赔偿代替停止侵害；侵害民事权的案件只有受害人具有起诉资格，而侵害环境权的案件任何人都可以提起诉讼。侯怀霞：“关于私法环境权问题”，载《理论探索》2008年第2期，第138页。

法方面的权利予以承认，有害于法律的安全性，毕竟是不能允许的而予以否定。”① 因此，在环境权的“工具”和“媒介”缺乏理论基础和实践证成的情况下，透过“环境”媒介直视环境背后的民事法益之救济途径，不失为对噪声损害予以保护和救济的现实可行之法，尤其是在对于航空器噪声损害更需要借助私法上的系列“工具”和“手段”得以实现补偿性救济之时，民事权利是不得不选择和优先适用的“工具”。为此，航空器噪声损害的补偿性救济可以充分利用民法上的“权利”工具。

1. “人格权”工具之利用

所谓“人格权”就是以权利者的人格利益为客体的民事权利。人格权作为近代社会人权运动的产物，直接与权利者的生存和发展密切联系。随着社会发展和文明进步，人格利益在不断扩大，尤其是一般人格利益概念的提出为各种新的具体人格利益的法律确认和保护提供了源泉和动力。

在航空器噪声对区域环境造成影响时，该区域内的受害主体以自身人格权遭受侵害为由请求法律保护的判例早已有之。例如，日本早在20世纪70年代的“大阪国际机场噪声案”的判决中就指出：“个人的生命、身体、精神及有关生活上的利益，是个人人格利益的本质，统称为人格权。此人格权不允许任何人侵犯，对此侵害应认为有排除之权能。在本案中，使用机场所产生的飞机噪声对原告等全体显著发生精神上的痛苦，并妨害其生活，且一部分人已经发生身体损害，其他人也暴露在同样的危险中，故应认为原告等的人格权益已经遭受侵害。”于是判令被告赔偿原告每月6000日元的抚慰金，直到实施禁止飞机于晚9时至翌日早7时起降的命令为止。在现代社会，随着文明的发展和人们观念的改变，人们对住宅的安宁越来越关注。在我国台湾地区出现了这样一个判例：一个人邻居家的空调室外机产生的噪声非常大，使其无法睡眠，长期下来使受害人患上了严重的忧郁症，这个受害人诉至法院请求精神损害赔偿。以前台湾地区的法院会认为这是受害人自己的心理没有调节好，别的邻居睡眠都是正常的，可是现在台湾地区的“最高法院”却突破法条规定的原则，认为这种居住地区的安宁也构成了一种人格权。随着现代社会人格权体系的开放性拓展，基于保护人们的生命健康和生活样态的

① 吕忠梅：《超越与保守——可持续发展视野下的环境法创新》，法律出版社2003年版，第234页。

丰富多样性之需求，休息权、安宁权等人格权类型的扩张充分体现了对人基本人格的尊重。日本有学者提出了以环境权、人格权为根据的禁止公害诉讼的主张。① 甚至加藤一郎教授认为对公害必要时可以从历来的人格权提出主张，而反对环境权的提法。② 法国也有学者提出以环境权的人格权对不可量物近邻妨害主张赔偿请求权，其理论基础在于：生活中之个人均有享受大自然所赋予的“清净”之权利，一切污染、过度的噪声因而也都是对此权利的侵害。③ 因此，我国有学者认为，环境权是否为一种独立权利暂不讨论，但基于人格权的主张来解决空气、噪声等对人造成的损害已成为发展趋势。④ 甚至我国也有学者认为，环境权是人格权的一种类型。⑤ 在日本法院的司法实践中，环境权和人格权的界限是不明晰的，法官判决环境侵权案件时往往以人格权为法律依据。⑥

那么，航空器噪声损害以人格权为法律依据提起补偿性救济的价值基础何在？从噪声损害的客体来看，它不仅破坏了人们居住地区安宁、清净、舒适的环境，而且通过环境破坏这一媒介造成了人们精神自由、身体健康和心理健康上的如前所述的种种伤害。噪声所损害的身心健康，是人格权法所要保护的人格利益，这些人格利益是人权的重要内容，因而属于民法所要救济的法益，其价值基础即人格的法益显然具有比物的法益更高的价值，因为现代的人类早已走过了仅作为生物存在的时代，当今之时，人的精神的自由和快适，生活环境的安宁与洁净，已成为单个的个人维系其自身生存、健康和全面发展的基础，须臾不可或缺。⑦ 因此，针对航空器噪声损害的补偿性保护手段而言，人格权不失为首选之工具。

---

① 〔日〕柳宪一郎：“日本大气污染公害诉讼的动向”，见王家福主编：《民法和环境法的诸问题》，中国人民大学出版社 1995 年版，第 40 页。

② 〔日〕加藤一郎：“日本侵犯行为法的现代发展”，见王家福主编：《民法和环境法的诸问题》，中国人民大学出版社 1995 年版，第 10 页。

③ 陈华彬：“法国近邻妨害问题研究”，见《民商法论丛（第 5 卷）》，法律出版社 1996 年版，第 348 页。

④ 彭诚信：“现代意义相邻权的理解”，载《法治与社会发展》1999 年第 1 期，第 53 页。

⑤ 徐国栋：《绿色民法典草案》，中国社会科学出版社 2004 年版，第 84 页。

⑥ 杜钢建：“国外法制与法学——日本的环境权理论和制度”，载《中国法学》1994 年第 6 期，第 103 ~ 108 页。

⑦ 陈华彬：“法国近邻妨害问题研究”，见梁慧星主编：《民商法论丛（第 5 卷）》，法律出版社 1996 年版，第 300 页。

2. “相邻权”工具之利用

相邻权是指两个或者两个以上相邻的不动产所有人或使用人之间，一方行使所有权时，享有要求另一方提供便利或者接受限制的权利，是对不动产物权的限制和延伸。“相邻”并不以相互毗邻为限，其含义应界定为“邻近的”。[①] 由于航空器噪声和声震可能影响到离产生源有一定距离的地域范围内，所以“相邻法不仅适用于直接相邻的不动产关系，同时，远距离的不动产也可能受相邻法的调整，只要某不动产的影响能够延伸到远距离的不动产。”[②] 相邻权是法定的平衡相邻各方冲突的调控器，它虽然以强调邻人的容忍义务为出发点促进邻里之间的和谐发展，但也赋予容忍方在对侵扰超出限度造成损害时的赔偿诉讼请求权。

作为航空港的相邻一方，在为航空港所有人的经营活动提供空域通行方便与合作的同时，也有谋求自身土地使用价值的最大化、建筑物使用的方便、生活的舒适与安宁的权利，这也需要相邻的航空港所有人提供协作，保证进港与离港的航空器发出的噪声和声震控制在该地区的人们通常可以忍受的限度内，拒绝超出噪声标准的航空器在本港起降。否则，超标的航空器噪声便会促使邻人启用“相邻权”，请求近邻妨害赔偿。噪声等不可量物近邻妨害在不少国家已作为相邻权的一项内容。

有学者提出，相邻权随着社会发展呈现出进步性和发展性的现代化态势，其最有力的体现是：不应再固守于只是对土地、房屋的利用提供方便的权利，其实还应包括为人们日常生活提供方便的权利。相邻权实为财产因素与人格因素相结合的一种权利，我们不排除相邻权的财产性因素，但是当相邻权涉及人们的日常生活时，它还有着对人的生活健康、愉悦关心的人格性因素。[③] 的确，我们不能否认的事实是航空器噪声不仅造成土地等不动产价值的减损，而且通过相邻的关系作用于权利人自身，如前所述，噪声、声震对邻人的精神、身体健康都会造成严重损害。因此，有学者认为，基于此我们说相邻权也包含人格性因素又有何不可？而此处对人格利益的保护，又非仅靠赔礼道

---

① 傅穹等：《物权法专题初论》，吉林大学出版社 2001 年版，第 108 页。

② 〔德〕曼弗雷德·沃尔夫：《物权法》，吴越等译，法律出版社 2002 年版，第 171 页。

③ 陈华彬：“法国近邻妨害问题研究”，见梁慧星主编：《民商法论丛（第五卷）》，法律出版社 1996 年版，第 348 页。

歉、消除影响等能实现的，多数情况下须通过财产性救济手段才能消除，如进行物质赔偿、改善设备等，当然最严格手段是采取全面禁止、取缔妨害行为，但这仍需有财产性辅助手段进行补救其对身体、精神健康所造成的不利影响，才能全面维护受害者的利益。①

3. “地役权”工具之利用

所谓地役权，是指以特定的土地供自己土地的方便和利益的权利，也有学者称其为“邻地利用权”。② 地役权和相邻权虽然均以不动产利用的调节为对象并皆以不动产权利的扩张或限制为基本内容，而且地役权是相邻权的补充，但二者还是有显著差异，如相邻权是法定的、是对邻近不动产利用的一种最低限度的调节、通常是无偿的；而地役权是超越相邻关系的限度在当事人之间约定的一种权利义务关系、可有偿也可无偿。由于航空技术发展的有限性致使迄今无法生产出静音飞机等原因，作为航空器起降基地的机场（或称航空港）与相邻土地之间在利用上的紧张关系常常是相邻权（或称相邻关系）无法调节的。机场所有人、经营人或出租人通常成为邻地空中通行地役权的占有人，因为无论航空港建在哪里，都必须具有一定长度和宽度的跑道，而跑道的指向和长度就是航行地役权所需要的土地。

早期的土地所有者对其地上的空域权是绝对的，土地属于谁，谁就拥有土地上的天空。③ 但是，当人类开始飞行后，这个原则就让位于空域是公共通路的司法与立法的裁决。为了避免空中航行被非法侵入诉讼阻断，各国和国际的相关飞行规则都划定了一定空域范围为“可航行空域”，如美国民用航空委员会定义的“最小安全飞行高度以上的空域”，④ 并对飞机的低空飞行作了禁止性规定。然而在土地上方的大部分空域对公众开放的同时，还有一部分保留在私人手中。尤其是在土地私有的国家，土地所有者拥有完全的土地所有权，他对外来空气的直接进入有排他的控制，土地所有者至少拥有与其土地相连的、其能占有和使用的一些地上空间，因而在航空器起降过程中必须保证土地所有者空域的安全，因为“对土地的使用就含有对地上一些空

---

① 彭诚信：“现代意义相邻权的理解”，载《法治与社会发展》1999 年第 1 期，第 53 页。

② 梁慧星、陈华彬：《物权法（第二版）》，法律出版社 2003 年版，第 185 页。

③ J. B. Minor：The Law of Real Property 19，1908，at 21 – 22.

④ Air Commerce Act of 1926，ch. 344，§10，44 Stat. 574，as amended，Act of June 23，1938，ch. 601，§1107（i）（1），52 Stat. 1028. The Supreme Court in United States V. Causby，328 U. S. 256，264（1946）.

域的使用”。[①] 这样，实践中还会发生航空器通行权和相邻土地所有者或使用者权利的碰撞和冲突，因为在机场起降的航空器必须低空飞越机场周围的邻地，邻地所有人或使用人经常遭受到来自飞机噪声、震动和飞机排放气体的侵害，尤其是当喷气式飞机飞越或紧紧靠近时，谈话几乎被打断，声音被湮没，收音机和电视的接收也受到干扰。而且喷气式飞机引起房屋和内部物件的震动，家里披叠板上的钉子每隔6个月就要敲打，轻式装置器要定期系牢，睡眠被打扰，户外娱乐几乎不可能，噪声还造成恐惧，尤其是儿童的恐惧与惊吓更大。[②] 喷气式飞机起飞时排放的气体在附近财产所有者的房屋和走廊上也留下油垢不堪的黑色沉淀物。[③] 航空器侵入机场周围邻地的私人空间造成诸多损害是显而易见的。如果机场是后于机场周围相邻土地所有人或使用人对土地的占有而建成的，在邻地所有人或房屋所有人[④]不愿搬迁的情况下，航空器起降时通过邻人对财产使用和享用所需的空域时，即构成对地役权的占用，其噪声、震动、气体一旦对邻人造成损害，必须给予补偿。航空港所有人通过协商获得地役权的方法可以避免持久的诉讼，这不仅使目前和未来所有的航空器取得了飞行权，免除了任何飞越他人财产上空导致的对航空港所有人提出的权利损害申诉请求，而且航空港所有人还取得了与地役权相伴的防止任何高层建筑竖立和任何树木增高的一切必要措施的采取权。而相邻土地所有人通过移转空域通行地役权获得经济补偿，在一定程度上减轻了对飞机噪声的恐惧和抚慰了受害者的身心健康。

在美国航空实践中，运营航空器的航空公司通常不承担责任，尽管使用航空港的航空公司是相关的承租人，但租赁契约赋予他们起飞和着陆的权利，如果其航班没有违反规定，也没有任何航班低于安全要求起飞和着陆，飞机遵守了通过请求人住宅的飞行模式，即使操控飞机的航空公司造成了损害，他们也免于承担责任，因为他们只是在按照要求去做，航道所在位置不是由他们意志决定的，而是取决于联邦的决定和航空港的自然本质。当然如果航

---

① Indiana Toll Rd. Comm'n V. Jankovich, 244 Ind. 574, 581, 193N. E. 2d 237, 240 (1963), cert. Dismissed as improvidently granted, 379 U. S. 487 (1965).

② Martin V. Port of Seattle, 64 Wash. 2d 309, 312, 391 P. 2d 540, 543, cert, denied, 379 U. S. 989 (1965).

③ Batten V. United States, 306 F. 2d 580, 582 (10th Cir. 1962), cert. Denied, 371 U. S. 955 (1963).

④ 在我国，房屋与土地是分别享有所有权的，但坚持“房随地走、地随房走”的原则。

空承运人的飞机违反了规定的航班模式，可以依据过失、侵入和违反联邦航空条例而起诉承运人。① 相反，航空港的所有人或经营人要对邻人损害负全部责任，其根本原因在于：经营航空港对相邻的土地享有地役权应付出的代价和责任如同对跑道建设所需土地的责任一样，没有区别。而且更为重要的是，政府通常已经为航空港所有者提供了补偿，它的建设计划得到当局批准后便享受了工程费用津贴，其中包括获得土地、通过地役权和其他空气空间利益的费用。正因航空港所有者在获得必要土地的费用方面部分地受到了政府的补偿，所有者如果未能获得足够的土地以满足航空港的需要，它就应该对赔偿诉讼承担责任。② 而在法国，通过高层公寓建造人因飞机噪声致房屋无法出售而对法国航空公司提起诉讼一案，法院在航空公司不能证明其飞机发出的噪声未超出法定限度的情况下，判决飞机经营人对飞机操纵所引起的损害负赔偿责任。可见法国法院对这类损害赔偿的态度比普通法系各国尤其是美国的态度要宽大一些。③

4. “所有权”工具之利用

尽管土地所有者都有以自己喜欢的方式自主使用土地的权利，但相邻土地上的邻居也有不受妨碍地使用土地的权利，在两种所有权的使用发生冲突和伤害时，法律必须给予平衡和救济。当航空港所有者或经营者在从事经营活动中，航空器起飞、降落或试飞等活动给邻人造成噪声和震动损害时，邻人以使用其土地或享受其土地上的利益受到不合理干扰或妨碍为由获得诉讼赔偿的背后，土地或房屋的所有权是邻人损害救济的重要权利支撑和诉讼的利用工具。这充分体现在英国的私人妨害制度、德国的不可量物侵害制度、美国的“违宪拿取”和“逆向征用”等救济制度。土地或房屋的所有权是联结航空港所有者和受噪音损害的邻人间诉讼的纽带，是邻人获得适格的诉权主体的最有力的支持。在航空器噪音损害救济的权利工具的利用上，所有权也是相邻权、地役权工具利用的前提和基础。

针对噪声等物体造成的不合理干扰或妨碍土地占有者使用其土地或享受

① Cf. East Haven V. Eastern Air Lines, 36 U. S. L. W. 2499 (D. Conn. Feb. 20, 1968).

② Marshall T. Bohannon: “Airport Easements”, Virginia Law Review, Vol. 54, No. 2, 1968, pp. 355—381.

③ 〔荷〕迪德里克斯－弗斯霍尔：《航空法简介》，赵维田译，中国对外翻译出版公司1987年版，第167页。

其土地上利益的行为，英国司法确认了私人妨害制度，即对土地所有权及相关的其他利益的妨害行为可以提起侵权诉讼，请求损害赔偿。这种私人妨害制度虽然在理论上不属于英国侵权法上的一项独立制度，[①] 但其在英国侵权法上的地位很重要，是尊重和保护私有不动产理念的表现。由于私人妨害制度的本质是保护土地所有权，因而当航空器噪声对土地所有人造成无形损害时，可以提起所有权妨害之诉。在德国，对于噪声损害可适用不可量物侵害制度，即对于如航空器噪声和声震这种没有具体形态、不能用传统的衡量方式加以计量的物体侵入时，如对土地的使用未造成侵害或者只是轻微侵害的，土地所有权人不得禁止。当从另一土地排放的具有重大损害的侵入是按照当地通行的使用方法产生的，而且对使用人尚无经济上可以设想的措施要求加以制止的情况时，上述规则同样适用。在土地的所有权人因此而必须容忍侵入的情况下，如果这种侵入对根据当地惯常的土地利用或者土地的收益造成超过设定限制的损害时，可以向排放侵害物的土地所有权人要求金钱赔偿。[②] 但由于《德国民法典》第906条是受到《营业法》第26条限制的，以此分析飞行航空器所生之噪声，乃属于经政府许可设立的营业，又是国家重要的营业，因此不得提起消除妨害和不作为之诉求，只能行使“牺牲补偿请求权”。[③] 而在美国，对于航空器噪声损害赔偿的诉讼请求，判例采取了“违宪拿取”，其法官认为，空气空间虽是公共领域的一部分，私人对空气空间的所有权是不能接受的，但土地所有人能够拥有其土地加以占据或利用的那些土地上空，如果飞机飞得太低太频繁，直接干扰了对土地的利用和享用，对土地所有人造成感觉上的不舒服和烦恼时，就等于拿取了应予赔偿的舒适。[④] 对于受机

---

① 一般说来，英国侵权法按责任基础划分为故意侵权、过失侵权和严格责任三种，而私人妨害侵权的责任基础既有基于故意的，又有基于过失的，还有基于严格责任的。李旭彬：“论英国侵权法中的私人妨害制度”，见王军：《侵权行为法比较研究》，法律出版社2006年版，第652页。

② 《德国民法典》第906条的规定。

③ 1869年6月21日施行的德国《营业法》第26条规定：“土地所有人或占有人，对于因邻地所生之有害作用，依现行法虽许可其提起排除侵害之民事诉讼，但对于经政府许可设立之营业设备，又与营业之适当经营不能并存者，则许其请求损害补偿。”著名的“牺牲补偿请求权”理论即是1794年普鲁士一般邦法序章第75条和1869年德国《营业法》第26条所涵盖的法律思想。陈华彬：“德国相邻关系制度研究——以不可量物侵害制度为中心”，见梁慧星主编：《民商法论丛（第四卷）》，法律出版社1996年版，第284页。

④ 美国诉考斯比案，美国最高法院1936年5月27日判决，载《1946年美国航空报告》，第235页。

场的航空器噪声影响导致临近土地用途及价值猛降时，美国法律又专门给财产所有人提供了“反征用”诉讼制度的救济手段。反征用也可解释为“逆向征用”，即国家征用土地而使临近地块价值大减，该地块虽然未被正式征用而应推定为已经征用，其所有人有权要求政府合理补偿。受航空港飞机噪声损害的财产所有者对政府或拥有征用权的私人实体提起的反征用之诉（invers condemnation）目的在于获取对被征用土地的公正补偿，是一种迫使政府部门运用征用权力的一种方法，一般是在征用人无意提起征用权程序时使用。这种诉由是由私人而不是官方启动的。尽管启动这种诉讼程序有利于航空港所有者和政府，因为陪审团很可能是由那些熟悉土地价值、有责任的商人组成，他们是不愿意给予过分赔偿的，而政府也可获得现在和将来的通行地役权，一劳永逸地解决请求。但是，财产所有者提起诉讼能够就目前的干扰获得补偿，在航空港所有人没有为避免将来的事故取得永久地役权的情况下，财产所有者将来还可再提起新的诉讼。[①]

① Marshall T. Bohannon：“Airport Easements”，Virginia Law Review，Vol. 54，No. 2, 1968，pp. 355—381.

第三章

民事法律关系

民事法律关系，是指基于民事法律事实并由民事法律规范调整形成的民事权利义务关系，是民事法律规范调整平等主体之间的财产关系和人身关系在法律上的表现。

民事法律关系是整个民法逻辑体系展开与构建的基础，民法观察世间百态和社会纠纷的基本方法是民事法律关系。民法是民事法律关系发生的前提，民事法律关系是民法发挥调整作用的必然结果，纷繁的民法问题就是民事法律关系的具体化和类型化。

在司法实践中，法官处理民事纠纷时，必须将当事人置于具体的民事法律关系中，确定该具体民事法律关系的主体、客体和主体间的权利义务关系。民事法律关系的厘清是分析和解决民事案件的关键所在，厘清民事法律关系是确定民事案件案由的基础，也是为案件解决寻求法律依据的关键所在。故民事法律关系具有民法方法论的功能，是指导审判工作的基本思维模式与思考方法。研究判例，需要考察法官对民事法律关系性质的认定是否正确，这涉及对案件作出裁判的公正问题。因此，正确理解和判断法律关系对于具体案件的解决意义深远。

第一节　民事法律关系的类型

一、财产法律关系

（一）机场对车辆的保管关系

【案例】王某某诉昆明长水国际机场公司保管合同纠纷案

【案情介绍】2015 年 1 月 21 日，原告王某某将一辆黑色奥迪牌轿车停放在被告长水机场经营管理的停车楼B2层C－6－058车位，后原告王某某支付了218元停车费。同月22日2时52分至2时55分，三人将一辆无牌照白色轿车停在原告王某某停放的黑色轿车旁，其中二人下车并取走原告王某某存放在该黑色轿车内的物品，后三人驾驶该白色轿车离开现场。同月24日18时50分，云南省民用机场公安局昆明长水机场派出所接到原告王某某称其放置轿车后备厢内的高级烟酒被盗的报警情况。同月28日，云南省民用机场公安局决定对该案立案侦查，该案至今未侦破。原告认为被告长水机场未对停车楼加强监管，未尽善良管理人的注意义务，被告应当承担原告高级烟酒被盗的损失，故诉至法院，请求法院判决被告赔偿损失。法院经审理判决驳回原告王某某的诉讼请求。①

【案例评析】保管合同是保管人保管寄存人交付的保管物，并返还该物的合同。寄存人应当按照约定向保管人支付保管费。保管既可以是有偿的，也可以是无偿的。原被告双方形成车辆保管合同关系，该合同关系系双方真实的意思表示，合法有效，对双方均有约束力。

原告提出应由被告对车内物品负保管义务的诉讼主张以及被告提出的双方未形成车内物品保管合同关系的抗辩意见，经查，“询问笔录”中关于原告作出的只有其本人知道车辆后备厢存放贵重烟酒的陈述证实了原告在停车时未告知被告其车内存放的物品，也未将车内物品交付被告保管的事实，且车内临时存放的物品与车辆之间不具有不可分性，车内临时存放的物品与车辆不属于一个整体，因此，本案车辆保管合同关系的标的物是车辆，并不包括车内临时存放的物品。原、被告双方没有就车内临时存放物品形成保管合意，双方没有形成车内物品保管合同关系，被告对原告的车内物品不负保管义务，故被告的抗辩意见成立，法院对原告的该项诉讼主张不予支持。关于原告提出的停车牌及标牌上提示内容系不公平格式条款的诉讼主张，经查，停车票背面上载有“务必勿将停车票、贵重物品放置车内，请随身携带并妥善保管，如有遗失，后果自负”的内容，停车楼标牌上也提示寄存人“离车时带好贵重物品锁好门窗”，上述提示内容属于被告向寄存人履行车辆保管合同的安全提示义务的格式条款，被告也通过这些格式条款明确表示不对车内临时存放的物品负保管责任，该提示内容并未免除被告责任、加重原告责

① 昆明铁路运输法院（2015）昆铁民初字第48号民事判决书。

任或排除原告主要权利，停车票及标牌上的提示内容不存在不公平或无效的情形，故法院对原告的该项主张不予支持。关于原告提出由被告赔偿其损失的主张，法院认为双方没有形成车内物品保管合同关系，被告不承担车内物品保管义务及车内物品损失的合同责任，且原告提交的证据及本院调取的证据均不足以证明原告被盗物品的具体名称、种类、数量、质量和价值等，故法院对原告的该项主张不予支持。

（二）航空货物运输关系

【案例】南苑公司诉国凤公司航空货物运输损害赔偿案

【案情介绍】2011年10月26日，南苑公司将一批电子配件交由国凤公司运输，国凤公司向南苑公司开具了货运单。货运单内容包括：托运人为“南苑”，目的站为北京，收货人为赵某，提货方式为机场自提，货物名称为电子配件，货物件数为4件，毛重为80公斤，计费重量为100公斤，运费总额为345元，航班号为CA1338，运输保险价值为“无投保后果自负”。该货运单系填充式的定制单据，填充内容系电子打印，托运单上印有“郑重声明：托运物品务请阅读背面物品托运合同！您的签名/签章意味着您理解并接受该物品的托运合同”等字样，南苑公司的员工在该声明处签名确认。托运单背面印有“物品托运合同”，其中第11条约定委托人保证遵守民航货物运输规则和道路运输规则，对于未办理保险的委托货物如在运输途中发生损失，空运承运人最高赔偿连同包装重量每公斤不超过20元人民币，公路运输为该单运费之2~3倍赔偿，其他运输按中国法律办理，承运人并不承担一切其他连带责任。另查，南苑公司托运货物时未向国凤公司申报价值，亦未投保。其后，收货人从国凤公司指定的提货地点仅提到3件货物，有1件货物共计20公斤未能到达目的地。2011年12月26日，中国国际货运航空有限公司北京运营基地质量规章室出具情况说明证实南苑公司托运的货物，仅有3件到达目的地，有1件货物丢失。国凤公司要求南苑公司支付货物运输的费用，并主张自己按物品托运合同约定的每公斤20元标准承担400元的赔偿责任，南苑公司请求国凤公司按货物实际价值24 820元承担赔偿责任，为此提起诉讼。

深圳市宝安区人民法院经审理后，依照《合同法》第60条、第311条、第312条的规定判决南苑公司请求国凤公司按照实际货损承担赔偿责任，不予支持。在货物确实存在灭失且南苑公司的证据不足以证明货物实际价值的情况下，对国凤公司主张按照物品托运合同的约定，以每公斤 20 元标准承担 400 元的赔偿责任，予以采纳。国凤公司要求南苑公司支付货物运输的费用，法院不作合并处理，国凤公司可另循法律途径解决。[①]

国凤公司不服一审判决上诉，广东省深圳市中级人民法院审理后，根据《民用航空法》第 128 条以及国务院关于《国内航空运输承运人赔偿责任限额规定》的批复第 3 条的规定，按照运输货物赔偿责任限额每公斤 100 元的标准判决国凤公司应向南苑公司支付赔偿款 2000 元。[②]

【案例评析】本案所涉及的民事法律关系包括航空货物运输合同关系和货运损害赔偿关系。

在本案中，南苑公司与国凤公司之间签署"货物运输代理协议"的法律事实，形成双方的货物运输合同关系，双方应当根据所订立的货运协议享有权利、履行义务。其中国凤公司作为承运人，未能将货物安全运输至约定地点，由此产生货运损害赔偿关系，国凤公司未能举证证明其存在法定免责事由，应对运输途中货物的毁损、灭失向托运人承担损害赔偿责任。

本案争议焦点主要在于国凤公司应按何种标准向南苑公司承担其在运输过程中造成南苑公司货物的损失。南苑公司主张国凤公司按照实际货损承担赔偿责任，但货运单未明确载明货物的名称、型号，亦未载明运输的每件货物中包含的具体数量，南苑公司提供的增值税发票不足以证明丢失货物的价格。故南苑公司请求国凤公司按货物实际价值赔偿缺乏事实依据，是难以获得法院支持的。

根据"货物运输代理协议"第 4 条异常理赔的相关约定，因南苑公司提交的深圳航空货运单可以证明国凤公司已将货物交付给深圳航空公司运输，本案货损不属于"货物运输代理协议"约定的货物在始发站机场安检前损毁、灭失，因此，"货物运输代理协议"虽然有效，货损的赔偿标准无法适用"货物运输代理协议"约定的标准，而应按"货物运输代理协议"所约定的依据《民用航空法》第 128 条规定[③]赔付。故原审判决认定事实部分不清，二审法院判决适用法律是正确的。

---

① 深圳市宝安区人民法院（2012）深宝法民二初字第 1725 号民事判决书。

② 广东省深圳市中级人民法院（2013）深中法商终字第 435 号民事判决书。

③ 《民用航空法》第 128 条第 1 款规定："国内航空运输承运人的赔偿责任限额由国务院民用航空主管部门制定，报国务院批准后公布执行。"《国务院关于〈国内航空运输承运人赔偿责任限额规定〉的批复》第 3 条第 3 项对旅客托运的行李和对运输的货物的赔偿责任限额为每千克 100 元人民币。

（三）航空器代管关系

【案例】重庆通用航空有限公司诉重庆新纽沃德通用航空有限公司保管合同纠纷案

【案情介绍】2014 年 8 月 13 日，以被告重庆新纽沃德通用航空有限公司为甲方、原告重庆通用航空有限公司为乙方签订“重庆通用航空有限公司航空器代管协议”一份，主要载明以下内容，“新纽沃德公司与通用公司就恩斯特龙 480B 直升机代管事宜进行友好协商，达成以下协议：第一条，合作方式及协议履行期。甲方提供其出厂的序列号为 5167 直升机一架，编入乙方执管序列，乙方按要求组成和管理该直升机的空、地勤机组人员，双方共同负责直升机的正常运行，本协议自 2014 年 8 月 15 日起至 2015 年 8 月 14 日止，履行期为 1 年……第三条，费用支付。甲方向乙方支付的代管费用为每年人民币 76 万元，其中包括 50 小时的飞行小时及航空器日常维护项目（详细内容参见本协议附件一）。代管期内飞行时间超过 50 小时后，超过部分按 10 000 元/小时由乙方另行向甲方收取费用。本协议第六条以及其他条款约定的应当由甲方承担的费用，并不包含在乙方收取的代管费中，须由甲方另行承担。对于由甲方另行承担费用的事项，乙方可向甲方进行报价，并在甲方同意其报价且支付相应的费用后开展具体工作。双方按照‘先付款后实施’的原则支付费用，代管费用在代管协议签订后的 3 个工作日内由甲方一次性支付到乙方规定的账户，代管期内超过 50 飞行小时后，甲方如需增加飞行小时，甲乙双方应签订飞行小时购买补充协议，甲方应在补充协议签订后的 3 个工作日内将款项一次性支付到乙方规定账户，甲方应以转账方式按照本协议约定将款项转入乙方银行账户”。

2014 年 8 月 20 日，被告向原告出具“承诺书”一份，主要载明以下内容。“重庆通用航空有限公司：我方因直升机代管及作业需求与贵司签订‘航空器代管协议’‘航空器代管协议补充协议’，并对贵司提供的‘报价函’予以回函，鉴于我方未按上述协议约定时间支付代管费等款项，现我方对代管费等款项的支付等事宜，承诺如下：（1）我方同意于 2014 年 9 月 15 日前向贵司一次性支付‘航空器代管协议’‘航空器代管协议补充协议’以及《报价函》及其回函项下代管费等款项共计 79 万元人民币；（2）我方同意承担上述协议项下因使用贵司所有直升机先行开展我方飞行作业而产生的地面停放安全、油料安全等相关安全保障责任，因此发生的一切损失或责任均由我方承担；（3）如我方未按上述承诺履行义务或责任，我方同意承担因此而产生的所有相关责任”。第一份代管协议期限届满后，2015 年 8 月 15 日，被告、原告续签了“重庆通用航空有限公司航空器代管协议”。因被告一直未向原告支付代管费及空域申请协调费总计 155 万元，故原告提起诉讼。

法院经审理判决：（1）对原告诉请被告支付航空器代管费及空域申请协调费共计 155 万元的主张，依法予以支持；（2）关于原告主张的资金占用损失，被告未按约定时间付款，客观上给原告造成了资金占用损失，故原告有权请求被告支付资金占用损失，原告诉请按照中国人民银行同期贷款利率上浮 30% 标准计算资金占用损失不违反法律规定，予以支持，但应当分段计算资金占用损失；（3）原告就留置财产即恩斯特龙 480B 直升机以折价或者拍卖、变卖所得的价款优先受偿诉请，依法予以支持。[①]

【案例评析】 根据本案原告、被告签订的两份代管协议及被告向原告出具的承诺书中载明的内容，本案是航空器代管服务纠纷。即原告重庆通用航空有限公司代被告重庆新纽沃德通用航空有限公司保管恩斯特龙 480B 直升机，被告向原告支付保管费用，如果被告有飞行任务的话，由原告执飞，因执飞所产生的费用，均由被告另行支付，本案所涉及的 76 万元仅指保管费用，诉请的空域申请协调费用 3 万元就是指报价函中载明的飞行任务（计划）审批手续费 3 万元，目前涉案直升机还存放在原告龙兴基地。涉案直升机的“中华人民共和国民用航空器国籍登记证”上载明的所有人名称/OWNER 为重庆新纽沃德通用航空有限公司。以上事实，有原告举示的“重庆通用航空有限公司报价函”“重庆新纽沃德通用航空有限公司回函”“重庆通用航空有限公司航空器代管协议”“承诺书”“中华人民共和国民用航空器国籍登记证”和当事人陈述等在案为据。

原告、被告签订的 2 份“重庆通用航空有限公司航空器代管协议”及被告向原告出具的“承诺书”，均是当事人的真实意思表示，内容亦不违背法律、行政法规的强制性规定，不违背公序良俗，根据《民法总则》第 143 条规定，航空器代管协议合法有效，双方当事人均应当按照合同的约定履行义务、行使权利。

---

① 重庆市渝北区人民法院（2015）渝北法民初字第 18884 号民事判决书。

航空器代管服务是指航空器代管人按照CCAR－91部K章规则的适用要求向所有权人提供的管理及航空专业服务，该种服务工作至少包括航空器运行安全指导材料的建立和修订工作，以及针对以下各项所提供的服务：(1)代管航空器及机组人员的排班；(2)代管航空器的维修；(3)为所有权人或代管人所使用的机组人员提供训练；(4)建立和保持记录；(5)制定和使用运行手册和维修手册。

航空器代管人是指为航空器所有权人代管航空器，按照与所有权人之间签订的协议为所有权人提供航空器的运行管理服务，经民航局审定取得局方颁发的运行规范的航空器运营人。航空器代管人管理航空器的组织方式包括部分产权项目①和完全产权项目②，其中在部分产权项目中，可采取航空器干租交换协议③、最低部分产权份额④的方式进行组织。

二、人身法律关系

（一）飞行学员意外死亡损害赔偿关系

【案例】何某某、符某某诉航空学院民用航空器损害责任纠纷案

【案情介绍】2013年7月14日下午，民航飞行学院广汉分院飞行学员唐某某与何某甲驾驶飞机计划执行广汉—绵阳（飞越）—南充（落地）—遂宁（飞越）—广汉学生机长转场训练，15时55分飞机在南充机场正常落地，16时02分唐某某按照管制指挥将飞机滑行至4号停机位，机头向西停放，设置

① 部分产权项目是航空器代管人管理航空器的一种组织方式，必须满足以下所有条件：(1)代管航空器由一个或一个以上部分产权所有权人拥有，并且至少有一架航空器由不止一个所有权人拥有；(2)每个所有权人在一架或一架以上代管航空器上拥有至少一个最低部分产权份额；(3)所有代管服务仅由一个航空器代管人提供；(4)在所有部分产权所有权人之间签订有相互干租交换航空器的协议；(5)签订了多年有效的部分产权项目协议，包括部分财产所有权、部分产权项目的代管服务和代管航空器干租交换协议等方面的内容。

② 完全产权项目是航空器代管人管理航空器的一种组织方式，必须满足以下所有条件：(1)代管航空器的所有权人对航空器拥有完全产权；(2)所有代管服务仅由一个航空器代管人提供；(3)签订了多年有效的完全产权项目协议，包括财产所有权、完全产权项目的代管服务等方面的内容。

③ 航空器干租交换协议是在部分产权项目中包含的一种用于解决航空器调配问题的协议。按照该协议，参加部分产权项目的每个部分产权所有权人在需要时可以按照规定的条件使用其他所有权人的航空器。

④ 最低部分产权份额是指在部分产权项目中按下列要求确定的产权份额：(1)对于项目所属的固定翼亚音速飞机，等于或大于飞机价值的1/16；(2)对于项目所属的旋翼机，等于或大于旋翼机价值的1/32。

停留刹车，并将发动机设置到慢车功率。16 时 06 分，何某甲下机后与飞机螺旋桨相撞导致当场死亡。何某甲 2011 年 9 月进入航空学院学习，2012 年 10 月 19 日开始在广汉分院进行飞行训练。事发前，何某甲驾驶 C172 飞机机型飞行时间为 110 小时 16 分，已取得私用驾驶员执照，飞机单发陆地和仪表等级。2013 年 7 月 29 日，原告何某某、符某某与被告航空学院达成"关于因何某甲死亡给予其直系亲属精神安抚金等相关事宜的协议书"，协议约定"甲方（航空学院）一次性给予乙方（何某某、符某某）精神安抚金 50 万元；给予乙方丧葬费 2.3 万元；给予乙方交通费 1.5 万元；免除何某甲已经发生的训练费用 29.7531 万元，合计 83.5531 万元人民币。"同时约定"在局方调查报告作出之后，若乙方对于涉及与甲方的相关事宜提出异议，可以向甲方所在地或乙方所在地或事故发生地人民法院提起诉讼。"协议签订后，被告即按约履行了协议。2013 年 8 月 30 日，民航西南地区管理局事故调查组作出"航空器事故/事故征候及其他不安全事件调查报告"，结论为"经调查，这是一起通航训练中飞行学员在地面被螺旋桨桨叶击中死亡的通用航空一般飞行事故。导致事故发生的最大可能是该飞行学员下机后未按安全路线绕行飞机。"原告对该报告不服，于 2014 年 6 月 30 日提出诉讼请求。法院经审理后判决驳回原告何某某、符某某的诉讼请求。①

【案例评析】原告何某某、符某某与被告航空学院签订的"关于因何某甲死亡给予其直系亲属精神安抚金等相关事宜的协议书"是双方当事人的真实意思表示，不违反相关法律法规的强制性规定，具有法律效力。

原告何某某、符某某对事故调查组的"航空器事故/事故征候及其他不安全事件调查报告"存有异议，但没有提交相应证据推翻该调查报告，事故调查报告明确事故发生的最大可能在于何某某下机后未按安全路线绕行飞机，属于何某某自己的原因造成的一般飞行事故。

事故调查报告表明，被告航空学院当天提供执飞的飞机处于适航状态，不存在安全隐患；被告航空学院也在教学活动中对何某某进行了安全操作方面的教育，何某甲系航空学院四川广汉分院的在校学员，在校期间进行过飞行技术培训和安全驾驶培训，并已取得私用驾驶员执照，其驾驶 C172 飞机机型已经飞行一定的时间。作为驾驶员，何某某比一般人更熟悉飞机的安全

① 四川省南充市高坪区人民法院（2014）高坪民初字第 1731 号民事判决书。

操作，应清楚违规操作飞机的后果，应严格、谨慎地按照规范的操作流程驾驶飞机，应尽最大注意义务避免事故发生，但由于何某某未按安全路线绕行飞机，导致事故发生。

《民用航空法》第161条规定："依照本章规定应当承担责任的人证明损害是完全由于受害人或者其受雇人、代理人的过错造成的，免除其赔偿责任……"事故是何某某个人造成的，被告航空学院不需承担事故责任。因原、被告双方已经协议约定好精神安抚金、丧葬费、交通费以及免除的训练费，并约定被告履行支付上述费用后原告不得在任何时候以任何名义对被告再次提出上述费用的主张。协议签订后被告已经履行支付费用的义务，该协议是双方真实意思的表示，且公平、合理。故法院驳回原告请求是正确的。

本案被告航空学校全称为中国民用航空局依法享有国家赋予的公权力，属于机关法人。中国民用航空飞行学院，是中国民航局直属高校，是为社会公益目的由国家机关（民用航空局）举办的从事教育活动的社会服务组织，属于事业单位法人。事业单位法人的权利能力，应当与其服务的社会公益事业目的实现所必需的民事活动范围相称，超出部分则不具备权利能力。本案中，原告亲属的死亡发生在飞行学院从事的教学活动中，故中国民用航空飞行学院为适格被告。事业单位以法人名义从事民事活动所产生的债务，由其独立的经费或财产来清偿，因此，本案中承担赔偿义务的是中国民用航空飞行学院而非其主管单位民用航空局。

（二）航空旅客人身损害赔偿关系

【案例】施某某诉吉祥航空人身损害赔偿纠纷案

【案情介绍】原告施某某购买了被告吉祥航空2013年8月6日HO1251航班机票，始发地为上海虹桥机场，目的地为北京首都机场，机票显示登机时间为20时45分，起飞时间为21时15分，到达目的地时间为22时55分。该航班实际于8月6日晚22时20分左右起飞，7日凌晨飞机到达北京上空后，该航班广播通知因北京天气原因不能降落，将返回上海虹桥机场。不久，又广播通知北京天气好转将按原计划飞往北京，并通知乘客飞机将在1时左右降落北京机场。8月7日凌晨1时左右，该航班降落在被告天津机场。于是乘客对该航班机组提出异议，机组方广播通知乘客，北京机场由于雷电原因不能降落，现在降落到天津机场。原告再次向航班机组询问起飞时间，机组回复“等通知”，后乘客均在飞机上等待。至凌晨4时左右，被告天津机场摆渡车过来接乘客下机，摆渡车先到达7－9号登机口进入候机大厅，后乘客又随摆渡车到达17－19号登机口进入大厅休息，此时已近凌晨5时，其间，被告吉祥航空未提供食物给乘客。后包括原告在内的大部分乘客自行解决交通工具离开天津机场去北京，剩余27名乘客于8月7日7时入住了由被告吉祥航空提供的宾馆住宿并提供了早餐，并于10时30分由被告吉祥航空安排后，于11时乘坐另一航班飞往北京。被告吉祥航空与被告天津机场于2011年4月20日签订“地面服务代理协议”，约定由被告天津机场为被告吉祥航空提供相关的地面服务。

原告认为被告吉祥航空作为承运人未能始终全面、及时地将航班备降、延误或者取消以及新的飞行计划等信息向原告等乘客告知和解释，已侵犯了原告知情权；在航班长时间延误后，被告吉祥航空未能提供良好的服务，导致乘客长时间不能出舱、不能正常进食、不能正常休息，侵犯了原告的人身自由权和健康权；原告等乘客未能自主选择食宿、后续行程安排、退票等权利，已侵犯了原告的选择权。而被告天津机场在航班备降后明显存在管理调配不当、服务不到位等过错，也侵犯原告的上述权利。两被告的行为已构成共同侵权，理应承担共同侵权责任，故请求法院判令两被告共同向原告赔礼道歉；由被告吉祥航空向原告退还天津至北京航段的机票款200元（人民币，下同）；由被告吉祥航空赔偿原告天津至北京的交通费等损失300元；由两被告赔偿原告精神损失费1元。

法院经审理认为，原告自购买被告吉祥航空HO××××班机票时起，双方之间即已建立航空旅客运输合同关系且合法有效，原、被告双方均应按照合同约定和法律、法规规定履行合同义务。被告吉祥航空作为承运人应按机票上约定的时间、地点将原告等旅客安全运送到目的地，并在运送过程中按照规定向旅客提供相应的服务。现被告吉祥航空因天气原因未能按约定的时间、地点将原告等乘客运送到目的地北京机场，而备降到天津机场，飞机降落到天津机场后，原告等乘客长时间滞留在飞机上和机场大厅内，被告吉祥航空对原告等乘客未履行必要的告知、妥善安置、保障救助等合同附随义务，已构成违约，应承担相应违约赔偿责任。

原告坚持认为两被告侵犯其知情权、人身自由权、健康权、选择权，已构成侵权，属违约责任与侵权责任的竞合，原告经法院释明后坚持选择侵权之诉主张其权利。根据案情分析及原告主张，认为现原告主张的权利不符合侵权责任法所调整的民事权利和民事利益，故本案不存在侵权责任与违约责任的竞合问题，原告经法院释明后放弃违约之诉，系对自己权利的自由处分，而原告坚持选择侵权之诉要求两被告共同承担各项侵权责任的诉讼请求，于法无据。法院根据《侵权责任法》第2条、第6条第1款的规定，判决驳回原告施某某的全部诉讼请求。①

【案例评析】本案应是航空旅客人身损害赔偿纠纷。原告主张被告侵犯其知情权、人身自由权、健康权、选择权。

对于原告主张的知情权，原告作为客运合同的相对方，其与被告吉祥航空在履行客运合同过程中当然有权知悉合同履行相关信息，被告吉祥航空也有义务如实向原告告知相关信息，此系被告吉祥航空按诚实信用原则应当遵循的告知义务，属合同法调整的合同义务的范畴，而非侵权责任法调整的涉及人身权利及人格利益的民事权益。

对于原告主张的人身自由权，人身自由权一般为侵权人存在主观恶意并采取非法强制措施而限制他人的人身自由的行为。本案中，原告等乘客确实滞留该航班三个多小时未能下机，但是否系被告吉祥航空采取非法措施强制滞留，显然原告并无证据证明。因航空器的特殊性及航空旅客运输的复杂性，航空公司出于飞机及乘客的安全考虑不能打开舱门下客属合理处置，根本无法与原告所称的限制人身自由权相关联，系原告对人身自由权曲解和扩大解释。

对于原告主张的健康权，原告等乘客在航班延误后滞留在机场数小时，被告吉祥航空未采取必要措施合理妥善安置乘客，势必会造成乘客心理上一定程度的焦虑、烦躁，乃至因个体本身身体原因会造成身体的不适，但是否构成侵权责任法上健康权的侵害，原告也无证据证明。合同法上违约方因违约行为对守约方同样也会造成心理上一定程度的焦虑、烦躁，显然原告系对健康权存在理解上的泛化。

对于原告主张的选择权，本案中，被告吉祥航空已尊重了该航班所有乘客的要求，部分乘客自行离开天津机场去北京目的地，部分乘客由被告吉祥航空安排住宿后于次日乘坐另一航班回京，并未侵犯该航班乘客的选择权。

① 上海市浦东新区人民法院浦民一（民）初字第11900号民事判决书。

三、物权法律关系

(一) 通用航空临时起降点建设单位返还违法占用的土地

【案例】镇江市国土资源局申请强制执行案

【案情介绍】镇江大路通用机场建设有限公司在未取得合法用地手续的情况下，于2013年2月起擅自占用镇江新区大路镇武桥村169 862平方米土地，实施镇江新区通用航空临时起降点项目建设行为，构成违法占用土地。

镇江市国土资源局根据《中华人民共和国土地管理法》（以下简称《土地管理法》）和《中华人民共和国土地管理法实施条例》的有关规定，作出镇国土资监处〔2014〕5号“行政处罚决定书”。但镇江大路通用机场建设有限公司在法定期限内既不提起行政复议或行政诉讼又不履行义务。镇江市国土资源局根据《中华人民共和国行政强制法》（以下简称《行政强制法》）第54条的规定，于2014年12月15日进行催告，镇江大路通用机场建设有限公司仍未履行义务。2015年1月12日，镇江市国土资源局根据《行政强制法》第53条的规定向法院申请强制执行。

法院受理后依法组成合议庭，对申请执行人镇江市国土资源局作出的镇国土资监处〔2014〕5号“行政处罚决定书”的合法性进行了审查。审理法院认为申请执行人作出的行政处罚行为认定事实清楚，程序合法，适用法律准确，没有明显违法并损害被申请执行人合法权益的情形，“行政处罚决定书”符合我国法律规定的强制执行条件。参照最高人民法院《关于审理涉及农村集体土地行政案件若干问题的规定》、最高人民法院《关于办理申请人民法院强制执行国土土地上房屋征收补偿决定案件若干问题的规定》、最高人民法院《关于在征收拆迁案件中进一步严格规范司法行为积极推进“裁执分离”的通知》等司法解释和司法文件，依照《中华人民共和国行政诉讼法》（以下简称《行政诉讼法》）第97条①、《最高人民法院关于执行〈中华人民共和国行政诉讼法〉若干问题的解释》第93条②的规定，裁定申请执行

① 《行政诉讼法》第97条规定：“公民、法人或者其他组织对具体行政行为在法定期限内不提起诉讼又不履行的，行政机关可以申请人民法院强制执行，或者依法强制执行。”

② 《最高人民法院关于执行〈中华人民共和国行政诉讼法〉若干问题的解释》第93条规定：“人民法院受理行政机关申请执行其具体行政行为的案件后，应当在30日内由行政审判庭组成合议庭对具体行政行为的合法性进行审查，并就是否准予强制执行作出裁定；需要采取强制执行措施的，由本院负责强制执行非诉行政行为的机构执行。”

人镇江市国土资源局申请执行的镇国土资监处〔2014〕5号“行政处罚决定书”准予强制执行，由申请执行人报请镇江市人民政府组织实施，本裁定书送达后即发生法律效力。①

【案例评析】本案涉及两个问题，一是农村集体土地使用权问题，二是通用航空临时起降点设立问题。

土地是重要的不动产。根据《中华人民共和国宪法》(以下简称《宪法》)规定，农村和城市郊区的土地，除由法律规定属于国家所有的外，属于集体所有。依据《土地管理法》的规定，任何单位和个人不得侵占、买卖或者以其他形式非法转让土地；土地使用权可以依法转让；国家为公共利益的需要，可以依照法律规定对土地实行征收或者征用并给予补偿；国有土地和农民集体所有的土地，可以依法确定给单位或者个人使用。使用土地的单位和个人，有保护、管理和合理利用土地的义务；经批准的建设项目需要使用国有建设用地的，建设单位应当持法律、行政法规规定的有关文件，向有批准权的县级以上人民政府土地行政主管部门提出建设用地申请，经土地行政主管部门审查，报本级人民政府批准；乡（镇）村公共设施、公益事业建设需要使用土地的，经乡（镇）人民政府审核，向县级以上地方人民政府土地行政主管部门提出申请，按照省、自治区、直辖市规定的批准权限，由县级以上地方人民政府批准；其中，涉及占用农用地的，依照规定办理审批手续。②

本案中，镇江大路通用机场建设有限公司实施镇江新区通用航空临时起降点项目建设行为，没有取得合法用地手续，擅自占用镇江新区大路镇武桥村土地，显然构成违法占用土地。《民法总则》第114条规定：“民事主体依法享有物权。物权是权利人依法对特定的物享有直接支配和排他的权利，包括所有权、用益物权和担保物权。”根据《民法总则》第179条规定，违法占用土地的镇江大路通用机场建设有限公司应当返还非法占用的土地。

通用机场是使用民用航空器从事除公共航空运输以外的民用航空活动而使用的机场。包括可供飞机和直升机起飞、降落、滑行、停放的场地和有关的地面保障设施。通用机场的审批同时涉及军方、民航和地方政府三方，具

---

① 镇江经济开发区人民法院（2015）镇经非诉行审字第00001号行政裁定书。

② 《土地管理法》第2条、第9条、第53条、第61条。

有严格的流程。其中空军司令部曾颁布《关于新建通用机场场址核准问题》(司作〔2014〕132号)及《临时起降点设立及使用管理暂行办法》(司作〔2009〕424号),规定了不同类型的通用机场及临时起降点的审批流程。

根据规定,关于通用机场与临时起降点的报批流程,要求由省级人民政府行文至所在军区空军。其中,对于"通用机场和连续使用2年以上、需建场坪场址等固定设施的临时起降点"由军区空军受理审核并与省级人民政府签订协议后,上报空军司令部,再由空司上报总参,总参批复后由空司转发军区空军,军区空军负责函复省级人民政府;对于"使用期限不超过2年、不需建设场坪场址等固定设施的临时起降点"军区空军可进行核准,报空司与总参备案即可。

2016年,空军参谋部为优化通用航空临时起降点办理程序,向各通用航空公司、航空俱乐部、运动旅游公司发布通知,自2016年12月1日起,凡申请设立临时起降点的单位,均需提供民航管理部门颁发的《通用航空企业经营许可证》《营业资格证》或体育部门颁发的《高危险性体育项目许可证》等相关资质证明,且必须批准时间期限有效,经审核无误后再受理其申请(每年提报一次);提报的相关资质在作战处建立资质档案库,留存各单位相关资质复印件;每月动态掌握临时起降点设立和分布情况,月底前与航管处对接一次总体情况,如发现未经批准即使用或已超出批准时限仍在使用的临时起降点,将坚决停止其使用,并将相关单位违规情况通报民航管理部门予以处理;每月20日前统一受理各单位新增、续延临时起降点的申请,报首长审批后,月底前集中答复。抢险救灾、紧急救援、重要任务等特殊情况可立即办理;临时起降点设立时限不超过1年,且不跨年度。

(二)飞机维修公司留置欠费的直升机

【案例】某飞机公司申请强制执行案

【案情介绍】根据生效法律判决内容,被执行人某航空公司应支付申请执行人某飞机公司飞机维修款等本金利息共计115万余元,但该航空公司却迟迟没有支付,某飞机公司向浦东新区法院申请强制执行。接到该案后,经全面调查,被执行人名下除已经被诉讼保全查封的一架直升机外,并未发现其他可供执行的财产。该直升机当时并不在上海,而是停放在几百公里以外的浙江省建德市千岛湖一机场内。法官决定将这架直升机运回上海,以便进行处置变现。“装卸运输难”，按照相关规定，直升机的装卸与运输过程需要有专业人员的参与方可操作，并且运输途中需要获得路政等部门许可。执行法官与路政等部门取得联络和支持，并联系好负责装卸和运输的专业人员现场操作，借助专业吊车，经过6小时对直升机的装卸、吊装等作业。当两位法官指挥专业人员对飞机进行装卸运输时，有30余名被执行人单位员工聚集在飞机停放的仓库前，围阻并强行锁闭机库大门，被执行人以法院执行公司财产将导致拖欠的工资无法发放为由，阻挠执法工作。机场以被执行人未支付飞机停放期间的保管费为由，紧闭机场出口，准备留置该飞机。经与机场各方沟通协调协商后，执行工作得以顺利开展。

【案例评析】飞机/直升机留置权法律关系是民事法律关系之一，属于物权关系。在航空实践中，对飞机/直升机可能产生留置权的情况主要有两种：(1)因保管飞机/直升机而产生的保管费的请求权；(2)因维修飞机/直升机而产生的维修费的请求权。由于保管飞机/直升机（如飞机/直升机救援需保管所救援的飞机）而发生的费用，其请求权依《日内瓦公约》的规定，是作为具有飞机/直升机优先权的债权而加以保护的，其受偿顺序优先于飞机/直升机抵押权。

飞机/直升机维修企业依约为飞机提供维修服务而产生了相关服务费用，双方由此建立了航空服务合同关系，债务履行期届满，一方未能履行债务，则产生相应的留置权。

留置权是以动产为标的物的担保物权。留置权的作用在于担保债权受偿，而不在于对物的使用、收益。我国现行法律尚无对航空器留置权的专门规定，但从我国《民法总则》《民法通则》《中华人民共和国物权法》（以下简称《物权法》）、《中华人民共和国担保法》（以下简称《担保法》）、《最高人民法院关于适用〈中华人民共和国担保法〉若干问题的解释》和《民用航空法》等规定来看，我国法律是允许对航空器进行留置的。例如，《民法总则》第114条规定，民事主体依法享有物权。《民法通则》第89条、《担保法》第82条规定，留置权是指债权人按照合同约定占有债务人的财产，在债务人逾期不履行债务时，有留置该财产以迫使债务人履行债务，并在债务人仍不能履行债务时就该财产优先受偿的权利。《民用航空法》没有关于航空器留置权的规定，但并未禁止留置航空器。

《物权法》第230条明确赋予债权人得以对其合法占有的债务人之动产进行留置的法定权利。合法占有债务人的动产是债权人享有留置权的法定要件之一。若飞机维修企业基于一定法律关系对委托人的飞机/直升机成立间接占有，如委托人将自己所有或租赁的飞机/直升机委托给托管企业进行托管，或维修企业对送修飞机/直升机进行维修，受托人则对飞机/直升机有事实上的管领力和控制力，应认定为构成“合法占有债务人的动产”。

关于因维修飞机产生的维修费请求权，根据英国法律规定，飞机维修企业行使飞机留置权，仅限于对飞机作了改进性维修的情形，这种维修使飞机的技术性能得以改善和提高，并使其飞机价值得以增值；对飞机的恢复性维修，如日常保养维修、常规维护，仅是为保证飞机的持续适航性，则不产生飞机留置权。这种立法的目的是在于保障本国航空业的持续稳定发展。

对于留置标的物是否必须属于债务人所有，我国法律没有明确要求。《民法通则》第89条对留置标的物规定为“对方的财产”，《物权法》第230条、《担保法》第82条则规定为“债务人的动产”，均没有规定留置标的物必须是“债务人所有的财产”。因此，即使是债务人融资租赁或经营租赁的飞机/直升机，因维修而拖欠了维修企业的维修费用，维修企业依然有权留置该飞机/直升机。

四、债权债务法律关系

（一）航空旅客运输合同关系

【案例】何某某诉南方航空公司航空旅客运输合同纠纷案

【案情介绍】2015年4月11日，何某某乘坐南方航空公司CZ3424航班，于4月12日凌晨抵达武汉。在旅客下飞机过程中，何某某被另一名旅客的行李砸伤头部，致其眼角处受伤。何某某当即报警，机场公安民警出警，在民警主持下，双方自行协商后离开。何某某因受伤住院治疗15天。同年8月，经湖北同济法医司法鉴定中心鉴定，何某某受伤不构成伤残，后期治疗费3000元，休息时间5个月，护理时间1个月。由此，何某某于2016年1月12日，以生命权、健康权、身体权纠纷为由，提起诉讼，请求邹某某、南方航空公司两被告承担因侵权所造成的经济损失。同年4月13日，原告撤回起诉。同年5月18日，原告何某某以航空旅客运输合同案由起诉被告南方航空公司，请求判令由被告赔偿原告各项经济损失45 117.45元，并由被告承担本案诉讼费。另查明，原告何某某于2014年3月与武汉力虎轻钢装饰工程有限公司签订劳动合同，在该公司从事部门管理工作。经依法核算，原告何某某因此次航空运输导致的经济损失为39 838.95元，其中包括医疗费、后期治疗费、住院伙食补助费、护理费、误工费、鉴定费、交通费。

法院经审理认为，原告何某某所受到的伤害，系在被告南方航空公司的运输过程中因行李箱摔落导致伤害，被告南方航空公司应当承担赔偿责任。依照《民法通则》第112条，《合同法》第60条、第107条、第288条、第290条，《民用航空法》第124条，《民事诉讼法》第64条、第142条的规定，判决被告南方航空公司赔偿原告何某某各项经济损失39 838.95元、驳回原告何某某的其他诉讼请求。①

【案例评析】

1. 航空旅客运输合同损害赔偿关系

航空旅客运输合同是航空承运人将旅客从起运地点运输到约定地点，旅客支付票款的合同。在本案中，被告南方航空公司是运输合同的一方当事人——航空承运人，原告何某某是运输合同的另一方当事人，原告也是运输合同的运输对象。

原告何某某购买了被告南方航空公司的机票并乘坐该公司CZ3424航班，原告何某某与被告南方航空公司之间形成航空旅客运输合同关系。被告南方航空公司作为承运人，应当在约定期间或者合理期间内将旅客安全运输到约定地点，但在被告南方航空公司的运输过程中，因行李箱摔落导致原告何某某受到伤害，由此导致航空旅客运输合同损害赔偿关系的发生，因此，对原告要求被告南方航空公司赔偿其经济损失的诉讼请求，法院应予以支持，被告南方航空公司应当承担赔偿责任。对于原告主张的赔偿请求，其应提交充分且有效的证据证明其与原告的本次受伤具有关联性，营养费的主张也需有医嘱予以证明，否则难以获得支持。原告主张的交通费，法官根据其伤情及住院情况，发挥自由裁量权予以酌情认定。误工费、护理费的赔偿标准按服务行业在岗职工人均年收入标准进行计算。

① 湖北省武汉市黄陂去人民法院（2016）鄂0116民初2469号民事判决书。

2. 航空旅客运输侵权损害赔偿关系

本案原告何某某所受伤害系由另一名乘客的行李砸中其头部，导致其眼角受伤，由此发生侵权损害赔偿关系。原告所受伤害虽然是其他乘客作为直接侵权人造成的，但该伤害发生在被告南方航空公司的航空器上，旅客在上、下民用航空器过程中均属于航空运输期间，即使被告南方航空公司在为原告提供航空旅客运输服务过程中没有过错，根据法律规定依然要承担航空运输损害赔偿责任，因航空承运人运输损害赔偿责任适用无过错责任原则。

本案涉及违约责任与侵权责任的竞合问题。《合同法》第 122 条规定："因当事人一方的违约行为，侵害对方人身、财产权益的，受损害方有权选择依照本法要求其承担违约责任或者依照其他法律要求其承担侵权责任。"由此可以看出，当违约责任与侵权责任存在竞合时，当事人可以择一进行主张，而当事人选择何种诉由进行主张将会导致审理结果的差异。

（二）航空销售代理合同关系

【案例】深圳市翔鹏航空服务有限公司与上海普汇航空技术有限公司民用航空运输销售代理合同纠纷案

【案情介绍】2011 年始，原告深圳市翔鹏航空服务有限公司与被告上海普汇航空技术有限公司建立合作关系，由原告向被告订购国际航班机票。约定由原告在订票当日向被告账户付款，若出现原告客户要求退票的情况，则由原告向被告发出退票请求，被告应在其向航空公司申请退款成功并获得退款后 15 个工作日内将款项返还原告。2013 年 8 月 6 日，原告向被告汇款 205 986元。2013 年 8 月 20 日至 2014 年 3 月 28 日期间，原告向被告申请退票 29 笔，共计应退票款金额 200 077 元。在此期间，原告向被告订票 21 笔，共计订票款金额 96 343 元。此后，原告因要求被告将应退票款扣除上述订票款后，剩余部分予以退还未果，故而起诉，要求判令被告返还原告退票款 103 734 元；被告向原告支付逾期还款利息；诉讼费由被告承担。

法院经审理，依照《合同法》规定判决：被告应于本判决生效之日起 10 日内返还原告剩余退票款人民币 103 734 元；被告于判决生效之日起 10 日内支付原告逾期付款利息（以 103 734 元人民币为本金，从 2014 年 8 月 1 日起至判决生效之日止，按中国人民银行同期贷款基准利率计算）。如果被告未按判决指定的期间给付金钱义务，应当依照《民事诉讼法》第253条的规定[①]，加倍支付迟延履行期间的债务利息。[②]

【案例评析】

1. 机票销售代理合同关系

在本案中，原被告双方约定由原告在订票当日完成向被告账户付款，若出现原告客户要求退票的情况，则由原告向被告发出退票请求，被告应在其向航空公司申请退票成功并获得退款后15个工作日内将款项返回原告。原、被告均确认双方之间存在订购航班机票的合作关系，由原告向被告订购民用航空运输的航班机票，这种合作关系并非是一种机票买卖合同关系，而是一种机票销售代理合同关系，其原因包括如下几个方面。

从机票的性质上看，机票（又通称为客票）是一种资格证券，又称凭证证券，虽具有证券的特定功能，却不能作为财产使用的书面凭证。机票不存在流通价值和价格，只有使用价值，且只限机票上所列姓名的旅客本人使用，不得转让，否则机票无效。无论是纸质客票或电子客票，都只是承运人或其销售代理人所填开的赋予运输权利的有效运输凭证而已，不具有价证券的属性，机票始终是航空公司的财产。[③] 交付给旅客的航空运输电子客票行程单也只是承运人或其授权销售代理人为旅客出具的付款凭证或报销凭证，兼具提示旅客行程的功能。

既然机票是航空公司的专属财产，机票买卖合同法律关系的卖方只能是航空公司或其代理人，买方只能是旅客，当然旅客可以自己购买，也可以由他人代理购买，但须客票上所列姓名的旅客提供和出示相应的有效身份证件方可购买。

本案被告上海普汇航空技术有限公司显然不是航空公司，而是一个为航空公司提供机票销售服务的代理人，原告深圳市翔鹏航空服务有限公司是被告的代理人，帮助被告提供机票销售服务，原告、被告之间的合作关系并不是转移机票所有权的买卖行为。实际上，机票销售代理合同是以服务为标的

---

① 《民事诉讼法》第253条规定："被执行人未按判决、裁定和其他法律文书指定的期间履行给付金钱义务的，应当加倍支付迟延履行期间的债务利息。被执行人未按判决、裁定和其他法律文书指定的期间履行其他义务的，应当支付迟延履行金。"

② 上海市长宁区人民法院（2014）长民二（商）初字第3250号民事判决书。

③ 《春秋航空有限公司旅客、行李国内运输总条件》第7条规定。

的合同。根据我国司法实践和《合同法》第124条规定，这种服务合同属于无名合同，在法律适用上则适用委托合同的相关规则。①

2. 违约赔偿关系

机票销售代理合同关系的发生是基于原告、被告双方的约定，根据本案庭审的事实调查，双方的约定只是一种口头约定，双方并没有签订书面的销售代理合同，对此双方均有过错。

由于在这种口头合同中，原告方已经在实际履行，因此不能主张因为机票销售代理合同欠缺书面的形式要件而无效。

根据双方约定，由原告向被告发出退票请求，被告应在其向航空公司申请退款成功并获得退款后15个工作日内将款项返还原告，但是，在原告要求退票后，被告实际上始终未返还票款，依据《合同法》第107条②、第109条③，原告、被告之间因此产生违约赔偿法律关系，原告有权向被告提出违约赔偿的要求。

由于是被告未能及时与原告结算销售款项，退还原告剩余退票款，由此引起诉讼纠纷的责任在于被告。原告据此要求被告返还剩余退票款的请求，于法不悖，应予以支持。由于双方没有签订书面合同，原告要求从2013年9月1日起计算逾期还款利息，没有事实和法律依据，法院对此予以相应调整，自原告主张之日起计算逾期还款利息。

（三）航班延误损害赔偿关系

我国航班④延误的顽疾由来已久，航班延误诉讼成为在我国航空消费者诉讼中占比较大的类型。航班延误可能会产生损害赔偿法律关系。当前的司法实践中，延误赔偿认定面临延误界定困难、延误原因复杂、延误补救义务模糊、延误赔偿标准缺失、合同特殊性认识不足等现实困境。承运人并非对所有延误都负责赔偿，有争议的航班晚到和机械故障所致延误赔偿应归责于承运人，但因救治病发旅客可免延误赔偿。延误赔偿的认定需法官对延误、

---

① 郝秀辉：《航空运输合同法》，法律出版社2016年版，第234页。

② 《合同法》第107条规定："当事人一方不履行合同义务或者履行合同义务不符合约定的，应当承担继续履行、采取补救措施或者赔偿损失等违约责任。"

③ 《合同法》第109条规定："当事人一方未支付价款或者报酬的，对方可以要求其支付价款或者报酬。"

④ 此文所指航班，是指以航空器从事乘客、邮件或货物的公共运输的任何定期航班。参见1944年《国际民用航空公约》第96条规定。

过错、损害、因果关系四要件进行相应的自由心证，依法适用过错推定责任原则。延误致旅客人身伤亡和财产损失的赔偿限于直接损失，但对旅客因自身原因意外死亡或扩大损失的赔偿请求，不予支持。延误赔偿的违约责任与侵权责任竞合选择以前者居多，但延误的精神损害、律师代理费的赔偿和赔礼道歉一般不被司法支持。①

1. “航班晚到”所致延误的责任纠纷

【案例】J女士诉易捷航空航班延误赔偿案纠纷案

【案情介绍】在2013年J女士（外籍人士）诉英国易捷航空的诉讼案中，从盖特威克飞往尼斯的航班延误3个多小时，易捷航空以“天气恶劣”为由拒绝J女士的赔偿要求。J女士发现，伦敦和尼斯的天气在原定起飞时间都没问题，该航班延误是因该架飞机在其他航线上遭遇大风天气导致飞机晚到。Macclesfield县法院判决认为，航空公司应该有足够的飞机和人员来应对这种情形，易捷航空无权拒绝乘客的赔偿诉求，故判定易捷航空向J女士赔偿210英镑（约合258欧元）。英国每日邮报称，有人认为该裁决有“里程碑”的意义，开启了这类投诉赔偿之门；也有人认为这个判决结果是“荒谬的”。②

从司法实践来看，“航班晚到”原因造成的延误责任认定问题争议很大。不可否认，如是直接由恶劣天气导致的航班延误，通常不在航空公司控制范畴，故不需支付赔偿，但如是因“航班晚到”导致后续航段的延误或产生连锁反应，航空公司一般很难证明已采取一切合理措施以避免延误。如果航空公司无法证明延误不可避免，旅客可以有权获得赔偿。司法实践中，法院也不能依据《民航航班正常统计办法》中“一通到底”的统计原则免除航空公司的延误责任，理由包括以下几个方面。

（1）“航班晚到”所致延误是运力调配不当或准备不足的表现，应归责于航空公司。

在航空实践中，为提高运营效益和减少成本，航空公司习惯于对每架飞

---

① 以下部分内容参见郝秀辉：“中国航班延误赔偿责任司法认定的困境与实践”，载《北方法学》2016年第5期，第46页。

② 嵇晨頔：“争议恶劣天气致‘连锁延误’易捷航空判赔”，http：//news. carnoc. com/list/283/283090. html，2014年5月29日访问。

机从早到晚安排多个航班的飞行任务，为减少投诉和赔偿，航空公司也不会轻易取消航班。因此，在非基地航站不存在太多运力备份情况下，如飞机第一段延误时间较长，事实上必然会波及该架飞机当天所有后续航段的准点飞行。但是这种航空惯例不能也不应该成为航空公司对后续航段延误免责的正当理由。依据《中国民用航空旅客、行李国内运输规则》第57条规定："由于机务维护、航班调配、商务、机组等原因，造成航班在始发地延误或取消，承运人应当向旅客提供餐食或住宿等服务。"针对延误，民用航空局2010年曾要求航空公司必须预留总运力的2%作为备份运力，确保航班发生延误后能够有运力跟进采取补救措施。2010年民用航空局开展"保障航班正常和大面积航班延误应急处置专项整治工作方案"也要求对于航班延误4小时以上，因航空公司飞机调配和自身服务等方面原因引发群体性事件，造成重大社会影响的，取消航空公司该航班本航季时刻，并不再受理下一航季航班时刻的申请。预留备份飞机虽然无法从根本上解决因天气和流量控制造成的大面积延误，但一定程度上可缓解因飞机晚到原因造成的航班延误。因此，航班晚到所致的延误，无论引发航班晚到的原因是天气或其他，航空公司是不能证明其航班调配适当、运力充足的。

（2）《民航航班正常统计办法》的延误原因分类方法不能成为航班延误责任认定的有效依据。

《民航航班正常统计办法》在性质上是民航局为具体执行《民用航空法》、实施加强航班管理、治理航班延误的政策所作出的行政规范性文件。所谓行政规范性文件，是国家机关所作出的一种特殊的具有普遍约束力的政令，但它不是行政立法，不是正式的法律渊源，对人民法院不具有法律规范意义上的约束力。①《民航航班正常统计办法》关于航班延误原因的分类和统计方法并不能直接确定承运人是否对旅客承担延误责任的问题，尤其是其采取"一通到底"的延误原因统计原则，有欠科学性和公平性，因此，该统计办法虽有利于统计便利和在一定意义上庇护了航空承运人，却损害了延误旅客的权益保障，一定程度上可能会助长航空承运人对航空运力和航班调配的恣意行为。

航班延误责任的本质是一种民事责任。民事责任的认定与行政责任的认

① 2004年5月最高人民法院印发的《关于审理行政案件适用法律规范问题的座谈会纪要》。

定有明显差异，民事责任的认定以维护主体私权而非公共利益的行政法义务为出发点，秉持私利优先而非公利优先的原则，以注意义务而非行政法义务为判断标准，强调行为与损害结果的因果关系及其原因力大小，侧重义务违反等同于过错责任的认定模式。[①] 航空承运人与旅客之间是一种航空运输合同关系，承运人对航班的准点运输是其应履行的合同义务，其负有预防航班延误的注意义务，即使是因天气等非航空承运人原因造成的延误，其依然负有采取一切可合理要求的延误补救措施的注意义务。在承运人欠缺对延误补救注意义务的情形下，天气等不可抗力原因依然不能成为承运人延误免责或减责的抗辩事由。

2. 因救治病发旅客而致航班延误的责任纠纷

【案例】张某某诉某航空公司航班延误赔偿纠纷案

【案情介绍】在 2013 年张某某诉某航空公司的输合同纠纷案中，张某某搭乘被告航班的飞行途中因一名外籍旅客生病，飞机返航，在某机场将病人送下飞机后重新起飞，到达时间延误 2 小时 23 分钟。因航班延误致使张某某出发前订好的后续高铁车票失效，张某某为此花费 112 欧元重新购买一张车票。张某某就此损失的赔偿，多次协商遭拒诉至法院。航空公司辩称，航班延误系为治病救人，属正当理由，不应承担责任。法院经审理后判决驳回张某某要求某航空公司承担因延误导致的 112 欧元损失的诉讼请求。[②]

【案例评析】本案的航班延误系因飞行途中旅客突发病情，为使其获得及时治疗而临时备降某机场，这是承运人为履行法定的救助义务[③]导致的航班延误，应属于非承运人主观原因造成的合理延误。张某某因航班延迟致其先前购买的火车票作废，重新购买火车票的费用虽然确属航班延误造成的直接损失，但因张某某的火车票系从代理网站购买，退票或改签需要将纸质票

---

① 贾媛媛："私法效应：行政法的一个多维分析框架"，载《政法论坛》2014 年第 6 期，第 169 页。

② 上海市浦东新区人民法院（2013）浦民一（民）初字第 2840 号民事判决书。

③ 我国《合同法》第 301 条规定的救助义务是承运人在运输过程应承担的道德义务和法定义务，违反此义务应承担相应责任。例如，2006 年张某甲乘坐四川省泸州宏运（集团）运通有限公司大客车自粤返川途中发病，客车司乘人员因未予以及时救助导致其死亡一案，四川省泸州市龙马潭区人民法院审理认为，张某甲死亡结果的发生，自身患有急病是主要原因，被告没有履行尽力救助义务是次要原因，故判决被告泸州宏运（集团）运通有限公司给付张某甲的医疗费、误工费、交通费、丧葬费、死亡补偿费总额的 30%。

件退回该网站办事处再行操作，发生延误后，航空承运人不可能采取任何合理措施协助张某某办理退票事宜，且备降发生在凌晨，在约 1 小时的备降期间内如要求航空承运人提供改乘其他班次或退票的替代安排不合客观实际，故对承运人关于不可能采取合理措施避免张某某的损失的免责抗辩，法院予以采纳，判定承运人对延误损失不承担赔偿责任。

航空运输实践中，因救治病发旅客而致航班延误，航空公司可否免除延误责任也是延误责任司法认定中的常见问题。我国《合同法》第 301 条规定："承运人在运输过程中，应当尽力救助患有急病、分娩、遇险的旅客。"根据《蒙特利尔公约》第 19～20 条及我国《民用航空法》第 126 条的规定，旅客、行李或者货物在航空运输中因延误造成的损失，承运人应当承担责任；但承运人证明本人或其受雇人、代理人为了避免损失的发生，已经采取一切必要措施或不可能采取此种措施的，不承担责任。据此，航空承运人对航班延误免责需满足两个条件：（1）航班延误系因客观原因导致，存在合理理由；（2）承运人对航班延误可能对乘客造成的后果已采取合理的补救措施或因客观原因无法采取补救措施。

3. 机械故障导致航班延误的责任纠纷

【案例】航班延误保险责任赔付案

【案情介绍】2010 年 11 月，游客曾某某乘坐的由悉尼返回上海浦东国际机场的航班原定于 17 时 30 分起飞，但由于机械故障，最终于次日凌晨 1 时起飞返回国内。客户随即向保险公司报案，并向保险公司提供了由澳洲航空出具的延误证明，内容包括原定航班信息、实际起飞时间及具体延误原因。保险公司根据旅行延误保险责任赔付 300 元。

从常识判断，航班因机械故障造成的延误仍然可归责于航空公司未尽完善的机务维护义务。因机械故障导致航班延误，没有证据证明属于完全不能预见、不能避免和不能克服的客观情况的，航空公司应对此承担违约赔偿责任，不应免除全部的违约责任。

在诉讼中，发生的机械故障如果系突发性的、不可预见的，需要航空公司提交充分的证据，即该机械故障系无法预测、也无法早期排查的确凿证据，证明该机械故障在性质上属于不可抗力的范畴，举证不力的后果将由航空公司承担。

例如，在2009年张某某诉南方航空公司延误赔偿纠纷案中，南方航空公司所称“飞机突发机械故障”属于不可抗力，未被法院采纳，判决南航公司应承担延误取消航班的违约责任；① 在2014年潘某某诉四川航空股份有限公司（以下简称四川航空公司）的延误纠纷案中，法院对于被告辩称飞机机械故障属于不可抗力所致的意见，因未提供证据证明，未予采纳；② 在2015年庾某某诉东方航空公司的纠纷案中，法院也认定机械故障造成的延误应归责于东方航空公司，认为其对机务维护义务履行不完善。③

当然，值得注意的是，航班延误后要注意向航空公司索要延误证明，证明材料上注明延误的时间（如原起飞时间和实际起飞时间，或者原到达时间和实际到达时间）和延误原因。如果购买了延误保险，应及时向保险公司报案。

4. 航班延误期间乘客因自身健康原因意外死亡的责任纠纷

例如，2009年，陈某某带儿子搭乘国航公司的航班由于天气原因导致从北京出发的飞机未能抵达南通而取消。兴东机场④将陈某某等大部分旅客送至南通市吉华宾馆住宿。次日凌晨，陈某某猝死（有公安机关现场侦查及法医确认）。在崇川区公安分局城东派出所主持下，国航公司与陈某某的丈夫达成调解协议，国航公司同意出于人道主义对陈某某家属一次性支付丧葬费、安抚金、交通费等共计10万元，双方约定此事为一次性调解，今后不再因此事发生纠纷。国航公司补偿后，陈某某的父母对兴东机场及吉华宾馆提起诉讼，要求赔偿因陈某某死亡带来各项经济损失共20余万元。

【案例评析】在航班延误期间，乘客因自身健康原因意外死亡，承运的航空公司一方的责任应如何认定？根据我国《民用航空法》第126、127条规定，航空公司对航班延误实行过错推定责任，经承运人证明，死亡或者受

---

① 广西壮族自治区南宁市江南区人民法院（2009）江民二初字第496号民事判决书。

② 四川省双流县人民法院（2014）双流民初字第428号民事判决书。

③ 上海市浦东新区人民法院（2014）浦民一（民）初字第20924号民事判决书。

④ 经法院查明，2002年，国航公司与中国民用航空南通站签订有“地面服务协议”，服务地点为兴东机场，服务项目包括代承运方垫付旅客食宿费、地面运输费等。双方还签订了“关于不正常航班服务的补充协议”作为“地面服务协议”的附件。补充协议约定，因承运方航班不正常造成旅客在服务方机场延误、滞留时，服务方应主动做好地面服务工作，并按照中国民用航空总局的有关规定，安排承运方旅客的膳宿，为承运方垫付各项服务费。2005年6月，经南通市人民政府批复，原中国民用航空南通站注销，设立南通兴东机场有限公司，前者的债权债务、经营业务等由后者承继。在本案所涉航班延误后，兴东机场向国航公司报支了因航班延误产生的相关旅客食宿费用。

伤是旅客本人的过错造成或者促成的，应当根据造成或者促成此种损失的过错的程度，相应免除或者减轻承运人的责任。据此，如果旅客的人身伤亡完全是由于旅客本人的健康状况造成的，航空公司不承担责任。这种免责通常都会在各航空公司运输总条件中被明确规定。[①] 司法实践中，航班延误期间，乘客因自身健康原因意外死亡的，如果没有证据证明乘客的意外死亡与承运人一方的行为存在因果关系，航空承运人不会被判处承担乘客死亡的赔偿责任。

本案争议焦点在于航空承运人一方在延误期间对陈某某的死亡是否存在过错？因兴东机场与国航公司之间有“地面服务代理协议”，故兴东机场对航班延误的补救措施是否适当，直接影响国航公司过错的有无。经法庭调查，兴东机场对延误旅客已尽相应补救义务，服务质量及服务程序并无不当，有证据证明陈某某因自身健康原因发生猝死，而原告也未能举证证明吉华宾馆的住宿条件和提供服务与陈某死亡原因具有因果关系，因此一审驳回原告诉讼请求正确。关于原告上诉所称兴东机场和吉华宾馆应承担无过错责任的主张，二审法院认为，只有法律规定的特殊侵权及法律专门规定的某些侵权行为，相关单位或人员才根据公平原则承担无过错责任，陈某某的意外死亡不符合承担无过错责任的情形，故判决驳回上诉，维持原判。[②]

第二节 民事法律关系的变动

民事法律关系不会无缘无故地发生、变更和消灭，总是基于一定法律事实而发生变动。所谓民事法律事实，指民法认可的能够引起民事法律关系产生、变更和消灭的客观现象。

根据是否与当事人的意志有关，将法律事实分为事件和行为两大类。事件，是指与当事人意志无关，能够引起民事法律后果的客观现象。行为，是指当事人有意识的活动。

---

① 《春秋航空股份有限公司旅客、行李国际运输总条件》第 17.1 条。

② 佚名：“国航航班延误乘客意外死亡案终审驳回原告诉求”，http：//news.xinhuanet.com/air/2011-04/19/c_121321350.htm，2012 年 5 月 15 日访问。

一、飞机买卖合同关系的解除

【案例】翼扬公司与中联公司买卖合同纠纷案

【案情介绍】2013 年 8 月 16 日，宁夏翼扬通用航空俱乐部有限公司（简称翼扬公司）与西安中联航空科技有限责任公司（简称中联公司）签订“旋翼机（ELA－07 S）买卖合同”，主要约定了如下条款。

（1）合同甲方（翼扬公司）向合同乙方（中联公司）购置一架 ELA－07S 旋翼机，总购买价格为 835 000 元。

（2）甲方的责任和义务为：①配合乙方的工作；②按时支付合同款项。

（3）乙方的责任和义务为：①根据甲方配置要求，提供西班牙制造 ELA－07S 旋翼机一架；②提供所购买的飞机型号有关技术的说明及售后技术支援。

（4）合同价款和支付：甲方须付给乙方货款 83.5 万元，分两次付清，合同签订后 3 日内付 33.5 万元定金。乙方在旋翼机安装、调试飞行正常后，通知甲方验收货物，甲方付清余款 50 万元后提取货物。

（5）飞机的验收与交付：①货物在乙方所在地验收；②甲方验收货物，付清货款（83.5 万元）后乙方将货物转交给甲方。

（6）退出契约：①飞机交货日期预定为 2013 年 9 月 10 日，如果因一些不可抗拒的因素延误，乙方应给甲方一个说明；②如果乙方超过约定的交货日期 3 个月还无法交货，则甲方有权退出契约。在此情况下，乙方将已付的款项转账退还甲方并赔付甲方已收取货款净额的 5% 以弥补损失；③如果甲方违反合同，特别是经过付款警告后仍不付款，乙方可以退出契约。在此情况下，乙方收取货款净额的 5% 以弥补损失。乙方将已付的剩余款项转账退还给甲方。

2013 年 8 月 20 日及 2013 年 9 月 10 日，翼扬公司先后以用途为“购设备款”的名义向中联公司汇款 20 万、10 万。中联公司于 2013 年 9 月 18 日向翼扬公司出具金额为 30 万元的收款收据，收据上注明“ELA－07S 购机订金”。2014 年 2 月 10 日，翼扬公司向中联公司出具了一份通知函，载明“由于我公司的发展策略改变，对于之前所订购贵公司的西班牙 ELA－07S 自转旋翼机现正式提出退货；退款依据之前两家公司签订的购机合同正文第六大项的第 3 条。”

2013 年 9 月 13 日，翼扬公司与中联公司签订合作协议书，约定鉴于翼扬公司购置中联公司 ELA－07S 型旋翼机的意愿，双方合作 ELA 旋翼机飞行活动，以及双方保证和提供的条件、经费安排等内容。2013 年 9 月 18 日，翼扬公司向中联公司支付合作运营费 91 000 元。同日，双方签订租赁合同，约定中联公司将自旋式旋翼机 ELA - 07S 一架、驾驶员一名、机务一名、运营一名，以每天 5000 元的价格租给翼扬公司，租赁时间为 2013 年 9 月 15 日到 2013 年 10 月 7 日共计 23 天，除去 3 天不可飞，共计 100 000 元等内容。翼扬公司于 2013 年 9 月 17 日向中联公司支付租赁费。此后，双方就买卖旋翼机款项的返还和赔偿问题协商未果，遂诉讼至法院。①

【案例评析】本案涉及了两个民事法律关系，即旋翼机买卖合同关系和旋翼机湿租赁合同关系，其中发生纠纷诉讼的是旋翼机买卖合同关系。两个法律关系的发生则分别是基于签订了买卖合同和租赁合同的法律事实。《民法总则》第 119 条规定："依法成立的合同，对当事人具有法律约束力。"

作为旋翼机买卖合同和旋翼机湿租合同的双方当事人，应该依约履行各自的合同义务。依照旋翼机买卖合同约定，翼扬公司应当于合同签订后 3 日内（即 2013 年 8 月 20 日前）付 33.5 万元，而翼扬公司仅在 2013 年 8 月 20 日、2013 年 9 月 10 日共计付款 30 万元，余款未支付。显然，翼扬公司未按照合同约定履行付款义务，已经构成违约。

翼扬公司未按照合同约定及时履行付款义务，已经符合双方合同中关于退出契约的约定。此后，翼扬公司也向中联公司发出了退出契约的通知函，对此，中联公司予以认可，并同意解除合同。

翼扬公司的解约意思表示和中联公司认可解约的行为，均是双方当事人的有意识的活动，构成旋翼机买卖合同关系解除的民事法律事实。故法院判决依法确认解除翼扬公司与中联公司签订的"旋翼机（ELA - 07S）买卖合同"，合同的权利义务终止。当然，根据《合同法》规定，合同的解除不影响合同中结算和清理条款的效力。

二、航空旅客运输合同的发生、变更与消灭

【案例】年某某、林某某诉深圳航空公司航空旅客运输合同纠纷案

【案情介绍】年某某、林某某两原告于 2015 年 4 月 9 日购买被告深圳航空公司机票两张，航班号为 ZH9858，飞行城市为长春至深圳，预计出发时间

① 陕西省西安市阎良区人民法院（2014）阎民初字第 00934 号民事判决书。

为2015年5月17日16时35分，抵达时间为20时55分。2015年5月17日，由于长春下雨等原因，航班不能准时起飞，后被告以飞行员超过服务时间为由取消了该航班，将出发时间变更为5月18日7时，此后，被告为原告安排了住宿等事宜。5月18日4时左右，宾馆前台通知旅客应于6时30分出发至机场，原告等旅客领取的登记牌记载的登机时间为8时30分，但该航班最终于11时30分左右起飞，并于16时30分左右抵达深圳。被告已向两原告各支付500元作为赔偿。原告认为，由于被告的主观原因致原告多休年休假一天，损失双倍工资，被告拒绝向原告赔偿年休假工资损失从而引发诉讼。①

【案例评析】本案法律关系是航空旅客运输合同关系，原告购买机票行为的发生，使航空旅客运输合同关系成立并有效。《民法总则》第119条规定："依法成立的合同，对当事人具有法律约束力。"

尽管合同的订立、成立和生效是不同的概念，但有着严密的逻辑关系。合同的生效以合同的成立为前提，合同成立则以合同订立为基础，没有合同的订立，不会有具体合同的成立，没有合同成立就不会有合同生效问题。

合同订立是当事人为订约而进行相互协商的动态过程，合同订立的后果有两种：合同成立与合同不成立。合同成立仅是合同订立的积极后果。合同订立过程中包括对要约邀请、要约、反要约各制度的规范和约束，会产生先合同义务和缔约过失责任。

合同成立是缔约当事人达成合意的一种状态。合同成立的时间以当事人意思表示一致为标志，即承诺生效为合同成立。

合同生效是指已经成立的合同具有法律约束力，合同是否生效取决于是否符合法律规定的有效条件。合同成立是合同生效的前提，只有已经成立的合同，才存在是否生效的问题。但合同成立与合同生效是完全不同的概念。合同成立是一个事实判断问题，是指合同是否存在；合同生效是一个法律评价问题，关系到合同能否取得法律所认可的效力。合同成立主要体现当事人的意志，体现合同自由的原则；合同生效则体现国家的价值判断. 反映了国家对合同关系的干预。一般情况下，合同成立时即生效，但合同生效后，如在合同当事人对合同效力没有异议的情况下，是可以履行的；但如果合同当

① 广东省深圳市宝安区人民法院粤0306民初2301号民事判决书。

事人在履行合同中对合同效力产生了异议，则合同效力的评判应由有权机构进行认定，合同当事人自己不能对合同效力进行评判。

在电子客票情形下，合同的成立和生效与一般纸质客票相比有很大的特殊性。如何认定航空客运电子合同的要约与承诺？我国现行立法并未明晰，实践中常出现争议和混乱。依据我国合同法的规定，用数据电文形式订立合同的，合同的当事人、标的、履行方式等主要内容均记载于电子客票。收件人指定特定系统接收数据电文的，该数据电文进入该特定系统的时间，视为承诺到达时间；未指定特定系统的，该数据电文进入收件人的任何系统的首次时间，视为承诺到达时间。

据此，在机票预订网站上，订票人查询到的航班时刻和机型、经停或直飞等航班信息，在性质上应是航空公司向不特定的旅客发出的要约邀请。订票人依据提示完成填写并提交订票相关信息，在性质上应是旅客对航空公司发出的具体要约，同时也说明其愿意接受网站相关提示条款作为合同条款并受之约束。航空承运人的特定系统送达订票人支付成功的信息，应视为承运人的承诺，双方之间的航空运输合同即成立并同时生效。航空承运人的出票和交付不再是航空运输合同成立的标志，而是合同成立后航空承运人应履行的义务。

通常情况下，公共航空运输承运人对旅客/货主提出的订票要约不得拒绝，但是，并非所有的订票要约都必须接受。如果属于不适格的特殊旅客，航空承运人对此要约可拒绝承诺，即拒载。例如，无成人陪伴儿童、残障者、孕妇、患病者或其他需要特殊服务的旅客，必须事先向航空承运人提出，经承运人同意并作出相应安排后同意予以承运的，航空运输合同才成立，否则合同不成立。①

依据《民法总则》第 118 条的规定，原告作为民事主体，依法享有基于运输合同的约定请求特定义务人深圳航空公司进行运输行为的权利。但在航空运输实践中，航空旅客运输合同不是都必然能够按时履行，可能会因天气状况、机务维护等各种原因而发生航班延误或因预计航班延误而停止飞行计划或者因延误而导致停止飞行计划等航班不正常情况。

造成航班在始发地、经停地发生延误或者取消的原因，均为引起航空运

① 郝秀辉：《航空运输合同法》，法律出版社 2016 年版，第 43 ~ 44 页。

输合同关系变动的民事法律事实，例如，天气、突发事件、空中交通管制、安检异常以及旅客迟到、机务维护、航班调配、机组不到位等。

根据2017年1月1日起施行的《航班正常管理规定》第29条规定，发生航班出港延误或者取消后，承运人或者地面服务代理人应按下列情形为旅客提供食宿服务：

(1) 由于机务维护、航班调配、机组等承运人自身原因，造成航班在始发地出港延误或者取消，承运人应当向旅客提供餐食或者住宿等服务。

(2) 由于天气、突发事件、空中交通管制、安检以及旅客等非承运人原因，造成航班在始发地出港延误或者取消，承运人应当协助旅客安排餐食和住宿，费用由旅客自理。

(3) 国内航班在经停地延误或者取消，无论何种原因，承运人均应当向经停旅客提供餐食或者住宿服务。

(4) 国内航班发生备降，无论何种原因，承运人均应当向备降旅客提供餐食或者住宿服务。

三、空难损害赔偿关系的发生

在航空运输实践中，航空事故（accidents）、航空失事（crashes）、空难（disasters）是航空损害赔偿法律关系发生的重要原因。

当然，从国际航空立法规定考察，航空事故与航空失事的界定有所差异。[①] 所谓“航空失事”，是指在任何人登上航空器准备飞行直至所有这类人员下了航空器为止的时间内，所发生的与该航空器操作使用有关的事件，在此事件中：(1) 有人因在航空器内，或因与航空器的任何部分包括已脱离航空器的部分直接接触，或因直接暴露于喷流而受致命伤或重伤，[②] 但由于自然原因和由于自己或别人造成的受伤，或藏在通常供旅客和机组使用的范围之外偷乘飞机而造成的受伤除外；(2) 航空器受到损坏或结构破坏，对结构强度、性能或飞行特性有不利影响，通常需要大修或更换有关部件，但损坏

① 1944年《芝加哥公约》附件13《航空器失事调查》国际标准和建议措施第1章定义。

② 为达到统计上的一致，国际民航组织规定：凡在失事之日起30天内造成死亡的受伤，均作为致命伤。重伤是指：某一人员在失事中受伤而 (1) 自受伤之日起7天内需要住院48小时以上；或 (2) 造成任何骨折（手指、足趾或鼻部单纯折断除外）；或 (3) 引起严重出血，神经、肌肉腱等损坏的裂坏；或 (4) 涉及内脏器官受伤；或 (5) 有二度或三度的，或超过全身面积5%以上的烧伤；或 (6) 经证实暴露于传染物质或受到有害辐射。

只限于发动机，整流罩或附件的发动机失效或损坏除外；损坏只限于螺旋桨，翼尖、天线、轮胎、刹车、整流片、航空器蒙皮的小凹坑或穿孔时也除外；(3) 航空器失踪[①]或处于完全不能接近的地方。所谓“航空事故”，是指不是失事而是与航空器的操作使用有关，会影响或可能影响操作使用安全的事件。空难应是最严重的航空事故，有时与航空失事意思接近。[②] 空难发生后，航空旅客、货主、地面或水面第三人的人身或财产遭受损害或损坏的，其与航空承运人之间就会发生损害赔偿法律关系。航空旅客、货主对航空承运人可选择适用违约责任之诉或侵权责任之诉，地面或水面第三人只能对航空承运人主张侵权责任之诉。

【案例】韩国韩亚航空公司214航班空难

【案情介绍】2013年7月6日，韩国韩亚航空公司214航班从仁川国际机场飞往旧金山国际机场，航班在美国旧金山机场降落时，失事滑出跑道，机身起火燃烧。客机载有291名乘客和16名机组人员，其中有141名中国人(包括34名高中学生和1名教师)、77名韩国人和61名美国人。共有3名中国学生在本次空难中遇难。

2014年6月24日，美国国家运输安全委员会（NTSB）举行听证会，发布韩亚航空214航班空难调查结果，认为客机飞行员多次犯错是事故发生的重要原因。调查中没有发现这架波音777客机的操控和警告系统出现故障，但报告列举了其他一些因素，包括这架波音777客机的自动系统过于复杂，且波音公司的说明不清，可能导致飞行员错误操作。

【案例评析】航空事故调查与空难事故损害赔偿是两种不同的法律关系。航空事故调查报告不能决定空难事故损害赔偿责任的有无，调查报告不是确认事故损害赔偿责任的必要前提和唯一依据，事故调查目的是且仅限于查明事故原因和预防事故再发生。航空事故调查报告对责任事故的性质认定可使事故受害人的损害赔偿突破法定赔偿限额，对裁量事故赔偿额度会产生一定的影响。[③]

---

① 在官方搜寻工作已经结束后仍不能确定残骸位置，即认为航空器失踪。

② 郝秀辉：《航空器致第三人损害的侵权责任研究》，中国政法大学出版社2010年版，第19～20页。

③ 郝秀辉：“马航MH370事件的空难赔偿与航空事故调查报告的关系”，载《北京航空航天大学学报（社会科学版）》2014年第5期，第36页。

根据《蒙特利尔公约》的规定，失事航班的出发地、经停地和目的地均可适用该公约，因此，该失事航班上的中国旅客不论是从中国出发还是从韩国出发，均可要求按照《蒙特利尔公约》赔偿。根据1999年《蒙特利尔公约》的复审规定，从2009年12月30日起，《蒙特利尔公约》对每名旅客第一梯度（在航空公司无过错时）的赔偿责任限额由100 000特别提款权（约合人民币106.91万元）提高至113 100特别提款权（约合人民币120.92万元）。调查如认定为责任事故，而不是因不可抗力等因素造成的失事，有过错方的赔偿则无上限。

1999年《蒙特利尔公约》（全称是《统一国际航空运输某些规则的公约》）于2005年7月31日起对我国生效。《蒙特利尔公约》建立起了全新的航空旅客赔偿责任制度。1996年施行的《民用航空法》第128条第1款规定："国内航空运输承运人的赔偿责任限额由国务院民用航空主管部门制定，报国务院批准后公布执行。"2006年施行的《国内航空运输承运人赔偿责任限额规定》规定"对每名旅客的赔偿责任限额为人民币40万元"。显然，与《蒙特利尔公约》的赔偿责任相比，我国国内的空难损害赔偿数额偏低，因此，国内空难赔偿往往并没有按照法律规定标准给予。例如，2010年"8·24"伊春空难的赔偿抛弃了法律规定，考虑到2006年以来全国城镇居民人均可支配收入的累计增长幅度，赔偿限额增至59.23万元，加上为遇难旅客亲属作出的生活费补贴和抚慰金等赔偿，航空公司最终对每位遇难旅客的赔偿标准总共为96万元人民币。即使是2004年"11·21"包头空难赔偿，也远远超出1993年国务院颁布的《国内航空运输旅客身体损害赔偿暂行规定》（国务院第132号令）规定的对每名旅客最高赔偿金额为人民币7万元的标准，考虑到消费价格总指数的变动因素、行李赔偿金额、抚慰金等，最终每位遇难乘客的赔偿标准总共为21.1万元人民币。

第四章

民事权利、民事义务与民事责任

民事权利、民事义务与民事责任是民法的三个重要基础性概念。民事法律关系是主体、客体、内容三要素不可分离的有机整体，主体为权利、义务、责任的所属，客体为权利、义务、责任的所附，内容为权利、义务、责任的具体化。民事法律关系的内容是民事权利和民事义务，民事责任是维护正常的民事法律关系的保障，在发生民事责任的情况下，民事责任就成为民事法律关系的内容。自 1986 年我国颁布的《民法通则》首创“民事权利—民事义务—民事责任”立法模式以来，经过多年的实践，其已经成为我国民事立法与司法的思维方法。[①]

民事权利和民事义务相互对立、相互联系，权利的内容要通过相应的义务表现，而义务的内容则由相应的权利限定，并且权利和义务往往是同时产生、变更和消灭的。[②]

民事义务是民事责任产生的前提和原因，民事责任是违反民事义务的法律后果。民事义务是权利主体实现权利的必要条件，民事责任是保证权利人实现权利的辅助条件。民事义务和民事责任虽都有拘束力，但民事义务不具有强制执行性，民事责任人可以被采取强制措施。

第一节　民事权利

民事权利是民法的核心问题，有法谚云：民法乃权利之法。为权利而斗争，是民法的要义所在，也是民事主体从事民事活动的信念之源。

---

① 魏振瀛：《民法（第四版）》，北京大学出版社、高等教育出版社 2010 年版，第 33、43 页。

② 王利明：《民法》，中国人民大学出版社 2000 年版，第 43 页。

民法学者对民事权利的释义有多重学说，其中占主导地位的是手段说，即民事权利是指为民事主体实现其特定利益的法律手段，其含义可概述为：民事权利是民事主体享有的特定利益，通常是法律确认的权利，受国家强制力保障。①

《民法总则》第 3 条规定："民事主体的人身权利、财产权利以及其他合法权益受法律保护，任何组织或者个人不得侵犯。"本条的意旨在于宣示"人身权利、财产权利以及其他合法权益受法律保护"，"任何组织或者个人"皆有不得侵犯的义务。

首先，本条区分了民事权利与民事权益。前者是后者的下位概念，民事权益包括民事权利和民事利益。"其他合法权益"包含了不具权利地位的"其他合法利益"。权利固然已受法律保护，因为权利本身已被赋予法律上的力，它是利益和法律之力的结合，如所有权、生命权、健康权等。而民事利益是指那些虽然受到法律保护但未被确定为权利的利益，包括人身法益和财产法益等。利益则尚待法律明文规定对其加以保护（《民法总则》第 126 条规定："民事主体享有法律规定的其他民事权利和利益"）。例如，《侵权责任法》第 2 条规定："侵害民事权益，应当依照本法承担侵权责任。本法所称民事权益，包括生命权、健康权、姓名权、名誉权、荣誉权、肖像权、隐私权、婚姻自主权、监护权、所有权、用益物权、担保物权、著作权、专利权、商标专用权、发现权、股权、继承权等人身、财产权益。"该条对民事权利明确予以法律保护，对此之外的民事利益也明确予以法律保护。

其次，本条所谓保护的"法律"一词并不限于《民法总则》，应为广义上的法律，不仅包括民事基本法和民事特别法，如《民用航空法》，也包括各种行政法规和民航规章等部门规章。例如，因违反飞行规则致发生空难，致航空旅客、航空货物、航空行李、地面或水面第三人的人身或财产损害的，负赔偿责任。

一、航空旅客的名誉权

【案例】旅客与机场公司的名誉权纠纷案

【案情介绍】李某某系左下肢截肢的残疾人员（装有义肢）。2015 年 9 月

① 魏振瀛：《民法》，北京大学出版社、高等教育出版社 2010 年版，第 35 页。

18日下午14时20分左右，李某某欲乘坐CZ6153航班飞往北京。在通过安检时，李某某告知安检人员其左下肢装有义肢，安检人员将李某某领进单独房间并要求其脱下裤子，拆卸假肢。李某某按照安检人员的要求，拆卸假肢交给安检人员，安检人员检查假肢后，返还给李某某。后李某某通过安检，登机飞往北京。同年9月20日李某某返回延吉后，与延吉机场公司的负责人电话联系，要求对其赔礼道歉，但延吉机场公司没有对李某某赔礼道歉。李某某现诉至法院，判令延吉机场公司向其赔礼道歉并赔偿精神损失费3000元。①

【案例评析】本案争议焦点为延吉机场公司的检查行为是否侵犯李某某的名誉权?

义肢是由断肢腔和肢体组成，断肢腔脱胎于断肢的模型，完全包裹断肢，李某某认为之间的缝隙根本没有可能装入危险品。

2015年施行的《残疾人航空运输管理办法》第3条规定:“残疾人②与其他公民一样享有航空旅行的机会，为残疾人提供的航空运输应保障安全、尊重隐私、尊重人格。”第7条规定:“除另有规定外，承运人不得因残疾人的残疾造成其外表或非自愿的举止可能对机组或其他旅客造成冒犯、烦扰或不便而拒绝运输具备乘机条件的残疾人。”第8条规定:“承运人拒绝为具备乘机条件的残疾人提供航空运输时，应向其说明拒绝的法律依据。”第25条第1款规定:“具备乘机条件的残疾人及其服务犬应与其他旅客一样接受安全检查。”第26条规定:“对具备乘机条件的残疾人的助残设备进行安全检查过程中，安检人员判断该助残设备可能藏有武器或其他违禁物品的，可进行特殊程序的检查。”第28条规定:“机场应为具备乘机条件的残疾人设立独立、私密的安全检查空间。具备乘机条件的残疾人请求私下安全检查的，安检人员应及时安排。”

本案中，延吉机场公司依法进行安全检查是在履行法定职责。从检查程序和检查方式上看，安检人员将李某某带到单独房间，对李某某的义肢

---

① 吉林省延吉市人民法院（2015）延民初字第5845号民事判决书。

② 《残疾人航空运输管理办法》第4条第1款规定:“‘残疾人’是指在心理、生理、人体结构上，某种组织、功能丧失或者不正常，全部或者部分丧失以正常方式从事某种活动能力的人。残疾人包括肢体、精神、智力或感官有长期损伤的人，这些损伤与各种障碍相互作用，可能阻碍残疾人在与他人平等的基础上充分和切实地参加社会活动，具体表现为视力残疾、听力残疾、言语残疾、肢体残疾、智力残疾、精神残疾、多重残疾和其他残疾的人。”

进行拆卸检查，检查行为符合相关规定，并无不当，没有侵犯李某某的名誉权。

由于李某某提交的照片证据，无法确认拍照的时间、地点及证明目的，未能获得法院的采信。依照《最高人民法院关于民事诉讼证据的若干规定》第2条的规定，法院经审理判决驳回原告李某某要求延吉机场公司向其赔礼道歉并赔偿精神损失费的诉讼请求，并无不当。

二、航空旅客的隐私权

【案例】庞某某与北京趣拿信息技术有限公司等隐私权纠纷案①

【案情介绍】2014年10月11日，庞某某委托鲁某某通过去哪儿网平台（www. qunar. com）订购了2014年10月14日MU5492航班泸州至北京的东航机票1张，所选机票代理商为长沙星旅票务代理公司（以下简称星旅公司）。去哪儿网订单详情页面显示该订单登记的乘机人信息包括原告姓名及身份证号，联系人信息、报销信息均为鲁某某及其尾号1850的手机号，并载有如下提示："为保障资金安全，请务必使用在线支付，切勿通过搜索引擎或拨打来路不明的400电话进行银行ATM机转账。"同日，北京趣拿信息技术有限公司（以下简称趣拿公司）发件人为106903330762（25）号向鲁超尾号1850的手机号码发送短信："2014－10－14，泸州蓝天机场到北京首都机场T2的MU5492航班（16:10起飞/19:10到达）已出票……星旅航空优选，唯一客服电话：010－89930736。订单查询/退票改签请点击http：//d. qunar. com/klxZha。"趣拿公司同时向鲁某某发送了提醒短信："尊敬的用户，温馨提醒您警惕以飞机故障、航班取消为诱饵的诈骗短信，请勿拨打短信中的电话。"2014年10月13日，庞某某尾号9949手机号收到号码为0085255160529的发件人发来短信："……您预订2014年10月14日16:10起飞，19:10抵达的MU5492次航班（泸州－北京首都）由于机械故障已取消，请收到短信后及时联系客服办理改签业务，以免耽误您的行程，服务热线4008－129－218（注：改签乘客需要先支付20元改签手续费，改签成功后每位乘客额外得到补偿200元）……"鲁某某知晓上述短信后拨打东航客服电话95530予以核

① 北京市海淀区人民法院法院（2015）海民初字第10634号民事判决书、北京市第一中级人民法院（2017）京01民终509号民事判决书。

实，客服人员确认该次航班正常，并提示庞某某收到的短信应属诈骗短信。关于诈骗短信为何发至庞某某本人，客服人员解释称通过该机票信息可查看到开头136、尾号949手机号码及开头189、尾号280手机号码，可能是订票点泄露了庞某某手机号码。庞某某向一审法院起诉请求：（1）趣拿公司和东航在各自的官方网站以公告的形式向庞某某公开赔礼道歉，要求致歉内容应包含本案判决书案号、侵权情况说明及赔礼道歉声明，致歉版面面积不小于6cm×9cm；（2）趣拿公司和东航赔偿庞某某精神损害抚慰金1000元。

三、航空旅客的健康权

【案例】旅客与机场公司的健康权纠纷案

【案情介绍】2015年12月12日，王某某在吉林省民航机场集团延吉机场公司经营管理的延吉市朝阳川机场登机去往深圳时，因机场未及时清雪，不慎摔倒受伤。当日，王某某入住南方医科大学附属深圳恒生医院，被诊断为左髌骨粉碎性骨折，于2015年12月13日出院。2015年12月13日，王某某入住深圳市宝安区人民医院，被诊断为左髌骨粉碎性骨折，并于2015年12月31日出院，共住院18天。因治疗，王某某共支出医疗费16 584.23元、护理费12 000元、残疾辅助器具费88元。2016年3月24日，广东众合司法鉴定所作出粤众〔2016〕临鉴字第0101号法医临床学鉴定意见书，其鉴定意见为王某某本次受伤伤残等级为10级；内固定物取出的后续治疗费为7000元。王某某向广东众合司法鉴定所支付鉴定费2520元。

【案例评析】《侵权责任法》第37条第1款规定："宾馆、商场、银行、车站、游乐场等公共场所的管理人或者群众性活动的组织者，未尽到安全保障义务，造成他人损害的，应当承担侵权责任。"

吉林省民航机场集团延吉机场公司作为延吉市朝阳川机场的经营者及管理者，应及时清理积雪确保乘客安全，故应对王某某的损害承担侵权责任。

王某某要求吉林省民航机场集团延吉机场公司赔偿医疗费16 584.23元、误工费10 213.50元、护理费12 000元、住院伙食补助费1900元、后续治疗费7000元、残疾辅助器具费88元、鉴定费2520元的诉讼请求，符合法律规定，予以支持。

吉林省民航机场集团延吉机场公司主张应扣除深圳市宝安区人民医院住院医疗费中关于治疗骨质疏松的药费617.70元，对此本院认为该费用与王某某治疗左髌骨粉碎性骨折具有关联性，故对吉林省民航机场集团延吉机场公司的上述主张不予支持。

对于王某某主张的残疾赔偿金64 780元，予以支持49 801.72元（2015年度吉林省城镇居民人均可支配收入24 900.86元×20年×10%）。王某某虽主张交通费1万元，但未能提供证据证明，对该主张不予支持。王某某要求吉林省民航机场集团延吉机场公司赔偿精神损害赔偿金1万元，对此法院结合吉林省民航机场集团延吉机场的过错程度及赔偿能力等因素，酌定为5000元。

依照《侵权责任法》第16条、第37条第1款的规定，判决被告吉林省民航机场集团延吉机场公司支付原告王桂芬人身损害赔偿金105 107.45元；驳回原告王某某的其他诉讼请求。[①]

四、航空旅客的自由权

【案例】航空旅客的人身自由权与航空安全

【案情介绍】 原告杨某某购买了被告吉祥航空2013年8月6日HO1251航班机票，始发地为上海虹桥机场，目的地为北京首都机场，机票显示登机时间为20时45分，起飞时间为21时15分，到达目的地时间为22时55分。该航班实际于8月6日晚22时20分左右起飞，7日凌晨飞机到达北京上空后，该航班广播通知因北京天气原因不能降落，将返回上海虹桥机场。不久又广播通知北京天气好转将按原计划飞往北京，并通知乘客飞机将在1时左右降落北京机场。8月7日凌晨1时左右，该航班降落在被告天津机场。于是乘客对该航班机组提出异议，机组方广播通知乘客，北京机场由于雷电原因不能降落，现在降落到天津机场。原告再次向航班机组询问起飞时间，机组回复"等通知"。后乘客均在飞机上等待。至凌晨4时左右，被告天津机场摆渡车前来接乘客下机，摆渡车先到达7-9号登机口进入候机大厅，后乘客又随摆渡车到达17-19号登机口进入大厅休息，此时已近凌晨5时，期间，被告吉祥航空未提供食物给乘客。后包括原告在内的大部分乘客自行解决交通工具离开天津机场去北京，剩余27名乘客于8月7日7时入住了由被告吉祥航空提供的宾馆并被提供了早餐，并于10时30分由被告吉祥航空安排后，于11时乘坐另一航班飞往北京。

① 吉林省延吉市人民法院（2016）吉2401民初5609号民事判决书。

另查，被告吉祥航空与被告天津机场于2011年4月20日签订“地面服务代理协议”，约定由被告天津机场为被告吉祥航空提供相关的地面服务。

原告提起诉讼，请求法院判令两被告的行为构成共同侵权，承担共同侵权责任，要求两被告共同向原告赔礼道歉；由被告吉祥航空向原告退还天津至北京航段的机票款200元人民币；由被告吉祥航空赔偿原告天津至北京的交通费等损失300元；由两被告赔偿原告精神损失费1元。[①]

【案例评析】

1. 航空旅客的人身自由权与航空安全

本案原告认为，自己和其他乘客被滞留机上3个多小时未能下机，系被告吉祥航空采取非法措施进行的强制滞留，侵犯了原告的人身自由权。

所谓人身自由权，是权利主体在法律范围内自主支配行动的权利，是行动自由权。人身自由是人身权中的一般人格权，是人身权的组成部分，是绝对权。人身自由权的客体是人身自由。人身自由是自然人自主参加各项社会活动、参与各种社会关系、行使其他人身权和财产权的基本保障。人身自由包括身体自由和精神自由两部分，对应的人身自由权亦包括身体自由权和精神自由权。身体自由权指公民按照自己的意思和利益，在法律规定的范围内作为和不作为的权利。身体自由权所包含的是公民自由支配自己外在身体运动的权利，非法限制或剥夺公民的身体自由，就是侵权行为。精神自由权是公民按照自己的意志和利益，在法律规定的范围内自由思维的权利，是公民自由支配自己内在思维活动的权利。根据《民法总则》第109条规定：“自然人的人身自由、人格尊严受法律保护。”但是任何自由都不是绝对的自由，主体在行使自由权的时候，不得违反社会的公共利益，不得妨碍他人自由的行使。

侵害人身自由权的责任构成要件包括存在侵害人身自由权的行为；有损害结果；侵权行为与损害事实之间有因果关系；侵权行为人主观上有过错。

本案被告是否存在侵害原告人身自由权的情形？从本案案情可看出，航空器具有特殊性，航空旅客运输会受到空中管制、天气等复杂因素的影响，航班延误会时常发生。在飞机关闭舱门后，旅客的人身自由权的行使必然要受相关法律限制，即机上乘客只有在法律规定的范围内行使人身自由权，才

① 上海市浦东新区人民法院（2014）浦民一（民）初字第11915号民事判决书。

能受到法律的保护。航空公司出于飞机及乘客的安全考虑不能打开舱门下客属于合理处置，并不存在主观恶意，也并非采取非法强制措施限制旅客人身自由的行为，旅客也不能任性地擅自打开舱门。

2. 违约责任与侵权责任的竞合选择问题

本案情形为违约责任与侵权责任的竞合现象，即航空承运人实施的运输行为违反了合同法规范和侵权法规范，同时具备了违约责任的要件和侵权责任的要件，导致违约责任与侵权责任同时产生。《民法总则》第186条规定："因当事人一方的违约行为，损害对方人身权益、财产权益的，受损害方有权选择请求其承担违约责任或者侵权责任。"《合同法》第122条规定："因当事人一方的违约行为，侵害对方人身、财产权益的，受损害方有权选择依照本法要求其承担违约责任或者依照其他法律要求其承担侵权责任。"

可见立法从保护当事人的合法权益出发，给了受损害方在有双重请求权时以选择权，可以选择最有利于保护自己权益的方式，要求违约方、侵害方承担责任，人民法院应当依法受理当事人的起诉。

当然，对违约责任与侵权责任的不同的选择，会产生不同的法律后果，直接影响当事人的利益。违约责任的特点在于：主要采用无过错责任原则；只要违约虽无损害也要承担责任；赔偿责任主要是财产损失；如因第三人致合同不能履行，债务人应首先对债权人负责，然后再向第三人追偿；由被告住所地、合同履行地法院管辖，或依协议选择前述两地及合同签订地、原告住所地、标的物所在地法院管辖。侵权责任的特点在于：一般适用过错责任原则，特殊的适用无过错责任原则；无损害事实便无责任；责任范围包括人身伤害和精神赔偿等；行为人仅对自己的过错负责；由侵权行为地、被告住所地法院管辖。

本案为航空旅客运输合同关系，依《合同法》规定，运输合同是承运人将旅客或者货物从起运地点运输到约定地点，旅客、托运人或者收货人支付票款或者运输费用的合同。本案原告自成功购买被告吉祥航空航班机票时起，双方之间的航空旅客运输合同关系成立并生效。被告吉祥航空作为承运人应按机票上约定的时间、地点将原告等旅客安全运送到目的地，并在运送过程中按照规定向旅客提供相应的服务。现因天气原因，被告未能按约定的时间、地点将原告等乘客运送到目的地北京机场，而备降到天津机场，飞机降落到天津机场后，原告等乘客长时间滞留在飞机上和机场大厅内，被告吉祥航空对原告等乘客未履行必要的告知、妥善安置、保障救助等合同附随义务，显然已构成违约，自应承担相应违约赔偿责任。原告可通过违约之诉以维护自己的合法权益，但原告坚持选择侵权之诉主张其权利。

3. 本案被告是否侵犯了原告的知情权、健康权、选择权

作为航空旅客，有权知悉运输合同履行的相关信息，作为合同相对人的被告吉祥航空有义务如实向原告履行告知义务，此告知义务是合同义务的范畴。原告等乘客在航班延误后滞留在机场数小时，被告未采取必要措施合理妥善安置乘客，势必会造成乘客心理一定程度的焦虑、烦躁，乃至因个体本身身体原因造成身体的不适，但原告无证据证明构成健康权的侵害。被告吉祥航空已尊重了该航班所有乘客的要求，部分乘客自行离开天津机场去北京目的地，部分乘客由被告吉祥航空安排住宿后于次日乘坐另一航班回京，并未侵犯该航班乘客的选择权。故法院根据《侵权责任法》判决驳回原告杨某某的全部诉讼请求是正确的。

五、飞机制造公司的商标权

【案例】一诺商标公司与滨奥飞机制造公司的商标权侵权纠纷案

【案情介绍】一诺商标公司的经营范围为代理注册商标，其申请的“滨奥BINAO”商标于2010年3月28日获准注册，商标注册号为6633858号，核定使用商品（第12类）包括：陆、空、水或铁路用机动运载器；电动车辆；气泵（车辆附件）；摩托车、自行车打气筒；架空索道缆车；车辆轮胎；飞机轮胎；补内胎用全套工具；船。2005年4月10日，滨州大高通用航空城有限责任公司与奥地利钻石飞机制造有限公司签订关于成立滨奥飞机公司的合资经营合同一份，该合同明确了合资企业的名称为“山东滨奥飞机制造有限公司”（以下简称滨奥飞机公司），该企业名称于2005年9月1日经山东省工商行政管理局预先核准。2005年11月8日，滨奥飞机公司经核准登记成立，企业注册资本1400万美元，经营范围包括改进以及生产钻石DA40系列飞机，提供钻石DA40系列所有服务（配件生产及售后服务），供应和销售钻石DA40系列飞机（凭许可证经营）。

滨奥飞机公司是中国第一家中外合资通用飞机制造企业。滨奥飞机公司成立后，生产的钻石DA40飞机销往全国并部分出口，作为飞机制造企业，得到专业团体和省级部门的认可。滨奥飞机公司在产品销售和企业宣传过程

中，广泛使用滨奥飞机、滨奥公司字样。截至2011年12月1日，滨奥飞机公司累计销售飞机达155架。

2014年5月20日，一诺商标公司的委托代理人宋某某向山东省庆云县公证处申请证据保全公证。2014年5月20日上午11时30分，在山东省庆云县公证处办公室，在公证员高某某、范某某的现场监督下，计算机操作员李某某打开山东省庆云县公证处的电脑，在百度搜索栏中搜索"滨奥飞机制造有限公司"，并对部分搜索出的内容进行点击打印。山东省庆云县公证处于2014年5月21日出具（2014）庆证经字第60号公证书，从该公证书所附的打印网页的内容看，滨奥飞机公司在生产经营过程中使用了滨奥飞机、滨奥公司字样。同日下午，山东省庆云县公证处根据原告代理人宋某某的申请，对位于沾化县公安局大高派出所沿205国道往北与长深高速交汇处的广告牌的宣传内容进行了证据保全。该公证处于2014年5月21日出具〔2014〕庆证经字第61号公证书，公证书载明，在公证员的监督下，宋某某对广告牌进行了拍照，形成照片8张。从照片的内容看，广告牌三面的内容一致，左侧有"滨奥飞机钻石品质"字样，还附有英文"Bin Ao Aircraft Diamond Quality"，广告牌的左侧下方注明"电话：××××地址：山东滨州大高航空工业园传真：××××网址：××××"，广告的右侧上方为图案和滨奥飞机，右侧下方为一小型飞机图案。

2014年3月24日，国家工商行政管理总局商标评审委员会作出商评字〔2014〕第042958号关于第8612127号"滨奥BINAO"商标异议复审裁定书，以一诺商标公司于2010年8月26日提出注册申请，指定使用在第12类陆、空、水或铁路用机动运载器、自行车等商品上的"滨奥BINAO"商标损害滨奥飞机公司的"滨奥"商号权为由裁定不予核准注册。

2014年6月4日，一诺商标公司以滨奥飞机公司在其生产的飞机、宣传网页、广告牌及参展宣传中使用"滨奥"字样侵害其商标专用权为由诉至法院。请求法院判令确认滨奥飞机公司的行为侵害一诺商标公司第6633858号注册商标专用权；滨奥飞机公司停止侵权，立即停止在其生产的飞机上使用"滨奥BINAO"字号，并销毁带有"滨奥"或"滨奥BINAO"字样的企业产品宣传资料、店面及户外广告牌，立即删除、封停名下网站所有侵害一诺商标公司第6633858号商标专用权的宣传网页；滨奥飞机公司在互联网及《齐鲁晚报》《滨州日报》上赔礼道歉、消除影响；滨奥飞机公司赔偿一诺商标公司50万元，承担一诺商标公司的律师代理费及调查取证等制止侵权的合理费用并承担诉讼费。一审法院判决驳回原告的诉讼请求。一诺商标公司不服，向山东省高级人民法院提起上诉。①

【案例评析】知识产权是以对于人的智力成果、商业标志等的独占排他的利用从而取得利益为内容的权利②。知识产权包括但不限于著作权、专利权、商标权。知识产权是民事权利之一，但有其独立性，表现为以下几个方面。

(1) 客体的无形性。智力成果是知识产权的主要客体，它既不同于有体财产（如汽车）又不同于无体财产（如电力)，也不属于权利的无形财产(如留置权)。它是脑力劳动的产物，是一种智力成果，除此之外还包括商业标记等。

(2) 权利主体对其客体以独占排他的方式使用，使其具有某些物权的特征。

(3) 知识产权所包含的权利，不仅有物质性权利（如专利许可使用权)，还有人身性权利（如署名权)。

《民法总则》第123条规定："民事主体依法享有知识产权。知识产权是权利人依法就下列客体享有的专有的权利：(一) 作品；(二) 发明、实用新型、外观设计；(三) 商标；(四) 地理标志；(五) 商业秘密；(六) 集成电路布图设计；(七) 植物新品种；(八) 法律规定的其他客体。"

本案所涉纠纷是知识产权的侵权纠纷，被诉侵权标识"滨奥""BINAO"分别为汉字和拼音大写形式，而涉案商标"滨奥BINAO"系汉字与拼音大写组合形式，故被控侵权标识与涉案商标并不相同。

一诺商标公司并未提供有效证据证明其实际使用过涉案注册商标，因此，涉案注册商标并没有经过使用在该商标与一诺商标公司之间建立特定的联系，滨奥飞机公司的行为在客观上不会使相关公众将其飞机商品误认为是一诺商标公司的商品。

"滨奥"是滨奥飞机公司的字号，"BINAO"是该字号的拼音，滨奥飞机公司成立于2005年11月，其企业名称及字号于2005年9月被预先核准，滨

---

① 山东省滨州市中级人民法院（2014）滨中民三知初字第39号民事判决书、山东省高级人民法院（2015）鲁民三终字第141号民事判决书。

② 王利明：《民法（第六版)》，中国人民大学出版社2015年版，第83页。

奥飞机公司取得企业名称权及字号权在先，且根据滨奥飞机公司原审中提供的证据，其在一诺商标公司获得涉案注册商标专用权之前就已经使用“滨奥飞机”指代滨奥飞机公司或该公司生产的飞机产品并持续至今，故滨奥飞机公司的被诉行为是对其企业字号的善意使用，其主观上不存在恶意攀附涉案商标商誉的意图。因此，滨奥飞机公司的行为未侵犯一诺商标公司的涉案注册商标专用权，亦不应承担侵权责任。

六、机场特许经营合同债权

【案例】机场公司诉花猫公司租赁合同纠纷案

【案情介绍】2011 年 12 月 31 日，原告机场集团与被告花猫公司签订了“昆明长水国际机场有偿转让经营权（特许经营）合同”，合同约定以下主要内容：原告将位于昆明长水国际机场 F1A041 的经营场所、附属设施设备及其他商业网点有偿提供给被告用于经营民族工艺品商业零售业务，使用期限为昆明长水机场正式运营之日起 7 年。被告在使用期间应支付给原告以下费用：(1) 特许经营权固定费，自昆明长水国际机场正式运营之日起计算，每季度 213 192 元，每季度第一个月 20 日前缴纳。(2) 营业收入提成，每季度结算一次，按实际营业总额的 6% 计收，被告应于每年 4 月 20 日、7 月 20 日、10 月 20 日分别向原告支付当年第一季度、第二季度、第三季度的营业收入提成，次年 1 月 10 日缴纳上一年第四季度的营业收入提成。(3) 水电气费及管线维护费，每月结算一次，被告在收到原告的缴费通知单后 15 日内缴纳。合同还约定了违约赔偿责任：被告应在规定的时限内及时向原告支付各种费用，如逾期不交，原告应按逾期未缴款的总额向被告收取滞纳金，滞纳金为日利率 5‰；逾期超过 3 个月，原告有权书面通知被告解除合同。合同签订后，原告依约向被告交付了经营场所、附属设施设备及商业网点资源，但被告至今尚未支付相关费用，经原告多次催缴均拒绝支付，故原告诉至法院。

【案例评析】所谓机场特许经营，是指机场将自己拥有的机场航空运输业务保障服务平台资源的所有权和处置权以“特许经营权”的方式物化，以许可证的形式准许符合标准的承运人（航空公司）和运营商使用，承运人和运营商使用机场资源按照一定的规则开展航空客、货运输业务及相关派生业务，并向机场支付相应的费用。

机场是机场特许经营权的所有者，是授权主体，是特许人；承运人和运营商是特许经营的受让人，是受许人。特许经营权的核心是机场资源的使用权。机场资源是指机场通过资本投资形式建设、经营形成的航空运输保障服务体系，主要包括机场的基础设施资源、信息服务资源、服务环境资源以及由以上资源派生出来的商业市场资源，这些资源是机场所特有的、其他方无法拥有和提供的专用资源。

本案原告机场集团与被告花猫公司签订的“昆明长水国际机场有偿转让经营权（特许经营）合同”是双方当事人的真实意思表示，没有违反法律法规的规定，该合同合法有效，对双方当事人均有法律约束力，原告、被告均应按照双方签订的合同履行权利义务。

本案被告花猫公司一直拖欠原告机场集团相关费用，经原告多次催缴均拒绝支付，被告的行为显属违约，自应承担违约责任。《合同法》第 107 条规定：“当事人一方不履行合同义务或者履行合同义务不符合约定的，应当承担继续履行、采取补救措施或者赔偿损失等违约责任。”

此外，由于被告没有履行合同义务，没有按时缴纳相关费用，致使原告无法实现合同目的，原告机场集团可以行使解约权。《合同法》第 94 条规定：“有下列情形之一的，当事人可以解除合同……（二）在履行期限届满之前，当事人一方明确表示或者以自己的行为表明不履行主要债务；（三）当事人一方迟延履行主要债务，经催告后在合理期限内仍未履行；（四）当事人一方迟延履行债务或者有其他违约行为致使不能实现合同目的……”《合同法》第 227 条规定：“承租人无正当理由未支付或者迟延支付租金的，出租人可以要求承租人在合理期限内支付。承租人逾期不支付的，出租人可以解除合同。”

依据原告诉请、事实和法律依据，法院判决解除原告与被告签订的“昆明长水国际机场有偿转让经营权（特许经营）合同”；被告向原告返还昆明长水国际机场 F1A041 的经营场所及其配套设施设备；被告向原告支付拖欠的固定费及其产生的滞纳金。[①]

---

① 昆明铁路运输法院（2014）昆铁民初字第 85 号民事判决书。

第二节 民事义务

民事义务，是指义务人为满足权利人的利益而为一定行为或不得为一定行为的必要性。其含义包括：一方面，义务人必须依据法律规定或合同约定为一定行为或不得为一定行为以满足权利人的利益，如债务人应履行债务，任何人都不得侵犯他人的财产权等；另一方面，义务人应自觉履行其义务，否则要依法承担民事责任，民事义务是民事责任的前提。

根据义务发生的根据，民事义务可分为法定义务与约定义务；根据义务的内容，民事义务可分为积极义务与消极义务；根据义务与义务主体的关系，民事义务可分为专属义务与非专属义务。

在合同法中，根据义务产生的基础及在合同关系中的地位，可以将合同法上的义务分为主给付义务、从给付义务、附随义务及不真正义务四类，它们共同构成了合同法上的义务群。其中主给付义务，是指合同关系所固有、必备的，直接影响到合同当事人订立合同目的的义务，如买卖合同中买受人交付价款的义务、出卖人交付标的物的义务都是买卖合同中的主给付义务；附随义务，是指当事人依据诚实信用原则所产生的，根据合同性质、目的和交易习惯所应当承担的通知、协助、保密等义务；不真正义务，亦称间接义务，是指在合同关系中权利人对自己利益的维护照顾义务。不真正义务的理论根据是诚实信用原则，典型的不真正义务是非违约方的减损义务，如《合同法》第119条第1款规定："当事人一方违约后，对方应当采取适当措施防止损失的扩大；没有采取适当措施致使损失扩大的，不得就扩大的损失要求赔偿。"《合同法》规定的买受人的受领义务、检验义务均属于不真正义务。

一、机场经营者的安全保障义务

【案例】周某某等与重庆机场公司的损害赔偿纠纷

【案情介绍】原告周某某、秦某某、王某某、周某甲的亲属周某乙系山东华恒矿业有限公司员工。2012年10月21日21时许，周某甲与同事刘某某、李某某、牛某某、尹某某等人从龙头寺火车站乘出租车到达被告重庆机场集团有限公司经营的重庆江北机场，准备乘坐当日23时55分飞往济南的MU5472航班回山东老家。到达机场后，周某甲因先前与同伴发生争执，不愿下出租车，刘某某和李某某将其扶下车。下车后，周某甲趴在机场出发厅4号门外栏杆处，并抱住刘某某的腿不走。机场民警向周某甲了解情况，周某甲不愿与民警沟通，刘某某便留下来陪周某甲到候机楼休息，等待次日单位派人来接周某甲回去，其余三人正常乘机离开重庆。次日，周某甲在刘某某离开后，于9时25分许，从T2A航站楼4楼旅客休息区的座位起身后翻越栏杆跳下，摔倒在3楼靠2B值机岛东侧地面上，头部及全身多处受伤。机场保安发现后，即赶到周某甲落地处维护现场，并通知相关人员。被告方医务人员在当天9时31分许赶到现场，对周某甲进行急救，并将其送往渝北区人民医院进行抢救。2012年11月8日，周某甲死亡。经鉴定，周某甲系高坠致严重颅脑损伤死亡。周某甲在渝北区人民医院救治期间，产生医疗费124 098.2元。周某甲所在单位在其死亡后结清了该医疗费。

原告周某某、秦某某系周某甲父母；原告王某某系周某甲妻子，原告周某乙系周某甲儿子。2013年2月3日，周某甲所在单位山东华恒矿业有限公司在新泰市汶南镇人民调解委员会的调解下，与几名原告达成协议。主要内容包括：山东华恒矿业有限公司考虑到周某甲家庭的实际情况，给予原告死亡补助金、一次性困难补助金45万元，此款在双方签字后由山东华恒矿业有限公司交新泰市汶南镇人民调解委员会，在原告方处理完周某甲丧葬事宜后2日内转交原告；山东华恒矿业有限公司每月支付周某乙遗属抚恤金410元，直到失去供养条件为止，如遇调整，按调整后的标准执行；周某甲在医院抢救期间的住院费、停尸费、火化费等由山东华恒矿业有限公司承担；原告主张重庆机场、重庆公安、渝北区人民医院对周某甲的死亡负有责任，对此责任的追偿权在山东华恒矿业有限公司履行以上付款义务后，原告将追偿权转给山东华恒矿业有限公司，山东华恒矿业有限公司是否追偿与原告无关。山东华恒矿业有限公司已将协议约定的款项付给新泰市汶南镇人民调解委员会，原告方尚未领取该款。2014年1月27日，周某某、秦某某、王某某、周某乙诉至法院，请求判令被告重庆机场集团有限公司赔偿原告丧葬费、死亡赔偿金、交通费、住宿费、被扶养人生活费共计729 211元。一审法院审理认为，周某甲系跳楼自杀身亡，不是因外界因素或者第三人的行为造成，并非因被告违反安全保障义务而导致，故判决驳回原告诉讼请求。原告不服提起上诉，二审判决维持原判。①

【案例评析】《侵权责任法》第37条规定："宾馆、商场、银行、车站、娱乐场所等公共场所的管理人或者群众性活动的组织者，未尽到安全保障义务，造成他人损害的，应当承担侵权责任。"

重庆机场集团有限公司是重庆机场的经营者和管理者，负有安全保障义务，但该安全保障义务通常为对进入重庆机场经营区域内的旅客等相关人员，被告负有采取适当措施避免该经营场所内的设施、设备等外界因素因存在安全隐患而造成其人身或者财产损害的义务，以及防范第三人实施侵权行为而造成旅客等相关人员人身或者财产损害的义务。周某甲的死亡与重庆机场集团有限公司的安全保障义务没有任何关系。

首先，周某甲及其同事购买机票，但未按时登机，是因其自行不实施登机行为，并非重庆机场集团有限公司强行不准其登机。根据重庆市公安局物证鉴定中心法医学尸体检验鉴定书，周某甲的死亡系其自行翻越机场候机栏杆坠地所致，无外力作用。其次，无证据证明周某甲失足坠地是因机场安装的栏杆不符合安全规范导致，周某甲的跳楼行为导致死亡，与栏杆高度无直接因果关系，故周某甲死亡无法归责于机场未尽安全保障义务。再次，机场作为人流众多的公共场所，被告不可能事先预见到哪位旅客会跳楼自杀，且该自杀行为瞬间完成，猝不及防。在其跳楼摔伤后，机场采取了合理措施，其医务人员及时赶赴现场对其急救，并及时将其送往医院进一步救治，并未违反安全保障义务。最后，周某甲作为成年人，可以决定和判断自己的行为及行为后果。机场作为公共场所的经营者，没有义务且不能采取限制人身自由的方式照看每一位乘客，其无法预见并采取有效措施制止旅客跳楼，故机场对周某甲的死亡不应承担民事赔偿责任。

二、通航飞机经营人作业的注意义务

【案例】通航飞机作业喷洒农药致邻人柞蚕死亡

【案情介绍】李某某于2010年在五大连池市二龙山蚕种场承包蚕林，约定面积为80亩。在经营过程中，于2010年8月2日发现其饲养的柞蚕发生

① 重庆市渝北区人民法院（2014）渝北法民初字第04426号民事判决书、重庆市第一中级人民法院（2014）渝一中法民终字第05611号民事判决书。

大面积死亡，并发现当天与二龙山蚕种场相邻的二龙山农场雇用齐齐哈尔鹤翔公司的飞机在其大豆田喷洒农药，认为柞蚕死亡是农药飘移后药害所致。故起诉到法院申请对柞树叶药物残留鉴定，法院接到申请后，于当天委托五大连池市技术监督局到二龙山蚕种场进行采样，并通知二龙山农场到场，但二龙山农场认为药害与其无关，拒绝到场及参与鉴定机构的选取。经黑龙江省高级人民法院委托，由黑龙江省质量监督检测研究院和辽宁省农业科学院开放实验室做农药残留检验，黑龙江省质量监督检测研究院由于其检测标样种类和设备精度有限，未检出农药残留。经辽宁省农业科学院开放实验室检验，结果为柞树叶内含有氯氟氰菊酯，含量为0.32mg/kg和0.063mg/kg。经沈阳农业大学生物科学技术学院牵头组成专家鉴定组于2010年8月16日对二龙山蚕种场发生的柞蚕大面积死亡进行现场勘查、鉴定，结论为：（1）五大连池二龙山蚕种场发生的柞蚕大面积死亡原因为农药中毒所致；（2）300公顷柞蚕场柞蚕的平均死亡率为90.05%。经东北农业大学司法鉴定中心鉴定得出鉴定意见为：（1）柞蚕死于氰菊酯中毒；（2）根据五大连池市人民法院提供的书证，每亩柞蚕2010年的产值约为1212.00元（50.5公斤×12.00元/斤=1212.00元）。另查明，蚕农将蚁蚕放养到山上后，蚕场必须有固定人员在山上看护、管理，不得离开。柞蚕受害是8月2日，至9月2日左右采摘，需要管理30天，3公顷蚕林管理30天需要30个工人，每个工人80.00元，采摘1公顷蚕林面积需要8个工人，每个工人80.00元。经原审实地测量李某某蚕林的面积为80亩，因蚕林受害损失为75 792.48元［（80亩×1212.00元×90.05%）－需要管理费80亩×80.00元－需要采摘费3.9垧×8天×80.00元］。

一审法院审理后，判决被告黑龙江省二龙山农场赔偿原告李某某80亩蚕林受药害损失75 792.48元；驳回原告李某某要求被告齐齐哈尔鹤翔通用航空有限责任公司赔偿损失的诉讼请求。一审判决后，二龙山农场提出上诉。二审判决驳回上诉，维持原判。二龙山农场不服终审判决，以“本案司法鉴定程序违法，鉴定结论无效；原审法院适用法律错误；原审法院认定事实的证据不能形成完整的证据链条，二龙山农场不应承担任何损害赔偿责任”等为由向黑龙江省高级人民法院申请再审，黑龙江省高级人民法院裁定指令中院再审。中院再审认为，原审判决认定事实部分不清，适用法律不当。经审判委员会讨论决定，依法裁定撤销本院（2013）黑中民终字第328号民事判决和五大连池市人民法院（2012）五民重字第39号民事判决；本案发回五大连池市人民法院重审。五大连池市人民法院重审判决被告黑龙江省二龙山农场按原告李某某80亩蚕林受害损失的50%即37 896.24元进行赔偿；再审判决后，李某某不服，提起上诉，中级人民法院判决驳回上诉，维持原判。李某某不服黑河市中级人民法院（2016）黑11民终450号民事判决，申请再审。黑龙江省高级人民法院经审查认为，李某某申请再审的民事判决，是再审程序启动后的第二审判决。该判决属于《最高人民法院关于适用〈中华人民共和国民事诉讼法〉的解释》第383条第1款第2项规定的再审判决，依照上述司法解释第402条第6项的规定，裁定终结本案审查。[①]

【案例评析】本案纠纷实质是原告与被告二龙山农场之间的相邻关系纠纷和违反通航作业注意义务所致损害赔偿责任问题。

1. 相邻关系的处理原则

相邻关系是指土地、土地上的自然物或建筑物的相邻所有人在使用或经营这些相邻的不动产时相互发生的权利义务关系。在相邻关系中，一方在使用或经营自己的不动产时，负有不得妨碍对方合理行使权利的义务，同时也有权要求对方不妨碍和侵犯自己权利的合理行使。

相邻各方在行使所有权或使用权时，要互相协作，兼顾相邻人的利益。以邻为壑、损人利己、妨害社会公共利益的行为是与相邻关系所应遵循的原则相悖的。对此，民事立法明确了具体处理相邻纠纷的原则，以如下几条规定为例。

《民法通则》第83条规定："不动产的相邻各方，应当按照有利生产、方便生活、团结互助、公平合理的精神，正确处理截水、排水、通行、通风、采光等方面的相邻关系，给相邻方造成妨碍或者损失的，应当停止侵害，排除妨碍，赔偿损失。"

---

① 黑龙江省五大连池市人民法院（2010）五民初字第868号民事判决书、黑龙江省黑河市中级人民法院（2012）黑中民终字第59号民事裁定书、五大连池市人民法院（2012）五民重字第39号民事判决书、黑龙江省黑河市中级人民法院（2013）黑中民终字第328号民事判决书、黑龙江省高级人民法院（2014）黑高民申二字第241号民事裁定书、黑河市中级人民法院（2015）黑中民再字第6号民事裁定书［撤销黑河市中级人民法院（2013）黑中民终字第328号民事判决及五大连池市人民法院（2012）五民重字第39号民事判决］、五大连池市人民法院（2015）五民重字第14号民事判决书、黑龙江省黑河市中级人民法院（2016）黑11民终450号民事判决书、黑龙江省高级人民法院（2017）黑民申683号民事裁定书。

《物权法》第84条规定："不动产的相邻权利人应当按照有利生产、方便生活、团结互助、公平合理的原则，正确处理相邻关系。"第92条规定："不动产权利人因用水、排水、通行、铺设管线等利用相邻不动产的，应当尽量避免对相邻的不动产权利人造成损害；造成损害的，应当给予赔偿。"

为了避免与《物权法》条款的重复，《民法总则》第176条规定："民事主体依照法律规定和当事人约定，履行民事义务，承担民事责任。"此处的法律自然包括《物权法》上述规定。

2. 航化作业者的安全注意义务

当前，很多农场都利用飞机航化作业，即利用通用飞机进行农药和叶面肥料喷洒的植物保护性作业。为确保飞机航化作业安全，应事先将作业区域向邻人告知，并注意确保人畜安全，尤其是要对养殖户注意防避，以免造成不必要的损失。从事航化作业对周围环境有高度危险，造成他人损害的，应当承担民事责任。

二龙山农场雇用被告齐齐哈尔鹤翔公司的飞机在二龙山农场大豆田喷洒农药的行为属于高空并使用剧毒物的高度危险作业行为，因此，二龙山农场应对受雇人齐齐哈尔鹤翔公司的飞机作业风险损害承担雇主责任。

根据《侵权责任法》规定，高度危险作业的侵权责任适用无过错责任原则。二龙山农场不能举证证明李某某所受损害是受害人故意造成的，以及其在大豆田喷洒农药的行为与原告损害之间不存在因果关系。相反，从法院审理过程中专家鉴定组和司法鉴定中心真实的鉴定意见来看，原告的蚕场柞树叶中含有的氯氟氰菊酯农药确与二龙山农场作业区的大豆叶检验出的农药相同。因此，无论齐齐哈尔鹤翔公司的飞机在喷洒农药时是否有违规操作之处，二龙山农场都应对李某某所受损害予以赔偿。

本案作为一起农作物喷洒农药产生飘移致周边所放养的柞蚕遭受药害死亡的纠纷，处理难点不在于是否应该赔偿，而在于具体赔偿数额。此案审理历经多番波折，法院为何从第一份判决的全部损失全额赔偿转变为终审判决的按全部损失的50%赔偿？原因主要在于本案在鉴定中存在瑕疵，即在鉴定取样过程中只对部分受药害喂养柞蚕的柞树叶进行取样，故无法客观反映出全部柞蚕的受药害情况。尽管原告提供证据不充分，但用于鉴定的材料已消失，无法恢复当时状态，也无法再进行其他鉴定。故法院综合全案参照鉴定结论作出损失由双方各承担一半的判决是适当的。

三、航空承运人销售特价机票禁止退改签的告知义务

【案例】史某某诉南方航空公司机票买卖合同纠纷案

【案情介绍】2012 年 11 月 23 日，史某某登录南方航空公司的网站为张某某订购了 2012 年 12 月 27 日从北京飞往南宁的 CZ3286 航班“快乐飞”机票一张，其中机票款 590 元、机场税 50 元、燃油附加费 140 元、商旅费 20 元，总价 800 元。史某某通过网上付款完毕后，发现自己将机票时间订错（原计划订 11 月 27 日机票），立即致电南方航空公司客服电话 95539 要求更改机票时间，但是被告知该机票是特价机票，不能更改。此后史某某通过向南方航空公司客服中心发送电子邮件的方式要求退还票款，但未能得到解决。为此，史某某提起诉讼，认为南方航空公司以自行设定的霸王条款侵占其合法财产，请求南方航空公司退还机票款、机场建设费、燃油附加费共计 800 元。

一审法院审理后判决驳回史某某的全部诉讼请求。史某某不服一审判决，以“南方航空公司自行设定格式霸王条款，原审法院认定事实不清，甄别证据不当，适用法律不当”为由上诉，二审法院审理后维持原判。[①]

【案例评析】经查，“快乐飞”机票是南方航空公司推出的折扣较低的一种机票，根据南方航空公司的相关规定，该种机票一经售出即不得变更、不得退票、不得签转。史某某经常乘坐飞机出行，持有南方航空公司发出的会员卡，此前亦曾购买“快乐飞”机票。史某某要求退票的这张机票款大约为原价的 4 折。

依法成立的合同对当事人具有法律约束力。涉案航空旅客运输合同的“不得变更、退票、签转”条款是有效的格式合同条款。南方航空公司作为提供格式条款的一方，对格式条款中免除或者限制其责任的内容，在合同订立时采用了足以引起对方注意的文字、符号、字体等特别标识，并已经采取合理方式进行了提醒和告知，按照对方的要求对该格式条款予以说明。

法院审理中已经查明“快乐飞”机票的网上购票环节，即进入南方航空公司网站后，搜索出发城市至到达城市某日的航程，进入到该日两地之间所

---

① 北京市朝阳区人民法院（2013）朝民初字第 11038 号民事判决书、北京市第二中级人民法院（2013）二中民终字第 10581 号民事判决书。

有航班页面，页面显示有多种架次航班及不同名称的机票种类及价格，其中“快乐飞”在所有种类的最后一栏。“快乐飞”下方显示有机票价格，点击该价格即弹出对话框，显示该票种为X舱，并显示“不得变更、退票、签转”的提示信息，下方同时显示该次航班的详细信息，包括航班日期、起飞地、到达地、起飞时间、到达时间、机型等，在上述信息右侧显示“使用条件：成人退票费，航班规定时间离站前，不允许；航班规定时间离站后，不允许；变更费（每次），航班规定时间离站前，不允许；航班规定时间离站后，不允许；不得签转”的提示信息。勾选该机票后，“不得变更、退票、签转”的提示信息再次高亮显示。预订该机票并填写旅客信息和联系人信息后，页面下方显示《旅客购票须知》《锂电池运输规定》和《客票行李规定》三个文件，其中《旅客购票须知》中规定：旅客自愿退票，持有电子客票的旅客应在客票有效期内且客票未被使用的情况下，按南方航空有关规定办理。《购票须知》中《国内运输散客公布票价使用条件总则》规定：X/N/R/B/O舱的客票的退票为不得退票或按具体文件使用条件办理。勾选上述文件下方的“已阅读并理解”然后点击“阅读以下协议，提交订单”按钮，才能进入购票程序，订票成功后，航班信息下方再次显示“使用条件：不得变更、退票、签转”。

在航空运输实践中，航空公司在特定航线、特定时间推出一定量的特价机票是一种营销策略，能够确保航线达到一定客座率。为降低交易成本和维持票务交易秩序，事先确定特价机票“不得变更、退票、签转”的合同条款，是以航空公司付出机会成本和票价低廉为合同的对价的。因此，涉案“快乐飞”的特价机票被限制变更、退票和签转，并不违反民法中关公平原则和等价有偿原则。

本案纠纷的关键之处在于南方航空公司对自己设置的“快乐飞”机票不得退、改、签的条款是否对购票人进行了适当合理的告知。根据《合同法》规定，关于免除自己退票义务和限制购票人权利的格式条款，南方航空公司在旅客购票时应采取足以引起对方注意的文字、符号、字体等特别标识对旅客进行提醒和告知，这是认定该格式条款是否有效的重要依据。

从南方航空公司网站机票销售预先设定的固定程序看，该格式条款在南方航空公司预先设定的购票程序中以不同形式多次出现，内容明确具体，足以引起一般购票人的注意，也足以使人有理由相信该格式条款在购票时已为史某某知悉。史某某作为完全民事行为能力人，明知“快乐飞”机票的使用条件为不得变更、不得退票、不允许自愿签转，仍进行订票，应当视为其对该合同条款的接受，该条款对史某某有法律约束力。史某某应对自己订票时存在的疏忽和不够谨慎的行为负责。同时，南方航空公司按照该机票的使用条件，已退还其机票款之外的机场建设费、燃油附加费和商旅费，双方的权利义务并未显失公平，故对于史某某的诉讼请求，法院不予支持是正确的。

四、代码共享公共航空运输企业的告知义务

在航空实际运营中，为提高运营效率和品质，降低生产和销售成本，产生了公共航空运输企业与其控股的公共航空运输企业之间共用二三字代码[①]的需要。共用二三字代码，是指控股企业之间签订协议，由控股企业进行销售并使用控股企业的运输凭证、运输总条件和企业标志等，再由被绝对控股的企业执飞。

在代码共享原则下，航空公司销售的机票使用自己公司的航班号，但却由另一家航空公司承运，这导致消费者在接受航空运输服务时，难以得知真实情况。当乘客购买机票时，他们有权利知道自己乘坐的航班由哪家航空公司运营。因此，为了维护消费者的知情权和选择权，一方面要求公共航空运输企业与其绝对控股的公共航空运输企业签署商务合作协议并报民航局备案，便于民航局和民航地区管理局的行业监管，未履行法定手续，公共航空运输企业之间不得共用服务标志；另一方面，共用代码的公共航空运输企业应履行告知义务，保障消费者的合法权益。[②]

美国运输部也规定，如果航班是代码共享，在消费者预订该航班前，航空公司和机票代理商须将这一情况向消费者披露，即航空公司及代理商必须告知消费者代码共享航班的实际承运人。消费者网上购买机票搜索航班时，网站必须保证消费者能够在第一级页面很容易地看到代码共享航班的信息。根据美国运输部的调查，一些机票销售代理商违反代码共享航班信息公布规则，这些由支线航空公司代表大型航空公司运营的网站上，代码共享的航班没有标明实际承运人。

---

① 二字代码是指 IATA 航空公司二字代码；三字代码是指 IATA 三字结算码。

② 中国民用航空局关于《关于修改〈定期国际航空运输管理规定〉〈中国民用航空国内航线经营许可规定〉和〈公共航空运输企业经营许可规定〉的决定》的说明。

美国运输部曾对机票销售代理商进行处罚，例如，2011 年 5 月 6 日，五家在线机票销售代理商因没有告知消费者所购机票是代码共享航班而受到美国运输部的处罚，即美国运输部对 Fareportal 公司处以 5000 美元的民事处罚，American Travel Solutions 公司被处罚款 45 000 美元，Air Gorilla 公司被处罚款 30 000 美元，Wholesale Travel Center 公司被处罚款 30 000 美元，Automobile Club 公司被处罚款 20 000 美元。此前，美国运输部曾对 Flythere4less 公司和 Airtrade International 公司分别被罚 40 000 美元和 50 000 美元的罚金，以确保代理商能遵守美国运输部的代码共享航班信息公布规则。[①]

我国于 2014 年修改的《公共航空运输企业经营许可规定》也进一步明确公共航空运输企业共用二三字代码未履行告知义务，或者未履行法定手续使用其他企业的服务标志的，限期改正，并可以根据情节单处或者并处警告、没收违法所得、处以违法所得一倍以上十倍以下的罚款，没有违法所得的，处以 50 万元以下的罚款；情节严重的，责令停业整顿、吊销经营许可证。

五、航空公司收取行李托运费开具发票的义务

【案例】郝某某诉中国联合航空有限公司航空旅客运输合同纠纷案

【案情介绍】2015 年 6 月 18 日，郝某某乘坐中国联合航空有限公司（以下简称联合航空公司）的 × 次航班自北京市南苑机场飞往包头。庭审中，郝某某称其在机场登机领牌柜台为其一个行李箱办理行李托运，在柜台处交纳托运费 60 元，但联合航空公司未向其出具相应发票，经长时间交涉未果后，因登机时间已到便按时登机。为证明其主张，郝某某提供航空运输电子客票行程单及行李箱照片予以佐证。联合航空公司认可与郝某某之间存在航空旅客运输合同关系，但主张因郝某某未提供证据证明其曾在登机前办理行李托运的相关证据，故在法庭举证质证阶段对郝某某曾办理行李托运一事予以否认，并称当时现场的录像资料已过一个月的保存期限，已无法提供。

法院经审理认为，郝某某乘坐联合航空公司航班，并于登机前办理行李

---

① Jim Douglas：DOT Fines Ticket Agents for Violations of Code Share Disclosure Rules，http：//avstop. com/news_ may_ 2011/dot_ fines_ ticket_ agents_ for_ violations_ of_ code_ share_ disclosure_ rules. htm，2018 年 1 月 5 日访问。

托运手续交纳托运费，联合航空公司于答辩意见中对此予以认可，对此项事实，郝某某无须提供证据加以证明。故对郝某某主张的联合航空公司为其托运行李并收取60元行李托运费情形予以认定。在此基础上，联合航空公司应向郝某某出具相应发票。判决中国联合航空有限公司向郝某某开具金额为60元的行李托运费发票。[①]

【案例评析】2004年颁布的《民用航空运输凭证印制管理规定》[②] 第3条规定："运输凭证是指从事民用航空运输活动相关的凭据，包括客票及行李票、航空货运单、逾重行李票、航空邮运结算单以及退票、误机、变更收费单和旅费证等用于航空运输的纸质凭证。"

《财政部、国家税务总局关于将铁路运输和邮政业纳入营业税改征增值税试点的通知》（财税〔2013〕106号）附件一所附应税服务范围注释第1条规定："交通运输业，是指使用运输工具将货物或者旅客送达目的地，使其空间位置得到转移的业务活动。包括陆路运输服务、水路运输服务、航空运输服务和管道运输服务。"其中，航空运输服务，是指通过空中航线运送货物或者旅客的运输业务活动。

《国家税务总局关于在全国开展营业税改征增值税试点有关征收管理问题的公告》（国家税务总局公告2013年第39号）第1条（关于纳税人发票使用问题）规定："（一）自本地区营改增试点实施之日起，增值税一般纳税人提供货物运输服务的，使用货物运输业增值税专用发票和普通发票；提供货物运输服务之外其他增值税应税项目的，统一使用增值税专用发票和增值税普通发票……（二）提供港口码头服务、货运客运场站服务、装卸搬运服务、旅客运输服务的一般纳税人，可以选择使用定额普通发票。……"第4条（关于货运专票开具问题）规定："（一）一般纳税人提供应税货物运输服务，使用货运专票；提供其他增值税应税项目、免税项目或非增值税应税项目的，不得使用货运专票。……"

《国家税务总局关于启用货物运输业增值税专用发票的公告》（国家税务总局公告2011年第74号）第1条规定："货物运输业增值税专用发票，是增值税一般纳税人提供货物运输服务（暂不包括铁路运输服务）开具的专用发

---

① 北京市丰台区人民法院（2015）丰民初字第16859号民事判决书。

② 根据交通运输部令2016年第50号决定，《民用航空运输凭证印制管理规定》自2016年5月22日起废止。

票，其法律效力、基本用途、基本使用规定及安全管理要求等与现有增值税专用发票一致。”

《中华人民共和国发票管理办法》第21条规定：“不符合规定的发票，不得作为财务报销凭证，任何单位和个人有权拒收。”

根据上述规定，航空运输服务属于营改增应税服务范围，应开具增值税发票，其中，一般纳税人提供货物运输服务的，使用货物运输业增值税专用发票和普通发票。不符合规定的发票，不得作为财务报销凭证。

但是，在航空旅客运输实践中，航空旅客托运行李的，航空公司通常会发给“行李牌”或“行李识别标签”，但是，“行李牌”或“行李识别标签”应仅是识别行李的标志和旅客领取托运行李的凭证，目前没有相关规定明确“行李牌”或“行李识别标签”如同“电子客票行程单”一样，可以作为财务报销凭证。

六、直升机转让协议的附随义务

【案例】浙江安昌通用航空有限公司与山东齐翔通用航空股份有限公司买卖合同纠纷案

【案情介绍】2015年5月8日，原告浙江安昌通用航空有限公司向被告山东齐翔通用航空股份有限公司购买B－7502号直升机一架，并签订“直升机转让协议”，后原告按约支付了全部转让款，被告向原告交付了直升机。2016年7月12日，被告向原告出具一份应付原告款项字据，约定被告应向原告出具B－7502号增值税发票；B－7502号作业的农林补贴为200小时×1400元/小时，共计280 000元，由原、被告各享有一半；总距、应答天线未交付于原告；B－7502号飞机因被告使用损坏一块玻璃维修费用还差15 000元。

后因被告未履行约定义务，原告于2016年10月17日向法院起诉，在诉讼过程中，原、被告自行达成一份协议后向法院申请撤诉，协议约定：(1) 乙方（即被告山东齐翔通用航空股份有限公司）承诺在2017年1月20日前开具给甲方（即原告浙江安昌通用航空有限公司）购买B－7502号飞机的增值税专用购机发票（280万元人民币）。(2) 乙方承诺在2017年1月20日前交付当时未交付给甲方的飞机总距1个和应答天线1个。(3) 乙方在3个月内付于甲方应有的B-7502号飞机的飞行补贴款人民币7万元和玻璃维修费用1.5万元共计8.5万元人民币。嗣后，因被告方至今仍未履行协议约定的义务，原告再次诉至法院。

法院审理认为，原、被告之间达成的协议系双方真实意思表示，内容不违反法律法规强制性规定，合法有效。依法成立的合同对双方当事人有约束力，当事人应当按约定的期限及时履行自己的义务，未按约定的期限及时履行的，应承担违约责任，按照中国人民银行同期同类贷款利率支付逾期利息损失。故对原告的诉讼请求予以支持。①

【案例评析】本案争议是直升机买卖合同纠纷，被告作为直升机的卖方，主给付义务是交付直升机，此外还应履行附随义务。

附随义务，是指当事人依据诚实信用原则所产生的，根据合同性质、目的和交易习惯所应当承担的通知、协助、保密等义务。《合同法》第42条、第60条、第92条规定的内容均是对附随义务的规定。

附随义务作为民事义务之一，有其自身特点：附随义务是法定义务，依据诚实信用原则产生。如果双方明确将保密义务等约定在合同内容中，则不属于附随义务，而转化为其他合同义务；当事人不能在合同中通过约定排除附随义务的适用；当事人违反附随义务时，非违约方不得要求实际履行，只能要求赔偿损失。这是其与主给付义务及从给付义务的最大区别；不得基于附随义务的违反而解除合同，除非这种违反已经符合《合同法》第94条第4项规定的“致使不能实现合同目的”时，方得行使解除权。

本案中，被告在收到原告交付的直升机转让款后，为原告开具购买B-7502号直升机的增值税专用发票，是其应履行的附随义务。而后根据2016年7月12日和2016年10月17日签订的协议，应履行开具增值税专用发票、交付B-7502号直升机总距和应答天线各一个的义务；支付原告补助款人民币70 000元及玻璃维修费用15 000元，则变成了新协议的主给付义务。由于被告没有及时履行合同义务，依法应继续履行给付义务并赔偿利息损失（按中国人民银行同期同类贷款利率计付至实际履行之日止）。

---

① 浙江省义乌市人民法院（2017）浙0782民初10974号民事判决书。

第三节 民事责任

民事责任是民事主体违反民事法律义务应当承担的不利法律后果。这种不利法律后果既包括原应履行的义务继续履行，也包括一个新的法律义务，如赔偿损失、恢复原状、消除影响、恢复名誉、赔礼道歉等。民事责任古已有之，在古罗马时期就有相关规定，但没有区分民事义务和民事责任。直到近代，法国、德国、日本等国民法才加以区分。我国继受大陆法系以及苏联的民法思想，对民事义务和民事责任严格区分。《民法通则》在规定了民事权利之后，设专章规定了民事责任。《民法总则》在吸收借鉴《侵权责任法》《合同法》成功立法的基础上，总结了30多年审判实践经验，采取提取公因式的方法，对民事责任进行提纲挈领式的概括，使之广泛适用于民商事各个领域，并将规范、引领民法典分则中各分篇以及其他民商事法律的制定。

1986年制定的《民法通则》设专章规定了民事责任，下设一般规定、违反合同的民事责任、侵权的民事责任、承担民事责任的方式四节，条文达29条之多。《民法总则》则将条文缩减到12个，减少了17条，内容也不再分节。《民法总则》制定时考虑到违反合同和侵权的民事责任条文已在《合同法》和《侵权责任法》中有明确具体的规定，没必要在总则部分规定，因此删掉过错原则和无过错原则等《侵权责任法》特有的原则，增加按份责任和连带责任等具有广泛适用性的规定、见义勇为和紧急救助以及侵害英烈人格利益的民事责任、民事责任优先规定，从而使民事责任既具有高度概括性，又形成了完整的框架体系。

《民法总则》充实了民事责任的内容。第179条规定："承担民事责任的方式主要有：（一）停止侵害；（二）排除妨碍；（三）消除危险；（四）返还财产；（五）恢复原状；（六）修理、重作、更换；（七）继续履行；（八）赔偿损失；（九）支付违约金；（十）消除影响、恢复名誉；（十一）赔礼道歉。法律规定惩罚性赔偿的，依照其规定。本条规定的承担民事责任和方式，可以单独适用，也可以合并适用。"本条新增加"继续履行"责任方式和惩罚性赔偿规定，这既是顺应时代发展的要求，也是民事法律进步的趋势所决定的。

一、航空运动损害赔偿的公平责任

公平责任是指在当事人双方对造成损害均无过错的情况下，由人民法院根据公平的观念，在考虑当事人的财产状况及其他情况的基础上，责令加害人对受害人的财产损失给予适当补偿。公平责任原则是在损害事实已经发生的情况下，以公平考虑作为价值判断的标准，根据实际情况和可能，由双方当事人公平地分担损失的归责原则。

公平责任原则作为一种责任分配原则，其责任分配的依据既不是行为，也不是特定事故原因，而是一种抽象的价值理念——公平。一般而言，在法律规范的结构中，价值理念不具有直接的可操作性，把一种价值理念作为调整具体社会关系的操作工具，是一种特殊的法律现象。公平责任原则有较大的弹性，其实质是赋予法官较大的自由裁量权，要求法官依据内心的公平、正义的道德观念，合理确定当事人是否应当分担损失以及如何分担损失。

根据《民法通则》第132条的规定，公平责任原则的适用应考虑“实际情况”。此处所称“实际情况”，主要包括以下两个因素：损害的发生及损害的程度是适用公平责任原则的客观前提；当事人的经济状况是适用公平责任原则所要考虑的基本因素，此为公平责任原则的性质和目的所决定。

公平责任原则的适用应当具备三个条件：（1）当事人双方都没有过错，这是适用公平责任原则的基本条件。（2）有较严重的损害发生。（3）不由双方当事人分担损失会有违公平的民法理念。

公平责任原则在侵权行为归责原则体系中的地位一直存在很大争议。公平责任原则的局限性是无法完全克服的，其前景正如有的学者所言：“从中国公平责任原则的本质和功能看，它承担的是保险和社会保障制度的任务。随着中国经济的发展，保险业和社会保障制度将不断完善，公平责任的适用范围也将日趋缩小，最终可能会失去作为民事责任的一项独立归责原则的地位，而只体现为一种民事赔偿标准，这是一种自然的回归。”①

---

① 翟羽艳、吕秀军：“公平责任三论”，载《求是学刊》2000年第2期，第69~72页。

【案例】郑某某等诉绵竹市九龙山滑翔运动有限责任公司娱乐合同纠纷案

【案情介绍】田某某系原告郑某某之夫、原告田某甲之父、原告田某乙和詹某某之子。被告绵竹市九龙山滑翔运动有限责任公司于2012年11月21日，经德阳市绵竹市工商行政管理局登记成立，从事滑翔运动项目。2013年10月6日下午4时30分至4时50分左右，田某某到被告经营的滑翔伞基地使用被告公司的滑翔伞进行滑翔伞飞行。因田某某是德阳市三夫企业管理有限公司下属滑草场的职工，也是股东，被告公司利用滑草场的场地进行降落，滑草场未收取费用。事发当天，田某某进行滑翔伞飞行，被告公司未收取任何费用。几次飞行后，田某某自由组合带一名儿童一同滑翔。在滑翔过程中，田某某意外从空中坠落，被告公司立即组织人员进行搜救，晚上10时40分左右在丛林中找到田某某并送往绵竹市人民医院抢救，田某某于2013年10月7日0时58分因抢救无效去世。事故发生后，被告公司支付给田某某之妻3000元抢救费用。另查明，田某某于2013年9月22日取得中国航空运动协会颁发的航空运动飞行驾驶员执照，该执照载明本执照长期有效，运动等级代码PG－BFI，检查日期2013年9月22日，备注A级。原告田某乙和詹某某夫妻共生育田某某等五子女。

原告认为，被告作为滑翔伞运动经营单位，在田某某驾驶其滑翔伞设备进行滑翔伞飞行时，双方形成了娱乐服务合同关系，但被告未能尽到安全保障义务，对田某某意外身亡应当承担法律责任。故原告起诉到法院，请求判令：（1）被告向原告支付田某某意外身亡人身损害赔偿金共计30万元；（2）本案诉讼费由被告承担。

【案例评析】

1. 服务合同成立并有效

田某某使用被告提供的滑翔伞和场地进行数次飞行，其与被告建立了娱乐服务合同关系，合同主体之间是否收费，并不影响双方民事法律关系的建立。

2. 原告的行为应属于航空体育运动中的自甘冒险行为

所谓“自甘冒险”，是指被害人明知某具体危险状态的存在仍自愿承担风险之情形。被害人对于风险的自愿承担可以以明示方式作出，如以合同的形式明确约定自愿接受风险，或由其行为推断出已经默示自愿承担风险。体育运动已经成为人们健身、娱乐、交流的一种手段。滑翔伞飞行运动是一类高风险刺激性的活动项目，其中的风险不言而喻。田某某为完全民事行为能力人且依法取得了航空运动飞行驾驶员执照，能够证明田某某具备且掌握了执照所准许的航空运动所要求的知识，对自己所从事的运动具有完整的认知能力，对该运动的危险性、安全注意事项、应具备的条件等应有清醒的认识。

田某某在当天进行了几次飞行，没有证据显示被告提供的滑翔伞存在安全隐患，因此无法证明被告未尽到法定的安全保障义务。本次飞行事故属突然发生的意料之外的事件，虽然客观上发生了损害结果，但不是行为人主观的故意或过失造成。因此，原告主张“被告未能尽到安全保障义务，对田某某意外身亡应当承担法律责任”，没有获得法院的采纳。

3. 被告承担部分赔偿责任是法官运用“公平责任原则”的结果

被告绵竹市九龙山滑翔运动有限责任公司作为滑翔运动的经营者和组织者，对其经营、组织的滑翔伞运动属于利益获得者。

《民法通则》第106条规定：“公民、法人违反合同或者不履行其他义务的，应当承担民事责任。公民、法人由于过错侵害国家的、集体的财产，侵害他人财产、人身的，应当承担民事责任。没有过错，但法律规定应当承担民事责任的，应当承担民事责任。”第132条规定：“当事人对造成损害都没有过错的，可以根据实际情况，由当事人分担民事责任。”

《最高人民法院关于贯彻执行〈中华人民共和国民法通则〉若干问题的意见（试行）》（以下简称《民通意见》）第157条规定：“当事人对造成损害均无过错，但一方是在为对方的利益或者共同的利益进行活动的过程中受到损害的，可以责令对方或者受益人给予一定的经济补偿。”

《侵权责任法》第24条规定：“受害人和行为人对损害的发生都没有过错的，可以根据实际情况，由双方分担损失。”

事发当天，田某某与被告双方形成了娱乐服务合同关系，田某某在滑翔运动中发生意外而身亡，虽然被告未收取任何费用，但属被告的自愿行为，不能作为被告不分担损失的理由。根据本案的具体情况，因滑翔伞运动属高危险运动，参加运动的人员应当具备安全、风险意识，量力而行。在运动过程中，他人无法处置、帮助运动员处理在运动中可能出现的各种意外，故法院认为，被告作为组织者、经验者和受益者，补偿死者近亲属（即四原告）总损失的20%为宜。①

---

① 四川省绵竹市人民法院（2014）绵竹民初字第432号民事判决书。

二、机场侵犯他人著作权的民事责任

【案例】邹某某诉天河机场著作权侵权纠纷案

【案情介绍】邹某某创作完成的《武汉桥与晴川桥》摄影作品，收录于《虹舞江海——新中国桥梁建设成就摄影作品荟萃》图书，署名“邹某某”摄。2014 年 9 月，邹某某发现在天河机场负责经营管理的武汉天河机场 2 号航站楼“国内出发”大厅安检门旁宣传公告栏上发布有宣传广告一幅，未标注图片的相关制作、发布者和作品来源等信息。本案庭审过程中，经一审法院组织双方当事人将邹某某提交的摄影作品数码照片与被控宣传广告图片进行勘验对比，可以确认两者之间构图存在不同，被控图片的下半部与邹某某摄影作品主体相同，上半部则添加有黄鹤楼图片，全图通过云雾效果添加的艺术处理呈现朦胧自然景观。邹某某为本案维权聘请律师提起本案诉讼，支付律师费 3000 元。邹某某请求法院判令天河机场立即停止侵害其《武汉桥与晴川桥》摄影作品的著作权，在相关媒体上赔礼道歉消除不良影响，并赔偿经济损失 7000 元；天河机场承担本案律师费 3000 元及诉讼费。

【案例评析】著作权是重要的民事权利之一，著作权的内容包括人身权（又称精神权利）和财产权（又称经济权利）。著作权的人身权主要包括发表权、署名权、修改权、保护作品完整权、收回已发表的作品权等。著作权的财产权是指著作权人通过复制、发行、出租、展览、表演、放映、广播、信息网络传播、摄制或者改编、翻译、汇编等方式使用作品并由此获得报酬的权利，以及许可他人以上述方式使用作品，并由此获得报酬的权利。

本案主要争议焦点在于著作权人的确认和侵犯著作权的民事责任方式。

1. 著作权人的认定

邹某某创作完成涉案摄影作品《武汉桥与晴川桥》后，将该作品发表在《虹舞江海——新中国桥梁建设成就摄影作品荟萃》图书中。根据该书署名，可以证明该摄影作品的著作权由邹某某享有。天河机场未提交相反证据予以证明邹某某不享有涉案作品著作权，故一审法院认定邹某某作为《武汉桥与晴川桥》摄影作品的作者对该作品享有著作权。

2. 侵犯著作权行为的认定

审理法院经过将邹某某提交的摄影作品数码照片与被控宣传图片进行勘验对比，可以确认两者之间构图存在不同，被控图片的下半部与邹某某摄影作品主体相同，上半部则添加有黄鹤楼图片。依据两者的景观视角、客观事物等内容予以分析判断，可以确认被控图片使用了邹某某的摄影作品。该被控图片的使用行为并未获得授权许可，应认定为侵害了邹某某摄影作品著作权的行为。天河机场作为该宣传广告的经营主体，对该侵权行为应当承担侵权责任。

3. 侵犯著作权的责任方式

《民法总则》第179条规定："承担民事责任的方式主要有：（一）停止侵害；（二）排除妨碍；（三）消除危险；（四）返还财产；（五）恢复原状；（六）修理、重作、更换；（七）继续履行；（八）赔偿损失；（九）支付违约金；（十）消除影响、恢复名誉；（十一）赔礼道歉。法律规定惩罚性赔偿的，依照其规定。本条规定的承担民事责任的方式，可以单独适用，也可以合并适用。"

根据《著作权法》第48条第1项的规定，行为人未经许可使用他人的作品构成侵权的，应当根据情节，承担停止侵害、消除影响、赔礼道歉、赔偿经济损失的民事责任。

本案审理过程中，因邹某某确认天河机场已停止刊登被控侵权图片，并放弃立即停止侵权的诉讼请求，故法院不再判令天河机场承担停止侵权的民事责任。关于消除影响、赔礼道歉的责任，因被控侵权图片刊登时并未署名邹某某作者身份，且将该图片用于拼接使用，侵害了邹某某对其作品享有的署名权、保护作品完整权，故邹某某请求判令天河机场赔礼道歉、消除影响的诉讼请求，依法获得支持。

关于赔偿经济损失责任，邹某某请求法院酌定损失赔偿数额符合相关法律规定，法院参考权利作品类型及同类图片许可使用费标准，根据被控侵权行为的性质和使用篇幅情节、行为人主观过错等因素，酌定本案的经济损失赔偿数额为1000元。另邹某某为诉讼活动支付3000元，属于邹某某为制止侵权行为的合理费用，亦应包括在侵权赔偿责任范围内，故判决由天河机场赔偿4000元。邹某某不服一审判决，提起上诉，二审法院审理后驳回上诉，维持原判。①

① 武汉市中级人民法院（2015）鄂武汉中知初字第00579号民事判决书、湖北省高级人民法院（2016）鄂民终48号民事判决书。

三、航空“诈弹”所致损失的民事责任

【案例】刘某某犯编造、故意传播虚假恐怖信息罪案

【案情介绍】2015 年 4 月 7 日 21 时 08 分，被告人刘某某在天津市地铁二号线车厢内使用手机向天津市公安局报警称，五分钟前，其在地铁二号线上听到两名男子打电话聊天，内容大致是在今天天津飞广州的最后一班航班上安装了爆炸物，并谎称自己姓王。经查，当天从天津飞往广州的最后一个航班系奥凯航空公司 BK2788 航班，该航班旅客已登记完毕准备起飞。接警后，天津市公安局组织大量警力对天津滨海国际机场进行严密布控和超常规安全检查，天津滨海国际机场也对当日的 BK2788 航班及旅客进行超常规安全检查，经查确认该航班无爆炸物。

被告人刘某某的行为造成 BK2788 航班延误 3 小时 10 分钟，给奥凯航空公司造成经济损失人民币 12 100 元，并扰乱了天津滨海国际机场正常的工作秩序。当晚，被告人刘某某在天津滨海国际机场 T2 航站楼出发大厅处被抓获归案。经鉴定，被告人刘某某案发时无精神病，有辨认及控制能力，有完全责任能力。在案件审理过程中，被告人刘某某的家属赔付奥凯航空有限公司人民币 12 100 元。

天津市东丽区人民法院经审理认为，被告人刘某某编造爆炸威胁恐怖信息，严重扰乱社会秩序，其行为已构成编造虚假恐怖信息罪，依法判处有期徒刑 1 年；被告人刘某某所退赔偿款人民币 12 100 元依法发还奥凯航空有限公司。①

【案例评析】近些年来，在航空运输实践中，不断出现犯罪嫌疑人故意编造虚假恐怖信息（被称为航空“诈弹”），严重扰乱社会秩序的行为，致使机场多架飞机航班延误起飞、返航、盘旋、备降、取消、乘客滞留、退票，给航空公司和机场公司造成严重损失。

从司法实践考察，根据犯罪嫌疑人编造虚假恐怖信息罪的事实、性质、情节及社会危害程度，依据《中华人民共和国刑法》（以下简称《刑法》）第 291 条第 1 款、第 67 条第 3 款、第 64 条的规定，判决被告人犯编造虚假恐怖信息罪，判处有期徒刑、罚金等。《最高人民法院〈关于审理编造、故

① 天津市东丽区人民法院（2015）丽刑初字第 794 刑事判决书。

意传播虚假恐怖信息刑事案件适用法律若干问题的解释〉》第3条还规定了“造成直接经济损失二十万元以上的，应当酌情从重处罚”的情形。

但是，在大多数案件中都是仅对被告人追究了刑事责任，同时追究民事责任的案例不多。实际上，此类案件造成的经济损失不少，受损的航空公司和机场完全可以同时追究其民事赔偿责任。当然，这需要诉请人提供具体损失情况相关的票据、资费标准等证据予以佐证。

《民法总则》吸收借鉴《侵权责任法》的规定，增加了民事责任优先的规定，第187条规定：“民事主体因同一行为应当承担民事责任、行政责任和刑事责任的，承担行政责任或者刑事责任不影响承担民事责任；民事主体的财产不足以支付的，优先用于承担民事责任。”《民法总则》确立的民事责任优先制度体现了法律的人文关怀和人道主义精神，也是我国社会进步的体现。因为国家和个人承受财产损失的能力差别很大，在不足以同时承担两种或两种以上责任时，不缴纳罚款、罚金、没收财产等行政、刑事责任，不会使国家发生经济上的困难，但如果不履行民事责任，可能使个人陷入极大的困难甚至绝境。

四、飞机起降致第三人财产损害的民事责任

【案例】机场公司与蔬菜种植合作社之间的损害赔偿纠纷案

【案情介绍】2012年6月6日，原告甜园合作社依法登记成立，成员由周某某、杨某某等6人组成，法定代表人为杨某某。在合作社成立之前的2011年10月14日，杨某某等5人作为受让方（乙方）与杨某某、李某某等9名高刘镇柳塘村柳东组、钓墩组的村民作为转租方（甲方）签订了“农村土地承包经营权流转合同”，合同详细约定了流转面积、期限、用途、费用及纠纷解决方式等。甲方9名村民签字，乙方5名受让人签字，高刘镇柳塘村村民委员会作为见证方加盖了公章。合作社成立后，原告又在乙方处补盖了合作社的公章。合同签订后，5名受让人在承包的土地上建设了塑料大棚并开始种植蔬菜。

2013年5月，被告所属的新桥国际机场投入运营。由于原告方所建的塑料大棚正好位于飞机起降区域，在飞机降落时产生的气流对大棚造成了影响，原告认为飞机的起降直接导致了大棚损坏，为此向被告要求改变飞机起降区域并赔偿损失。双方协商未果，故原告以机场附近飞机的起降侵犯其相邻权

为由诉至法院，要求安徽民航机场集团有限公司对其侵权行为予以补救。法院以原告的证据不充分为由判决原告败诉。①

【案例评析】本案原告以相邻权纠纷为由提起侵权之诉，显然其没有清晰掌握相邻权的真正含义。所谓相邻权，是指不动产的所有人或使用人在处理相邻关系时所享有的权利。即相互毗邻的不动产的所有人或者使用人之间，任何一方为了合理行使其所有权或使用权，享有要求其他相邻方提供便利或是接受一定限制的权利。相邻权实质上是对所有权的限制和延伸。

相邻不动产的所有人或使用人在行使自己的所有权或使用权时，应当以不损害其他相邻人的合法权益为原则。如果因权利的行使给相邻人的人身或财产造成危害的，相邻人有权要求停止侵害、消除危险和赔偿损失。在处理相邻关系时，相邻各方应该本着有利生产、方便生活、团结互助、公平合理的原则，互谅互让，协商解决。协商不成，可以请求人民法院依法解决。

本案并非是相邻关系纠纷，原告自称所受损失系飞机降落时导致，因此，本案案由应是航空运输事故/事件致地/水面第三人财产损害赔偿责任纠纷。

此种纠纷性质上属于侵权责任争议。根据侵权法律关系的构成要件，当事人对自己提出的主张有责任提供相应的证据加以证明，原告应当举证证明被告实施了侵权行为、侵权行为与损害结果之间的因果关系以及实际损失的具体数额。因每架航班飞机的降落风速不同，对大棚的影响也不同，大棚的损坏是包括飞机降落气流影响在内的多种因素累积的过程，飞机起降对大棚损坏的因果关系及原因力大小无法直接判断，因此需要对原告大棚损坏与飞机起降是否存在因果关系及原因力大小和损失的金额等进行司法鉴定。而原告在法庭辩论终结前未能举出相关证据和鉴定结果，故法院未能支持原告的诉请。

五、航空托运行李毁损的民事责任

【案例】段某某与华夏航空公司的人格权纠纷案

【案情介绍】2012 年 10 月 12 日，原告段某某在山东潍坊百货集团股份有限公司中百大厦购买了 DIPLOMAT 品牌箱包一个，价值 1275 元。2012 年

---

① 安徽省合肥市蜀山区人民法院（2015）蜀民一初字第 00927 号民事判决书。

10月13日13时，原告由山东潍坊乘坐被告的G52642航班飞往重庆，并且为其随身携带的DIPLOMAT品牌行李箱办理了托运，托运行李箱编号为：CKGG52642130CT。2012年10月13日17时，原告到达重庆江北机场，发现托运的行李箱外部毁损，即向重庆空港航空地面服务有限公司反映。重庆空港航空地面服务有限公司向原告出具了“破损行李记录”，载明：卸物时发现该行李箱外部有磨损，有一边锁锁不上，旅客暂不接受华夏航空150元赔偿。2012年10月13日20时许，原告向民航重庆机场公安局刑警支队报警称其于2012年10月13日13时25分许，乘坐G52642航班由潍坊至重庆，托运一件行李（编号为：G5101303）于17时到达重庆江北机场，后发现托运行李破损，打开检查发现丢失两块玉石，共计四片，自称玉石共计价值9万元左右，于是报警。

另查明，原告在潍坊登机时并未声明其行李中有任何贵重物品，也未提出办理声明价值的要求。2012年10月25日，段某某遂诉至法院，请求判令被告在市级以上报刊上登报向原告赔礼道歉并赔偿原告精神损失费1元。

一审法院认为，原告所举证据既不能证明托运的行李箱内装有玉石，也不能证明行李箱中的玉石破损丢失。原告应当承担举证不能的法律后果，据此判决驳回原告段某某的诉讼请求。[①] 段某某不服一审判决，提起上诉，认为上诉人行李箱中确实装有玉石，由于被上诉人的重大过错，造成玉石破碎、丢失，而该玉石对上诉人具有人格象征意义，被上诉人构成对上诉人的人格侵权，应赔礼道歉并赔偿精神损失费。二审判决驳回上诉，维持原判。[②]

【案例评析】 在本案中，当事人对其主张之人格权受侵犯缺乏相关证据的证明，因此法院判定其主张不成立。

从民航重庆机场公安局刑警支队的接受案件回执单上可以看出，箱内有玉石的事实应予认定。但由于无法确认托运前箱内玉石的状态，故不能判定托运后玉石是否受损的情况。虽然华夏航空有限公司对于行李外部磨损的事实存在重大过错，应该承担民事赔偿责任，但由于不构成对人格权的侵害，故段某某全要求华夏航空有限公司赔礼道歉、赔偿精神损失的诉讼请求不能予以支持。

---

① 重庆市渝北区人民法院（2012）渝北法民初字第15141号民事判决书。

② 重庆市第一中级人民法（2013）渝一中法民终字第00743号民事判决书。

本案原告的诉讼请求明确表示不要求财产损害赔偿，只要求被上诉人就托运损害后态度傲慢、造成上诉人精神损害进行赔礼道歉。

在司法实践中，某些财产权受到侵害的原告也会要求赔礼道歉，但是其诉请通常被法院驳回。各类财产权益的保护范围仅限于财产利益，而不包括精神利益。以保护精神利益为目的的赔礼道歉责任，不应适用于普通的财产权益侵害。根据《最高人民法院关于确定民事侵权精神损害赔偿责任若干问题的解释》（以下简称《精神损害赔偿司法解释》）第4条规定，"具有人格象征意义的特定纪念物品，因侵权行为而永久性灭失或者毁损"时，物品所有人有权请求精神损害赔偿。本案中，即使原告诉称的行李箱中的玉石破损丢失的事实成立，也因玉石未经雕琢并未赋予其人格象征意义，原告也无权请求精神损害赔偿，原告的诉讼请求也不成立。

赔礼道歉的作用在于弥补精神痛苦。尽管几乎所有的权益侵害都会使人产生精神或者肉体上的痛苦，但是从法律政策上来说，这种痛苦的程度因人而异并且难以衡量。过广地设置精神损害抚慰金或者赔礼道歉等以弥补精神痛苦为目的的法律责任，将导致法律的高度不确定性。原则上说，人们应自己努力克服各种不快，而不是由法律提供无微不至的保护。这是各国法律对这一问题几乎完全一致的理念与态度。审判法院在判决赔礼道歉时，显然无法设定赔礼道歉的具体内容，而只能规定其方式。从司法实践来看，仅承认语言方式（口头或者书面）的道歉，差别主要是道歉的场合。①

① 葛云松："赔礼道歉民事责任的适用"，载《法学》2013年第5期，第93~105页。

第五章

自然人

自然人即生物学意义上的人，是基于出生而取得民事主体资格的人。其外延包括本国公民、外国公民和无国籍人。自然人与公民不同，公民仅指具有一国国籍的人。

自然人、法人和非法人组织是民法所调整的平等主体，自然人主体资格具有广泛性，即任何人都要参加民事法律关系，不论其是否愿意，都要受到民事法律关系的调整。民法通过对自然人民事权利能力、民事行为能力、民事责任能力、户籍、住所等相关概念的界定与宣告失踪、宣告死亡、监护等相关制度的设计，以规范自然人作为民事主体参加民事法律关系。因此厘清自然人及其相关概念与制度，对于理顺民事法律关系，确保法官作出正确裁决意义重大。

一、外籍人的民事权利能力

【案例】C先生与南京若尔通用航空有限公司民间借贷纠纷案

【案情介绍】2013年2月8日，甲方C先生（中文名张某某）与乙方南京若尔通用航空有限公司（（以下简称若尔公司））签订“借款协议”，约定：(1）本着自愿友好精神，甲方愿将其自有资金人民币2000万元整借款给乙方；(2）借款期限为2个月，日期为2013年2月8日至2013年4月7日，到期一次还本付息；(3）借款利率按年化24%计息；(4）为此借款，乙方公司法人吕某某承诺个人连带责任担保，以保证按时还款付息等。

借款期满，经多次催要，若尔公司在2013年12月16日归还500万元人民币，尚欠本金1500万元及利息4 385 752.42元。张某某遂提起诉讼，请求判令若尔公司返还借款本金1500万元及利息；吕某某对上述债务承担连带责任。

若尔公司、吕某某辩称：张某某在本案起诉前已经加入加拿大国籍，同时丧失了以中国公民参加民事诉讼的主体资格，故应驳回张某某的起诉；涉案借款事实发生时张某某已经加入加拿大国籍，不具有中国公民的民事权利能力和行为能力，故“借款协议”属无效协议，张某某主张的利息也不应得到支持。两审法院判决均否定了被告的答辩意见。①

【案例评析】本案纠纷争议焦点之一实质上涉及了自然人与公民概念的区别。

自然人是与法人相对应的概念。所谓自然人，是指依自然规律出生而取得民事主体资格的人。自然人包括公民、外国人和无国籍人。

公民是宪法上的概念，是指具有一国国籍并按该国宪法和法律享受权利和承担义务的自然人。对于外国的或者无国籍的自然人来讲，显然不具有公民资格，不能成为宪法主体。但这不妨碍其成为私法的主体，民法上使用“自然人”，表明民事法律关系的开放性，一个域外自然人只要守法，完全可以在我国经商办企业，成为民事主体，享受民事权利、承担民事义务。公民则显示政治生活的封闭性，任何一个国家的选举权、被选举权等参政权只会对公民开放，而不会让所有的自然人享有。由此，从我国1986年制定《民法通则》使用“公民”一词，到“自然人”概念在1999年《合同法》开始使用和2017年《民法总则》的正式确认，表明了我国立法对民事法律关系开放性的明确。

《民法通则》第9条规定：“公民从出生时起到死亡时止，具有民事权利能力，依法享有民事权利，承担民事义务。”第11条第1款规定：“十八周岁以上的公民是成年人，具有完全民事行为能力，可以独立进行民事活动，是完全民事行为能力人。”

《民法总则》第13条规定：“自然人从出生时起到死亡时止，具有民事权利能力，依法享有民事权利，承担民事义务。”第17条规定：“十八周岁以上的自然人为成年人。不满十八周岁的自然人为未成年人。”第18

① 江苏省南京市中级人民法院（2014）宁商初字第114号民事判决书、江苏省高级人民法院（2014）苏商外终字第00054号民事判决书。

条第1款规定："成年人为完全民事行为能力人，可以独立实施民事法律行为。"

本案原告张某某于2013年2月8日与若尔公司、吕某某签订"借款协议"时已年满18周岁，具有民事权利能力和完全民事行为能力，故法院对若尔公司、吕某某关于张某某不具有民事权利能力和民事行为能力的抗辩意见没有支持。

"借款协议"系当事人之间的真实意思表示，且不违反法律、行政法规的强制性规定，合法有效，当事人应按照约定行使权利、履行义务。

《中华人民共和国涉外民事关系法律适用法》第11条规定："自然人的民事权利能力，适用经常居所地法律。"第12条规定："自然人的民事行为能力，适用经常居所地法律。自然人从事民事活动，依照经常居所地法律为无民事行为能力，依照行为地法律为有民事行为能力的，适用行为地法律，但涉及婚姻家庭、继承的除外。"从张某某的出入境记录来看，其经常居所地在中国，故对张某某民事权利能力与民事行为能力的判断应适用中国法律。

《民法总则》第14条规定："自然人的民事权利能力一律平等。"民事权利能力属于实体上的权利能力，反映的是作为民事法律关系主体的资格；民事诉讼权利能力属于程序上的权利能力，体现的是作为诉讼法律关系主体的资格。民事权利能力是诉讼权利能力的基础，具有民事权利能力的人同时也有诉讼权利能力。外国人、无国籍人在我国人民法院起诉、应诉，同中华人民共和国公民、法人和其他组织有同等的诉讼权利义务。本案中，张某某虽为加拿大国籍，但享有同中国公民同等的诉讼权利义务，可以作为原告提起本案诉讼，故法院对若尔公司、吕某某主张的张某某不具有诉讼主体资格的抗辩意见，不予支持。

二、残疾人的航空旅行权利

【案例】成都航空公司拒载朱某某案

【案情介绍】2011年10月7日，得知外公去世消息的朱某某托朋友为自己购买了一张成都航空10月8日早上起飞的机票。第二天一早，朱某某到达机场顺利办理了值机、通过安检的朱某某却在登机口被工作人员拦了下来，并告知她由于没有提前办理特殊服务申请，拒绝让其登机。朱某某说："他说因为我有个轮椅，没有提前72小时提出申请，所以不让我登机。”朱某某提出临时申请，被工作人员告知没有柜台无法办理。朱某某认为，自己根本无法在72小时之前预料到自己的外公会去世，不可能提前申请乘机。后朱某某对成都航空提起诉讼，成都航空向法院答辩称，朱某某在购票订座时未说明她是高位截瘫的残疾人，存在故意隐瞒事实的情形，且未按民航局相关规定提前到候机楼办理登机手续，导致被成都航空拒载，责任在于朱某某，成都航空公司主观上没有过错。2012年2月24日，昆明官渡区人民法院对成都航空公司拒载朱某某案作出判决：被告成都航空公司并未按合同约定的时间和航班承运朱某某，在其到达登机口乘机时也未提供必要协助，导致朱某某被拒载，其行为已构成违约，成都航空应退还朱某某机票款860元并赔偿其经济损失2000元。①

【案例评析】“残疾人”是指在心理、生理、人体结构上，某种组织、功能丧失或者不正常，全部或者部分丧失以正常方式从事某种活动能力的人。残疾人包括肢体、精神、智力或感官有长期损伤的人，这些损伤与各种障碍相互作用，可能阻碍残疾人在与他人平等的基础上充分和切实地参加社会活动，具体表现为视力残疾、听力残疾、言语残疾、肢体残疾、智力残疾、精神残疾、多重残疾和其他残疾的人。当然，并不是所有残疾人都适合乘坐飞机旅行。

根据立法规定，具备乘机条件的残疾人②应和所有自然人一样，从出生时起到死亡时止，具有民事权利能力，依法享有民事权利，承担民事义务；自然人的民事权利能力一律平等。③ 残疾人与其他公民一样享有航空旅行的机会，为残疾人提供的航空运输应保障安全、尊重隐私、尊重人格。④

但在航空运输实践中，如上述成都航空公司拒载残疾人朱某某等纠纷案不断发生。例如，2015年11月19日，战某某和盛某某两位残疾旅客购买了三亚凤凰机场飞往大连周水子机场的某航空机票，到达机场后，要求某航空公司根据《残疾旅客航空运输管理办法》的有关规定提供轮椅托运、协助登

---

① 昆明市官渡区人民法院（2011）官民一初字第3207号民事判决书。

② “具备乘机条件的残疾人”是指购买或持有有效客票，为乘坐客票所列航班到达机场，利用承运人、机场和机场地面服务代理人提供的设施和服务，符合适用于所有旅客的、合理的、无歧视的运输合同要求的残疾人。《残疾人航空运输管理办法》第4条。

③ 《民法总则》第13条、第14条。

④ 《残疾人航空运输管理办法》第3条。

机等合理便利。某航空公司以两位旅客“无自理能力、无陪同，不符合公司承运要求”，无法自行登机为由，拒绝其登机。战某某和盛某某认为某航空公司拒绝残疾人登机的行为及退票申请书的表述涉嫌侵犯其人格尊严，遂向法院提起诉讼，但其诉请未获一审法院支持。该案二审法院合议庭法官充分理解、尊重和关心残疾人，公平维护残疾旅客的合法权益，促成双方当事人互谅互让，达成调解。案后，上海第一中级人民法院从最大限度保障残疾人在航空运输过程中的合法权益出发，针对《残疾人航空运输管理办法》和航空公司在特殊旅客服务方面的不足分别向中国民用航空局和某航空公司提出了司法建议。

随着我国经济社会的飞速发展和人们生活水平的不断提高，乘机出行已变得越来越普遍。残疾人作为社会的一个特殊群体，不同于普通旅客，在乘坐飞机出行时对民航服务有着更多、更高、更特殊的要求。为使残疾人享受与正常人同等的航空出行权利，为残疾人提供更大便利，2009 年，中国民用航空局曾发布《残疾人航空运输办法（试行）》，2015 年，为适应残疾人航空运输的新发展、新情况，民用航空局在总结残疾人航空运输工作经验和广泛调研的基础上，借鉴美国、欧盟及亚太国家的先进经验，对《残疾人航空运输办法（试行）》进行了修订完善，发布《残疾人航空运输管理办法》（民航发〔2014〕105 号）[①]，进一步规范了残疾人航空运输的管理和服务，保护残疾人在航空运输过程中的合法权益，为残疾人乘机出行提供了较为规范和细致的规则和流程。

1. 对残疾人定座和购票时的特别要求

在运输过程中没有陪伴人员但在紧急撤离时需要他人协助的残疾人，应当在定座时将残疾情况、所需服务及协助要求等信息告知承运人或其销售代理人。残疾人从销售代理人处定座的，销售代理人应及时将相关信息告知承运人。承运人在核实情况后尽快答复定座的残疾人是否能够满足其乘机需求。

残疾人在订票阶段，需要特别注意时间要求。残疾人需要承运人提供下列特殊的设备设施或服务时，应在定座时提出，最迟不能晚于航班离站时间前 48 小时：（1）供航空器上使用的医用氧气；（2）托运电动轮椅；（3）提供机上专用窄型轮椅；（4）为具备乘机条件的残疾人团体提供服务；（5）携

① 2015 年 3 月 1 日正式施行。

带服务犬进入客舱。如在紧急情况下，残疾人确无时间提出上述要求，承运人应根据情况尽可能为残疾人提供必要的协助。

2. 承运人及其销售代理人、机场地面服务代理人对残疾人订票、乘机的特别协助义务

订票协助是指承运人及其销售代理人应在其售票处、售票网络或电话订票系统中设置相应的程序，以便残疾人说明其残疾情况、所需服务及协助要求。残疾人提出特殊需求后，承运人应通过其订票系统或其他手段，确保该需求被记录，并及时传递到相关人员。承运人应在 24 小时内答复残疾人，是否能够提供残疾人所要求的机上医用氧气、托运电动轮椅、机上窄型轮椅或服务残疾人团体这 4 项服务内容。

相关设施和服务信息提供是指承运人及其机场地面服务代理人应根据请求，向残疾人提供下列有关设施和服务信息：(1) 带活动扶手座位的位置，以及按照《残疾人航空运输管理办法》规定不向残疾人提供的座位；(2) 航空器运输具备乘机条件的残疾人的能力的限制；(3) 在客舱或货舱内存放残疾人常用助残设备的限制；(4) 航空器内是否有无障碍卫生间；(5) 飞机上能够提供给残疾人的其他服务及设施。机场应在航站楼的主要入口处设置综合服务柜台，并设有醒目标识，为具备乘机条件的残疾人提供航班信息，协助其联系承运人、办理乘机手续或安全检查等服务。

辅助设备提供是指承运人、机场和机场地面服务代理人应当为残疾人免费提供登机、离机所需要的移动辅助设备，如无障碍电动车、摆渡车以及在机场及登机、离机时使用的轮椅、机上专用窄型轮椅等。残疾人需要承运人提供特殊的设备设施、服务或登机、离机协助，应在普通旅客办理乘机手续截止前 2 小时在机场办理乘机手续。残疾人未能按要求提前通知或未按要求提前在机场办理乘机手续的，承运人应在不延误航班的情况下尽力提供上述服务或协助。残疾人需要托运其轮椅的，可使用机场的轮椅；残疾人愿意在机场使用自己轮椅的，可使用其轮椅至客舱门；肢残旅客的拐杖、折叠轮椅或假肢等助行器；聋人旅客的电子耳蜗、助听器等助听设备；盲人旅客的盲杖、助视器和盲人眼镜等助残器具可以带进客舱；电动轮椅应托运，残疾人托运电动轮椅，应在普通旅客办理乘机手续截止前 2 小时交运，并符合危险品航空运输的相关规定。

安检要求主要包括以下几个方面：(1) 残疾人及其服务犬应与其他旅客

一样接受安全检查。承运人、机场和机场地面服务代理人应通知残疾人在办理安检前清空随身携带的排泄袋；(2) 对残疾人的助残设备进行安全检查过程中，安检人员判断该助残设备可能藏有武器或其他违禁物品的，可进行特殊程序的检查；(3) 在条件允许的情况下，机场应设置残疾人安全检查无障碍通道。机场应为残疾人设立独立、私密的安全检查空间。残疾人请求私下安全检查的，安检人员应及时安排。

登机离机协助是指通常情况下，承运人、机场和机场地面服务代理人应安排残疾人及其陪伴人员优先登机及错峰离机。在运输过程中没有陪伴人员但在紧急撤离时需要他人协助的残疾人在飞机前排就座的，承运人应安排其优先离机。因某种原因需减载部分旅客的，承运人应优先保证残疾人及其陪伴人员的运输。承运人、机场和机场地面服务代理人应尽可能安排残疾人使用廊桥登离机，并提供相应协助；在不能提供廊桥的情况下，应提供登离机协助。登离机协助包括按需要向残疾人提供服务人员、普通轮椅、机上专用窄型轮椅、客机梯、升降设备等。当不能使用廊桥或升降装置时，应以残疾人同意的可行方式提供登离机协助。

座位安排是指除另有规定外，承运人不得禁止残疾人在任何座位就座，或要求其必须就座于某一特定座位。残疾人提出以下座位需求的，承运人应尽力作出安排：(1) 残疾人使用机上轮椅进入客舱后，无法进入带固定扶手的过道座位的，承运人应为其提供一个带活动扶手的过道座位或方便出入的座位；(2) 除另有规定外，承运人应为陪伴人员安排紧靠残疾人的座位；(3) 当残疾人与其服务犬同机旅行时，承运人应提供相应舱位的第一排座位或其他适合的座位；(4) 对于腿部活动受限制的残疾人，承运人应为其提供相应舱位的第一排座位或腿部活动空间大的过道座位。

客舱服务是指承运人应在客舱内提供由残疾人要求的，或承运人提供时其接受的下列服务：协助移动到座位或从座位离开；协助做就餐准备，如打开包装、识别食品及食品摆放位置；协助使用机上轮椅往返卫生间；协助有部分行走能力的残疾人往返卫生间；协助放置和取回随身携带物品，包括在客舱存放的助残设备。承运人以视频方式向旅客播放安全须知时，应加注字幕或在画面一角使用手语向听力残疾人进行介绍。承运人在客舱内播放的语音信息应以书面形式提供给听力残疾人；承运人单独向残疾人介绍安全须知时，应尽可能谨慎和不引人注目；残疾人将服务犬带进客舱，应在登机前为其系上牵引绳索，并不得占用座位和让其任意跑动；残疾人应负责服务犬在客舱内的排泄，并不会影响机上的卫生问题；承运人在征得服务犬机上活动范围内相关旅客同意的情况下，可不要求残疾人为服务犬戴上口套；除阻塞紧急撤离的过道或区域外，服务犬应在残疾人的座位处陪伴。残疾人的座位处不能容纳服务犬的，承运人应向残疾人提供一个座位，该座位处可容纳其服务犬。

航班不正常的特殊协助是指航班不正常时，承运人、机场和机场地面服务代理人除按相关规定做好服务工作外，还应对残疾人在以下方面予以特殊协助：及时主动提供相关信息，包括退票、签转、后续航班的安排等；指定休息区域、安排住宿时应考虑无障碍设施设备等条件；主动询问相关需求并予以协助。承运人、机场和机场地面服务代理人应当为航班上载运的没有陪伴人员但在紧急撤离时需要他人协助的到港残疾人提供行李提取、引导等必要的协助和服务。

由此，各个航空公司应根据立法要求，升级公司官网、APP 等客户端的购票系统，在旅客填写购票信息页面添加有特殊需求旅客的服务提醒标示，公示旅客服务执行标准和服务电话，旅客在勾选确认已阅读有关资料后方可继续购票。同时应根据中国民用航空局及《残疾人航空运输管理办法》《航班正常管理规定》等规定，调整公司《国内运输总条件》《国内旅客须知》《国际旅客须知》《特殊旅客运输说明》等内容，并在公司官网购票须知中公示及标示；航空公司应确立对有特殊需求旅客“尽最大能力承运”的服务原则。公司明确凡符合乘机条件的残疾旅客，公司都将尽可能安排人员或设备辅助其登机，尽最大能力承运，在可行基础上给予残疾旅客最大便利。

三、未成年人托运行李的后果

【案例】谢某某诉芬兰航空公司航空旅客运输合同纠纷案

【案情介绍】2012 年 3 月 12 日，谢某某购买一张芬兰航空公司 2012 年 7 月 4 日由加拿大多伦多市经赫尔辛基至上海浦东机场，并于 2012 年 9 月 4 日由上海浦东机场经赫尔辛基至多伦多市的往返机票。2012 年 7 月 4 日，谢某某乘坐芬兰航空公司 AY32 航班转 AY57 航班到达上海。2012 年 9 月 4 日上午，谢某某准备乘坐 AY58 航班赴加拿大，在其父亲陪同下至上海浦东机场，办理行李托运，通过安检完成登机手续进关。在登机口，芬兰航空公司机场工作人员以谢某某随身携带行李不符合规定为由，拒绝谢某某登机。谢某某对于多携带的行李未采取任何措施，最终未能登机。后谢某某父亲为其另行购买一张当日下午15时45分加拿大航空公司的机票，支付机票款10 388元。2013年9月，谢某某以芬兰航空公司违约为由诉至原审法院，要求赔偿其经济损失10 388元。

【案例评析】一审法院认为，谢某某随身携带的行李数超过芬兰航空公司的限制规定，由此导致其无法登机，谢某某对此应承担主要责任。而芬兰航空公司明知谢某某系未成年人，理应对其随身携带行李超过限量的行为可能导致的后果作更详尽的解释、说明，并在处理措施上给予一定的指导、帮助，但其并未向谢某某充分阐明后果并作应急处理，而是放任谢某某自行处理，最终导致谢某某未能正常登机，对此芬兰航空公司应承担一定的责任。结合双方过错程度，故酌定芬兰航空公司按照20%的比例承担谢某某因此而产生的损失。①

二审法院认为，谢某某否认其乘坐芬兰航空公司“AY58”航班赴加拿大时多携带了行李，但从双方的举证情况来看，芬兰航空公司相对而言更具有证据优势，芬兰航空公司陈述谢某某随身超额携带了行李的事实可予采信。谢某某并非第一次单独出境，其或监护人对航空公司一般对携带行李都有限制性规定应有一定认知，谢某某可以在出行前了解一下芬兰航空公司相关规定。谢某某在登机口被芬兰航空公司拒绝登机时，对芬兰航空公司提出的解决措施可以考虑采纳或者与其监护人商议后采取措施，但谢某某不采取任何措施导致未能登机，而芬兰航空公司在处理整个事件的过程中对仍属未成年人的乘客谢某某，应当给予更恰当、更人性化的处理方式，而不是采取放任的态度。由此可见，本案航空旅客运输合同的当事人双方在处理问题的过程中均有责任，原审法院基于客观实际酌定芬兰航空公司按照20%的比例承担谢婉星的再次购票损失无明显不当，故驳回谢某某的上诉请求。②

① 上海市徐汇区人民法院（2013）徐民一民初字第6427号民事判决书。

② 上海市第一中级人民法院（2014）沪一中民一民终字第1473号民事判决书。

四、未成年人网购机票的行为效力

我国《民法通则》第 11 ~ 13 条、《合同法》第 47 条，对未成年人的缔约能力作出基本规定。新施行的《民法总则》第 17 ~ 20 条规定，18 周岁以上的自然人为成年人，为完全民事行为能力人，可以独立实施民事法律行为；不满 18 周岁的自然人为未成年人，8 周岁以上的未成年人为限制民事行为能力人，实施民事法律行为由其法定代理人代理或者经其法定代理人同意、追认，但是可以独立实施纯获利益的民事法律行为或者与其年龄、智力相适应的民事法律行为；不满 8 周岁的未成年人为无民事行为能力人，由其法定代理人代理实施民事法律行为。

这些规则在传统航空运输合同的订立过程中普遍适用，原因在于对于合同主体的身份及其缔约能力相对容易辨别，但在电子客票领域的适用面临一些挑战。在电子客票的情形下，作为纸质机票的电子形式，电子机票将票面信息存储在订座系统①中，可以像纸票一样执行出票、作废、退票、换开、改转签等操作（见图 2）。在计算机订座系统中，缔约双方身份的确认和行为能力的认定均在虚拟的订座系统空间进行，因而存在较大困难和较高的风险。②

---

① 计算机订座系统（Computer Reservation System，即代理人机票售票系统，以下简称 CRS），是航空公司进行客运营销服务所需要的支持性基础设施。CRS 主要功能是为代理人提供航班可利用情况查询、航段销售、订座记录、电子客票预订，旅游产品等服务。计算机订座系统最早建立于 20 世纪 60 年代，中国民航 1986 年引入美国的旅客订座系统并投入使用，1996 年完成基础型代理人订座系统（CRS）与航空公司订座系统（Inventory Control System，以下简称 ICS）的分离，1997 年实现为 IATA 中国地区 BSP 中性票提供自动出票服务。根据我国加入世贸组织时关于计算机订座系统方面所作出的承诺，对于外国计算机订座系统以跨境交付服务模式的准入管理，早期适用的是 1995 年颁发的《外国空运企业及其销售代理人在中国境内使用计算机旅客定座系统的暂行管理办法》（民航运发〔1995〕51 号），2012 年，民航局发布《外国航空运输企业在中国境内指定的销售代理直接进入和使用外国计算机订座系统许可管理暂行规定》（CCAR - 315），标志着我国计算机订座系统市场准入进一步规范，对外国航空运输企业的销售代理直接进入和使用外国计算机订座系统进行许可管理，维护了我国计算机订座系统的市场秩序。2017 年 5 月 1 日起，根据《外商投资民用航空业规定》的补充规定（六），取消了香港、澳门服务提供者设立合资计算机订座系统（CRS）企业的营业许可需进行经济需求测试的要求。

② 以下内容转自郝秀辉：《航空运输合同法》，法律出版社 2016 年版，第 51 ~ 52 页。

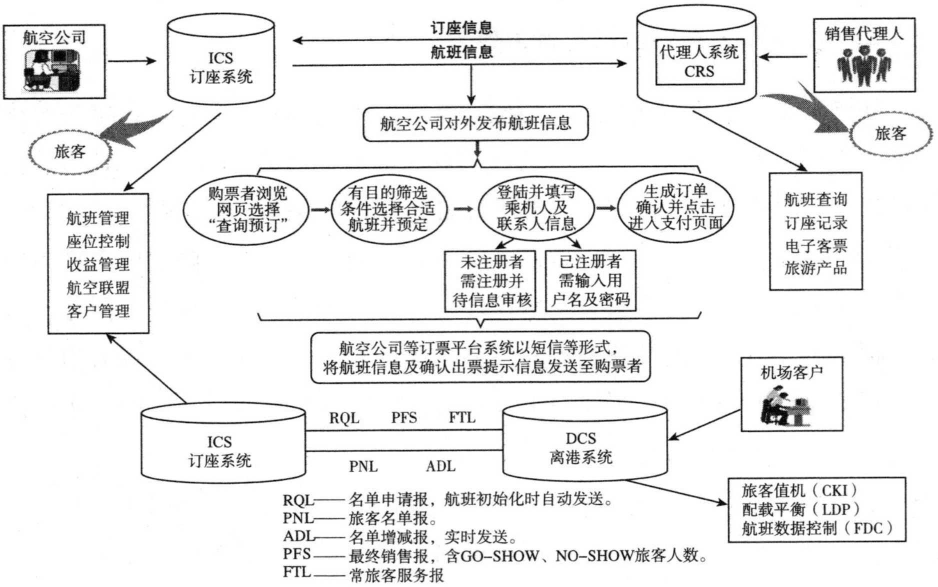

图2 电子订票流程示意图

例如，2014 年5 月10 日，一个9 周岁的男孩在机票预订网站上以其父亲的身份证号注册登记购买了某航空公司 2014 年 5 月 15 日上海至巴黎的一张不可退改签的特价机票，并用母亲的信用卡进行了成功支付。在 5 月 17 日，父亲才发现男孩手机上的航班信息，母亲才发现信用卡被使用支付了机票款。于是，父亲联系航空公司，要求返还机票款，航空公司不同意，因此发生纠纷导致诉讼。此案件提出了一个问题：9 岁男孩盗用他人名义进行网上购票时，应如何确认其效力？

近年来，网络使用者呈低龄化发展趋势，10 ~ 19 岁网民所占比重增大，并成为中国互联网最大的用户群体。[①] 在网络电子交易系统中，电子订约的网络环境很难确定订票人是否具有相应的民事行为能力。订票人一方有冒充、伪造或提供不实信息资料的可能性，例如，未成年人网购机票的行为，应作何效力解释？本书认为，未成年人使用欺诈手段网购机票的，网购机票的行为应具有法律效力。具体理由包括以下三点。

第一，目前，预订的电子客票，可以通过网上银行、电话银行、第三方

① 中国互联网信息中心：“第 23 次中国互联网发展状况统计报告”，www. cnnic. cn/，2015 年 12 月 20 日访问。

支付软件（如支付宝等）等最为便捷的方式进行支付。国内银行卡网上支付技术以及安全保密技术均已成熟，网上支付时需要通过国内各大银行的支付网关进行操作，均采用了国际先进的加密方式，并且经过国家权威机构的安全认证。这种设计是阻止未成年人参与电子交易的必要障碍，如要求交易参与者提供诸如身份证号、年龄、用户名（或账号、信用卡号等）及密码等信息。而未成年人使用他人（尤其是其法定代理人）的相关身份证明进行网上交易的情形则绕过了这一障碍。在此情形下，经营者已经尽到了善意且谨慎的义务，其对相对人的行为能力的信赖没有任何过错，且未成年人使用了欺诈手段，法律自然没有再保护的必要，否则，就是对未成年人保护制度的滥用，增大了网络经营者的意外风险，这必将阻碍电子商务的发展和交易秩序的维护。①

第二，电子客票是航空客运合同的电子化，是一种格式合同。因体现航空客运合同内容的航空运输条件是经主管机构核准通过的，双方当事人的权利义务已在格式条款中明确规定，其内容不会因订票人是非完全民事行为能力人而有所差异，尤其是这种格式合同已对消费者的利益大体有了必要的保护，因此，对参加者的意识能力可以相应降低，非完全民事行为能力者应被允许缔结此种合同。我国台湾地区的“电信法”第 9 条规定：“无行为能力人和限制行为能力人使用电信之行为，对于电信事业，视为有行为能力的人”。德国司法实践中也曾否定过特定格式合同当事人行为能力因素。②

第三，在电子客票的交易中，参与交易的订票人如没有一定的计算机知识和操作能力，是无法克服交易网页设计的必要障碍的。未成年人能够成功网购机票，则可推定订票人具有一定的意思能力和行为能力，有无完全民事行为能力则无关紧要。

因此，为了充分平衡订票人的利益、航空承运人的信赖利益和电子客票交易秩序，我国《民用航空法》应修订补充以下条文：“限制行为能力人和无行为能力人借助计算机网络和计算机设备采用欺诈手段购票的，该购票合同有效。”其实在我国台湾地区“民法典”第 83 条就有类似规定：“限制行为能力人用诈术使人信其为有行为能力人或已取得法定代理人之允许者，其

① 刘满达：《电子交易法研究》，知识产权出版社 2004 年版，第 24 页。

② 刘万啸：《电子合同效力研究》，知识产权出版社 2010 年版，第 44 页。

法律行为未有效。”此条所称诈术应包括使用伪造的或法定代理人的相关身份资料、证明文件等行为。①

五、艾滋病患者乘机的权利能力

艾滋病患者是一种特殊的病人，对于其是否有乘机的权利的问题在实践中有不同的意见，也引发了航空公司拒载艾滋病人的诉讼。纠纷的实质是在航空运输合同的订立中艾滋病人是否有订约的能力以及是否可以成为运输合同的订约主体。②

【判例】航空公司拒载艾滋病患者案

【案情介绍】2014年7月28日，陈某某、韩某某、王某某三人赶到沈阳仙桃机场，准备搭乘春秋航空公司的9C8581次航班，从沈阳飞往石家庄。在得知韩某某、王某某为艾滋病人后，航空公司工作人员向春秋航空公司上海总部请示后告知，春秋航空公司《特殊旅客运输说明》明确规定，患有艾滋病的患者，航空公司拒绝运输。经协商，工作人员要求其中不是艾滋病患者的陈某某提供健康证明，但机场医务室工作人员告诉陈某某无须开具证明，艾滋病患者可以乘坐飞机。协商不成，春秋航空工作人员强行删除了陈某某、韩某某和王某某的机票信息。最终，他们因无法办理该航班的登机手续，未能按时搭乘飞机。8月14日，因春秋航空公司拒载，三人委托北京一律师事务所的律师，向沈阳市东陵区人民法院递交了起诉状，将春秋航空股份有限公司、春秋航空股份有限公司沈阳营业部诉至法院，要求春秋航空公开道歉并赔偿损失。

沈阳市东陵区人民法院受理了该案。2014年11月20日上午，经法院调解，三原告接受了春秋航空的补偿，其中陈某某获得补偿1.5万元，韩某某、王某某两位艾滋病人分别获得补偿3.6万元，三名原告决定撤诉。③

【案例评析】春秋航空公司拒载艾滋病人的诉讼经媒体报道，已经迅速成为网络热点，并在不断发酵，引发更广泛的讨论和争议。

---

① 同上，第46页。

② 以下内容转自郝秀辉：《航空运输合同法》，法律出版社2016年版，第53页。

③ 余瀛波：“春秋航空拒载艾滋病人案原告撤诉获补偿8.7万”，载《法制日报》，2014年11月20日。

从立法上看，《中国民用航空旅客、行李国内运输规则》第34条第2款规定："传染病患者、精神病患者或健康情况可能危及自身或影响其他旅客安全的旅客，承运人不予承运。"《艾滋病防治条例》第38条第1款第4项规定："艾滋病病毒感染者和艾滋病病人应当履行下列义务：(四) 必须采取必要的防护措施，防止感染他人。"但是，艾滋病人是否属于航空承运人拒载的传染病患者，民航规章并没有详细的规定。

从航空公司的运输条件上看，在国内大多数航空公司的运输条件中，均没有明确艾滋病患者是拒载的传染病患者。根据记者对南方航空公司北方分公司、海南航空公司、中国东方航空公司、中国国际航空、山东航空公司、厦门航空公司、四川航空公司、深圳航空公司进行的专门调查，结果显示，国内九大航企对艾滋病患者并不拒载、不歧视。① 只有在春秋航空的《特殊旅客运输说明》中，罗列了艾滋病人属于不予承运的传染病患者，但经过此次诉讼和曝光，目前，春秋航空《特殊旅客运输说明》已经删除了传染性疾病中所列举的艾滋病等内容。

其实航空公司拒载艾滋病人，春秋航空不是首例。早在2002年8月23日，泰国国家航空公司也曾拒绝一名患有艾滋病的妇女乘坐从东京飞往曼谷的飞机。据泰国《民意报》报道，这名泰国艾滋病女患者偷渡到日本后，发现自己病情严重，希望回国与家人一起度过余生。泰国驻日本大使馆免费提供给她回国的机票。但泰国国家航空公司表示，这名妇女不能提供航空公司要求的医疗病例资料，因此，航空公司不能确信这名妇女的身体是否足够健康，可以承受长途旅行的劳顿，这不是对艾滋病病人的歧视。航空公司最终同意在飞机后部为其提供一个座位，但这位艾滋病患者已改乘日本航空公司的飞机回国。泰国国家航空公司的做法受到为艾滋病患者争取权利人士的批评。②

目前，随着现代医学技术的发展，不是所有的传染病都不可治愈和控制的。航空公司是否拒载传染病患者，要区分疾病的传染途径，对于空气传播如唾液传播等传染性强的疾病患者，航空公司应该拒载，但如果是通过体液传播即主要是血液、精液传播的疾病，患者则有权利搭乘飞机，不能被歧视，甚至剥夺其缔结航空运输合同的权利。

---

① 杨帆、李莹、陈靖姝："国内九大航企对艾滋病患者不拒载不歧视"，载《辽沈晚报》，2014年8月1日。

② 李礼："艾滋病患者有权利乘坐飞机吗"，载《检察日报》，2014年9月6日，第3版。

六、自然人空难失联的宣告死亡

【案例】焦某某与杨某某申请宣告公民死亡案

【案情介绍】杨某某为某外资公司员工，2006年和焦某某登记结婚。2014年3月，因海外业务需要，杨某某被派往马来西亚出差。业务处理完毕后，杨某某预订了2014年3月8日马来西亚航空公司MH370（以下简称马航MH370）航班从吉隆坡返回北京。飞机起飞后不久，与地面失去联络。马航MH370失联事件随后引发全世界关注，救援各方一直没有搜寻到生还者，悲痛的焦某某只能去马来西亚处理后续赔偿等事宜。2015年1月29日，马来西亚民航局宣布马航MH370失事，并推定机上所有239名乘客和机组人员已遇难。得知这一消息，焦某某的希望彻底破灭。但生活还得继续，没有杨某某的死亡证明，焦某某无法代为处理杨某某的事务，他本人也无法组织新家庭。无奈，焦某某诉至法院，要求宣告杨某死亡。

【案例评析】宣告死亡，是指自然人离开住所，下落不明达到法定期限，经利害关系人申请，由人民法院宣告其死亡的法律制度。在没有确切证据充分证明相关主体事实死亡的情况下，一般都需要通过这种方式宣告死亡。

一个自然人长期下落不明，与其相关的民事法律关系便长期处于不确定的状态，将对被宣告死亡人的利害关系人的利益造成损害。如失踪人员的财产长期无人有权处分，其配偶不能再婚等。失踪人员被宣告死亡后，其与配偶的婚姻关系自然解除，个人合法财产变为遗产开始继承。宣告死亡是法律给人的一种民事制裁，令被制裁者躯体虽不消灭，却已在法律上成为“死人”，即权利能力终止。①

《民法总则》第46条规定：“自然人有下列情形之一的，利害关系人可以向人民法院申请宣告该自然人死亡：（一）下落不明满四年；（二）因意外事件，下落不明满二年。因意外事件下落不明，经有关机关证明该自然人不可能生存的，申请宣告死亡不受二年时间的限制。”此处的意外事件包括海难、空难等交通事故和地震、雪崩、山洪暴发等自然灾害。根据意外情况所致死亡的可能性大小，立法明确规定了申请宣告死亡的不同法定期间。

《民法总则》第47条规定：“对同一自然人，有的利害关系人申请宣告

① 姚辉：《民法的精神》，法律出版社1999年版，第49页。

死亡，有的利害关系人申请宣告失踪，符合本法规定的宣告死亡条件的，人民法院应当宣告死亡。”第48条规定：“被宣告死亡的人，人民法院宣告死亡的判决作出之日视为其死亡的日期；因意外事件下落不明宣告死亡的，意外事件发生之日视为其死亡的日期。”

目前，马航MH370失联事件被马来西亚民航局认定为“失事”，是一次意外事故，失踪者杨某某的丈夫焦某某有权申请宣告杨某某死亡。当然，能够申请其宣告死亡的利害关系，除配偶外，还包括父母、子女、兄弟姐妹、祖父母、外祖父母、孙子女、外孙子女和其他有民事权利义务关系的人。

焦某某请求宣告杨某某死亡后，人民法院发出公告，3个月公告期满仍然下落不明，法院遂宣告杨某某死亡。假如马航MH370失联航班将来某天安全归来，杨某某得知自己被宣告死亡，其本人或者利害关系人可申请撤销判决，人民法院应当撤销死亡宣告。死亡宣告被撤销的，婚姻关系自撤销死亡宣告之日起自行恢复，但是其配偶再婚或者向婚姻登记机关书面声明不愿意恢复的除外。在被宣告死亡期间，其子女被他人依法收养的，在死亡宣告被撤销后，不得以未经本人同意为由主张收养关系无效。有权请求依照《中华人民共和国继承法》（以下简称《继承法》）取得其财产的民事主体返还财产。无法返还的，应当给予适当补偿。①

关于马来西亚航空公司因杨某失事给予的空难死亡赔偿金的归属问题，根据《最高人民法院关于空难死亡赔偿金能否作为遗产处理的复函》[（2004）民一他字第26号]，空难死亡赔偿金是基于死者死亡对死者近亲属所支付的赔偿，获得空难死亡赔偿金的权利人是死者近亲属而非死者，故空难死亡赔偿金不能认定为遗产，其在财产属性上应属动产，在其近亲属间形成共同共有关系。

七、空难乘客的遗产继承

【案例】法航空难乘客的遗产继承案

【案情介绍】2009年6月1日，法国航空公司空客A330机型的AF447航班，原定由巴西里约热内卢加利昂国际机场飞往法国巴黎戴高乐机场。却在从巴西里约热内卢飞往法国巴黎的途中失联，经查明在巴西圣佩德罗和圣保

① 《民法总则》第50～53条。

罗岛屿附近坠毁，机上216名乘客和12名机组人员全部遇难。该航班搭载228名人员，包括3名飞行员、9名机组人员、1名婴儿、7名儿童。该架飞机上共有9名中国乘客，李某某就在其中。

2004年12月31日，张某某与李某某结婚，2007年生下女儿李某甲，一家三口一直居住在朝阳区某小区的家中。张某某称，这套房子是两人恋爱后丈夫单位分的房，婚前，李先生支付了部分房款，婚后，两人共同还贷，属于夫妻共同财产。2007年6月底，李某某的父母李某乙、刘某某来北京探亲，此后便一直与他们一起居住生活。出事后，李某某的妹妹李某丙便以奔丧的名义跑到她家中长住，从此再未离开。此后，李某乙、刘某某和李某丙联手将她和女儿赶出家门，她们在外租房花费12万。因为不能在家中居住，李某甲无法上丈夫单位开办的幼儿园，上其他幼儿园要缴入园赞助费2.17万元。李某甲上小学后无法就近入学，上其他学校又交3万元赞助费。为此，张某某将刘某某和李某丙告上法庭，要求两人将涉案房屋中的北侧卧室交付她们母女居住使用，并要求李某丙搬离该房屋，两被告赔偿其经济损失17.7万元。

朝阳法院审理后查明，张某某曾三次诉至法院，要求分割李某某的遗产，但均撤诉。刘某某曾于2012年5月起诉张某某和李某甲，要求确认自己享有涉案房屋2/3的所有权份额，后经两审法院审理，均驳回其诉讼请求。法院认为，涉案房屋登记在李某某名下，李某某享有所有权。李某某被法院宣告死亡后，继承开始，其配偶、父母、子女均有权继承遗产。2012年10月，李某某的父亲去世，李某某的妹妹有权继承父亲遗产。截至本案诉讼时，虽然涉案房屋未经继承分割，但仍处于张某某、李某甲、刘某某及李某丙共同共有的状态。张某某母女作为涉案房屋的权利人，提出到该房屋北侧卧室居住，合理合法。但因李某丙也是权利人之一，故法院不支持让李某丙腾退房屋。朝阳法院一审判令刘某某母女将涉案房屋中北侧居室交付给原告张某某母女居住、使用。驳回张某某母女的其他诉讼请求。

【案例评析】《民法总则》第124条规定：“自然人依法享有继承权。自然人合法的私有财产，可以依法继承。”

本案所涉房产争议焦点主要在于以下两个方面。

1. 夫妻共同财产的认定

根据《中华人民共和国婚姻法》（以下简称《婚姻法》）及相关法律规

定，夫妻共同财产主要指夫妻关系存续期间一方或双方的各项合法收入以及由该收入转化而成的各项财产和财产性权利。夫妻关系存续期间自结婚登记之日起至离婚登记或离婚判决生效之日止。具体应包括：（1）工资、奖金，指在夫妻关系存续期间一方或双方的工资、奖金收入及各种福利性政策性收入、补贴；（2）生产、经营的收益，指的是在夫妻关系存续期间，夫妻一方或双方从事生产、经营的收益；（3）知识产权的收益，指的是在夫妻关系存续期间，夫妻一方或双方拥有的知识产权的收益；（4）继承或赠与所得的财产，是指在夫妻关系存续期间一方或双方因继承遗产和接受赠与所得的财产。对于继承遗产的所得，指的是财产权利的取得，而不是对财产的实际占有。即使婚姻关系终止前并未实际占有，但只要继承发生在夫妻关系存续期间，所继承的财产也是夫妻共同财产，但《婚姻法》第18条第3项规定的除外；（5）其他应当归共同所有的财产；（6）双方实际取得或者应当取得的住房补贴、住房公积金；（7）双方实际取得或者应当取得的养老保险金、破产安置补偿费；（8）发放到军人名下的复员费、自主择业费等一次性费用的婚姻关系存续期间应得部分夫妻共有。

本案所涉房产是李某某婚前支付部分房款，婚后两人共同还贷的。虽然涉案房屋登记在李某某名下，但李某某并非享有全部的房产所有权，婚后两人共同还贷增值部分应为夫妻共同财产，进行平均分割。因此，因空难死亡的李某某的遗产应为婚前支付的部分房款及其增值部分以及婚后两人共同还贷房产增值部分的二分之一部分。

2. 遗产的继承

李某某的遗产在未经继承分割前，由各继承人共有。配偶、父母、子女是第一顺序继承人，兄弟姐妹、祖父母和外祖父母是第二顺序继承人。

李某某的配偶张某某、女儿李某甲和母亲刘某某和父亲李某乙是第一顺序继承人；李某某的妹妹李某丙是第二顺序继承人。根据继承法的规定，第一顺序继承人存在和没有放弃继承的情况下，第二顺序继承人无权继承。由于在房产分割前，李某某的父亲死亡，由此，应由李某某的父亲继承的房产份额，便发生了转继承情形。法院认定李某丙有权继承房产，并非是基于第二顺序继承人的身份，而是基于转继承人身份，当然，李某丙只能继承其被转继承人父亲应得的遗产份额。

八、限制行为能力人谎报“炸弹”的民事赔偿

【案例】王某某编造虚假航空恐怖信息案

【案情介绍】2013 年 10 月 31 日 11 时至 13 时期间，被告人王某某在沅江市明星麻业家属区的家中用号码为××××手机拨打长沙黄花机场、福州长乐机场、深圳宝安机场呼叫中心电话共计 4 次，谎称其在飞机上放置了炸弹，造成机场立即启动紧急预案，为排查险情耗费大量人力物力，并导致部分航班备降、顺延，已核实的直接经济损失为人民币 54 720 元。

经湖南省芙蓉司法鉴定中心鉴定，被告人王某某有轻至中度智能受损，作案时有限定刑事责任能力。法院审理认为，被告人王某某编造虚假恐怖信息，严重扰乱社会秩序，其行为已构成编造虚假恐怖信息罪，公诉机关指控被告人王某某犯编造虚假恐怖信息罪的罪名成立，予以支持。被告人王某某系限制行为能力人，依法可以从轻或减轻处罚；依照《刑法》第 291 条第 2 款、第 18 条第 2 款、第 47 条之规定，判决被告人王某某犯编造虚假恐怖信息罪，判处有期徒刑 2 年。[①]

【案例评析】本案在处理中值得讨论的问题是，王某作为部分刑事责任能力人应否承担 54 720 元经济损失的民事赔偿责任？

刑事责任的能力要求严于民事责任，不承担刑事责任不能排除承担民事责任，承担刑事责任的同时也可承担民事责任。《最高人民法院关于适用〈中华人民共和国刑事诉讼法〉的解释》第 138 条第 2 款规定：“因受到犯罪侵犯，提起附带民事诉讼或者单独提起民事诉讼要求赔偿精神损失的，人民法院不予受理。”该条文意味着犯罪嫌疑人承担刑事责任的，不影响其应对受害人承担的民事责任。《民法总则》第 187 条进一步规定：“民事主体因同一行为应当承担民事责任、行政责任和刑事责任的，承担行政责任或者刑事责任不影响承担民事责任；民事主体的财产不足以支付的，优先用于承担民事责任。”

本案王某某具有部分刑事责任能力，刑事责任上依法给予其从轻或减轻处罚。但因王某某谎称其在飞机上放置了炸弹造成机场和航空公司一定的直接经济损失，受害人有权请求其进行民事赔偿。

---

① 湖南省沅江市人民法院（2014）沅刑初字第 182 号刑事判决书。

在年龄上，具备部分刑事责任能力者并不完全等同为限制民事行为能力人（如16周岁是完全刑事责任能力人，但属于限制民事行为能力人，特殊情况除外）。在智力（精神）上，二者则基本可以等同。本案被告王某某为精神方面的轻至中度智能受损，法院直接判断其为限制民事行为能力人未尝不可。

民法对民事责任能力的划分有两个标准，一是行为能力标准，完全民事行为能力人具有责任能力；二是财产能力标准，无行为能力和限制行为能力人有财产的具有责任能力。但本书认为，行为人有无财产不应作为确定其应否承担民事赔偿责任的标准，因其对受害人的权利保护不利。限制行为能力人应与其监护人共同承担民事赔偿责任。精神上的限制行为能力人并非自始而终不具备正常能力，如癔症患者在不发病期间与普通人一样具有创造财富的正常能力。限制民事行为能力人对自己的行为具一定的判断力和理解力，因此应对自己的民事行为部分负责。《民法通则》133条规定："无民事行为能力人、限制民事行为能力人造成他人损害的，由监护人承担民事责任……有财产的无民事行为能力人、限制民事行为能力人造成他人损害的，从本人财产中支付赔偿费用。不足部分，由监护人适当赔偿，但单位担任监护人的除外。"因此，王某某虽有轻至中度智能受损，但无论其是否具有财产，均应通过其本人财产或监护人财产来对受害人承担民事赔偿责任。

九、航空服务公司劳动员工自愿辞职的后果承担

【案例】王某某与北京捷威航空服务有限公司劳动争议案

【案情介绍】北京捷威航空服务有限公司（简称捷威公司）是一家长期从事航空货运服务业务的公司，其与北京某航空地面服务有限公司之间存在航空货运业务外包服务合同关系。2014年3月，王某某入职捷威公司，与该公司建立劳动合同关系，双方约定工作地点在首都机场某库区，执行综合计算工时工作制；捷威公司于每月30日前以货币形式支付王某某工资；捷威公司承诺给王某某工资总额不低于1500元，就劳动报酬的其他事项未进行约定。

2014年9、10月，捷威公司在与穗佳公司竞争航空货运业务过程中竞争失利，丧失了为北京某航空地面服务有限公司继续提供服务的机会。2014年11月28日，北京某航空地面服务有限公司书面告知捷威公司终止合同，合

同履行终止日期为2014年12月31日。后经捷威公司与甲公司协商，甲公司同意接收捷威公司全部员工。2014年11月30日，捷威公司在公司公告栏内张贴了“办理离职通知”，内容为捷威公司各位职工：经本公司职代会通过捷威公司职工全部移交广州某物流有限公司，为了快速办理离职手续，节省您的宝贵时间，请您带身份证原件，到本公司指定地点办理离职手续。

2014年12月2日，王某某与捷威公司签署了“终止、解除劳动（聘用）合同证明书”，该证明书记载：本单位与王某某签订的劳动合同（聘用）合同（工作关系），依据劳动合同，于2014年12月31日自愿终止（解除）劳动（聘用）合同（工作关系）。落款处盖有捷威公司的印章及王某某本人签字和所捺手印。

2015年3月19日，王某某向北京市顺义区劳动人事争议仲裁委员会申请仲裁，提出由捷威公司支付解除劳动合同经济补偿金等要求。北京市顺义区劳动人事争议仲裁委员会于2015年4月24日作出京顺劳人仲字（2015）第1740号裁决书，驳回王某某全部仲裁请求。王某某对裁决结果不满意，向人民法院提起诉讼。一审判决维持仲裁裁决结果；二审维持原判。[①]

【案例评析】本案捷威公司未能与北京某航空地面服务有限公司续签货运业务承包合同，导致王某某的工作岗位不存在，属于因客观情况发生重大变化导致劳动合同事实上的履行不能，捷威公司对此在主观上并没有过错；同时，捷威公司也积极协调了王某某到甲公司就职。在此情况下，王某某在“终止、解除劳动（聘用）合同证明书”上签字，并向捷威公司提交“捷威人员辞职申请表”，且在该表上辞职原因一栏手写了“本人自愿辞职”。

根据《民法总则》第18条规定，已满18周岁的成年人为完全民事行为能力人，可以独立实施民事法律行为。王某某作为具有完全行为能力的成年人，应当清楚自己上述行为的法律后果，但王某某仍以自己的行为在法律上作出了其自愿辞职的意思表示。现行的劳动法律、法规并未规定申请人在自愿辞职的情况下捷威公司应支付其解除劳动关系经济补偿金，因此，仲裁委和两审法院据此认定王某某系自愿辞职，并判决驳回其关于解除劳动合同经济补偿金的请求，并无不当。

---

① 北京市顺义区人民法院（2015）顺民初字第08987号民事判决书、北京市第三中级人民法院（2016）京03民终4584号民事判决书。

本案原告虽提出其辞职并非出于内心真实意思表示，称捷威公司存在胁迫情形，但其并未提交证据予以证明，且该主张与其外在行为明显相悖。《民事诉讼法》第64条第1款规定："当事人对自己提出的主张，有责任提供证据。"《最高人民法院关于民事诉讼证据的若干规定》第2条第2款规定："没有证据或者证据不足以证明当事人的事实主张的，由负有举证责任的当事人承担不利后果。"故法院对王某某关于解除劳动合同经济补偿金的请求不予支持是正确的。

十、飞行员随机"黑飞"的死亡赔偿

【案例】赵某某等与北京乔海航设备有限公司等民用航空器损害责任纠纷案

【案情介绍】 赵某甲生前系鄂尔多斯市通用航空有限责任公司飞行员，其持有中国民航颁发的商用飞行执照。2015年4月27日，赵某甲向公司请假回老家过"五一"并得到批准。4月29日，赵某甲到达河南省周口市，河南乔治海茵茨飞机制造有限公司（以下简称河南乔治公司）工作人员接待赵某甲并安排其住宿。4月30日，河南乔治公司工作人员接到丁先生（美国国籍），赵某甲与丁先生开始认识交流。5月2日，丁先生接到通知，将MY-002飞机从安徽省淮北市濉溪县飞回河南省周口市，随后丁先生带赵某甲在河南乔治公司体验飞行。5月3日，丁先生、赵某甲及河南乔治公司工作人员一起驾车到达安徽省淮北市濉溪县MY-002飞机的停放地。为飞机加油后，丁先生和赵某甲一起进入飞机，飞机起飞后，向南飞行约500米，飞行高度约20米，飞机发生左侧倾斜，随即在安徽省淮北市濉溪县开发区金桂西路中段坠地起火，丁先生及赵某甲均当场死亡。

事发飞机是型号为CH750HD的两人座轻型运动飞机，其零部件系由陈某某委托北京祥丰和盛航空设备有限公司进口，于2013年7月至2014年年初在北京乔海航空设备有限公司（简称北京乔海公司）完成装配。2014年年初，该飞机被运至江苏乔治海茵茨飞机制造有限公司（简称江苏乔治公司）完成地面测试及飞行试验。2015年4月，飞机由江苏乔治公司运至河南乔治公司。因淮北市九天城建测绘有限公司有意向购买此型飞机，2015年4月20

日，河南乔治公司受陈某某指令，安排人员驾驶该飞机飞到安徽省淮北市，并停放在淮北市濉溪县开发区安徽省立坤重型钢材工程有限公司院内，供有意向的买家方面考察。

经查，涉事航空器属于北京乔海公司所有，该航空器未取得中国民航的型号认可和生产许可证，未取得中国民航的适航证、国籍登记证和民用航空器电台执照，该次飞行活动未向军、民航空管部门申报，系一起非法飞行的通用航空飞行事故。事故发生后，中国民用航空华东地区管理局对北京乔海公司处以10万元的行政处罚。

北京乔海公司、河南乔治公司、江苏乔治公司的实际控制人均为陈某某。丁先生受江苏乔治公司邀请，于2015年4月15日进入中国，4月16日到达河南省从事商务活动，为陈某某所控制的上述公司提供飞行工作，但其未持有中国民航飞行执照或执照认可函。

赵某甲系赵某某之子，27岁。赵某甲之母胡某某已于2004年去世，赵某甲系独生子。2006年5月26日，赵某某与陈某某登记结婚。李某某赵某甲之妻，赵某乙系赵某甲与李某某之女，2009年出生。

一审法院于2016年12月判决北京乔海公司及河南乔治公司赔偿赵某某、赵某乙及李某某丧葬费42 516元、死亡赔偿金1 295 353元、精神损害抚慰金10万元，共计1 437 869元。北京乔海公司、河南乔治公司不服提起上诉。二审判决驳回上诉，维持原判。①

【案例评析】本案民事法律关系复杂，既有航空器损害赔偿法律关系和航空器所有权关系，又有财产分割法律关系，涉及当事人众多，既有单位组织，又有多个自然人。

1. 无过错责任的适用问题

本案诸多民事法律关系的发生源于通用航空的非法飞行活动。由于涉案航空器未经批准运营，属于“黑飞”性质，因此，法律适用上不能选择《民用航空法》，而应适用《民法通则》和《侵权责任法》等规定。

根据《侵权责任法》，赵某甲参与的飞行行为系一种高度危险作业，这种高度危险作业对他人人身造成损害引发的赔偿责任纠纷，应适用无过错责

① 北京市密云区人民法院（2016）京0118民初3860号民事判决书、北京市第三中级人民法院（2017）京03民终4319号民事判决书。

任归责原则。无过错责任不考虑加害人是否有过错，即航空器的所有者和经营者无论主观上是否具有过错，均应对损害承担赔偿责任。

2. 过失相抵原则的适用问题

无过错责任原则下，加害人减轻或免除责任的抗辩事由是受害人对于损害的发生有过错。

本案受害人赵某甲对涉案事故的发生是否存在过错和是否可以适用过失相抵是本案争议焦点之一。

《民法通则》第123条规定，在高度危险作业中，加害人“如果能够证明损害是受害人故意造成的，不承担责任”；第131条规定：“受害人对损害的发生也有过错的，可以减轻侵害人的民事责任。”

《侵权责任法》第26条规定：“被侵权人对损害的发生也有过错的，可以减轻侵权人的责任。”第71条规定：“民用航空器造成他人损害的，民用航空器的经营者应当承担侵权责任，但能够证明损害是因受害人故意造成的，不承担责任。”

《最高人民法院关于审理人身损害赔偿案件适用法律若干问题的解释》第2条规定：“受害人对同一损害的发生或者扩大有故意、过失的，依照民法通则第一百三十一条的规定，可以减轻或者免除赔偿义务人的赔偿责任。但侵权人因故意或者重大过失致人损害，受害人只有一般过失的，不减轻赔偿义务人的赔偿责任。适用民法通则第一百零六条第三款规定确定赔偿义务人的赔偿责任时，受害人有重大过失的，可以减轻赔偿义务人的赔偿责任。”《民法通则》第106条第3款规定的是无过错责任。

通过上述法律及司法解释条款可以看出，受害人故意是民用航空器致人损害责任的唯一法定免责事由。如适用过失相抵，在过错责任原则下应以受害人有过失为前提；在无过错责任原则下应以受害人有故意或重大过失为前提，受害人有一般过失不能适用过失相抵。根据查明的事实，涉案事故系北京乔海公司、河南乔治公司违法侵权造成，上述两公司未能举证证明赵某甲具有自杀或自伤的故意，不具备法定免责事由，应依法承担全部赔偿责任。

涉事航空器系两人座轻型运动飞机，属于北京乔海公司所有，该航空器未取得中国民航的型号认可和生产许可证等行政许可，河南乔治公司组织此次飞行活动也未向军、民航空管部门申报获得有关部门批准。赵某甲生前系鄂尔多斯市通用航空有限责任公司飞行员，其持有中国民航颁发的商用飞行执照，虽然比普通人对于此次非法飞行可能的危害有更清楚的认知，但赵某甲的登机行为本身并不增加涉事航空器坠毁的危险性。赵某甲没有应当预见而没有预见的过失，其登机的行为应是源自于其轻信危险不会发生的过失，没有证据证明赵某甲具有自杀或自伤的故意。此次事故后果为飞机坠地起火、二人全部死亡，也没有证据证明赵某甲登机后的行为与机毁人亡的结果之间存在因果关系。因此，本案不能适用过失相抵责任原则。涉案事故系北京乔海公司、河南乔治公司违法侵权造成，上述两公司不具备法定免责事由，应依法承担全部赔偿责任。

3. 民用航空器致害的责任主体问题

《侵权责任法》第71条规定："民用航空器造成他人损害的，民用航空器的经营者应当承担侵权责任……" 北京乔海公司作为该航空器的所有者，河南乔治公司作为此次飞行活动的参与实施者，均应当承担侵权责任。陈某某虽然系北京乔海公司及河南乔治公司的实际控制人，但其行为应视为职务行为，所产生的法律后果由其代表的公司承受。

4. 民用航空器致害责任的请求权主体

《侵权责任法》第18条规定："被侵权人死亡的，其近亲属有权请求侵权人承担侵权责任……"《民通意见》规定，民事诉讼中的近亲属包括配偶、父母、子女、兄弟姐妹、祖父母、外祖父母、孙子女、外孙子女。

据此，本案涉事航空器非法飞行致赵某甲在飞行事故中死亡，其父母赵某某和陈某某、其子赵某乙和配偶李某某均可作为诉讼请求权主体，请求加害人承担赔偿责任。本案审理法院按照继承人的范围和顺序，排除了赵某甲的继母陈某某的请求权主体资格，认定其无权作为原告起诉要求侵权人承担侵权责任①，是不适当的。

5. "黑飞"空难致人死亡的赔偿范围

本案审理法院判决支持了原告请求的丧葬费、死亡赔偿金、被扶养人生活费、精神损害抚慰金的诉讼请求，驳回了停尸费的诉讼请求。这一判决是正确的，主要基于以下法律和司法解释的相关规定。

《民法通则》第119条规定："侵害公民身体……造成死亡的，并应当支付丧葬费、死者生前抚养的人必要的生活费等费用。"

---

① 北京市密云区人民法院（2016）京0118民初3860号民事判决书。

《最高人民法院关于适用〈中华人民共和国侵权责任法〉的通知》第4条规定："人民法院适用侵权责任法审理民事纠纷案件，如受害人有被抚养人的，应当依据《最高人民法院关于审理人身损害赔偿案件适用法律若干问题的解释》第二十八条的规定，将被抚养人生活费计入残疾赔偿金或死亡赔偿金。"

《最高人民法院关于审理人身损害赔偿案件适用法律若干问题的解释》第17条第3款规定："受害人死亡的，赔偿义务人除应当根据抢救治疗情况赔偿本条第一款规定的相关费用外，还应当赔偿丧葬费、被扶养人生活费、死亡补偿费以及受害人亲属办理丧葬事宜支出的交通费、住宿费和误工损失等其他合理费用。"第29条规定："死亡赔偿金按照受诉法院所在地上一年度城镇居民人均可支配收入或者农村居民人均纯收入标准，按二十年计算。但六十周岁以上的，年龄每增加一岁减少一年；七十五周岁以上的，按五年计算。"第30条第1款规定："赔偿权利人举证证明其住所地或者经常居住地城镇居民人均可支配收入或者农村居民人均纯收入高于受诉法院所在地标准的，残疾赔偿金或者死亡赔偿金可以按照其住所地或者经常居住地的相关标准计算。"

《最高人民法院关于审理涉外海上人身伤亡案件损害赔偿的具体规定（试行）》规定死亡赔偿范围包括如下几个方面。

（1）收入损失。是指根据死者生前的综合收入水平计算的收入损失。收入损失＝（年收入－年个人生活费）×死亡时起至退休的年数＋退休收入×10；死者年个人生活费占年收入的25%～30%。

（2）医疗、护理费。

（3）安抚费。是指对死者遗属的精神损失所给予的补偿。

（4）丧葬费。包括运尸、火化、骨灰盒和一期骨灰存放费等合理支出。但以死者生前6个月的收入总额为限。

（5）其他必要的费用。包括寻找尸体、遗属的交通、食宿及误工等合理费用。

6. 死亡赔偿金的性质

关于死亡赔偿金的性质，《最高人民法院关于空难死亡赔偿金能否作为遗产处理的复函》（〔2004〕民一他字第26号）曾明确给予答复：空难死亡赔偿金是基于死者死亡对死者近亲属所支付的赔偿，获得空难死亡赔偿金的权利人是死者近亲属，而非死者，故空难死亡赔偿金不宜认定为遗产。

据此，死亡赔偿金是对死者近亲属的一种物质损害赔偿，并非死者的遗产。遗产应是死者生前已经合法所有的财产，而死亡赔偿金的形成及赔偿金的实际取得均发生在死亡之后。

死亡赔偿金也并非是对死者自身的赔偿，是对受害人近亲属因受害人死亡导致的生活资源的减少和丧失的补偿，包括了被抚养人生活费，因为人的生命价值不是金钱所能衡量和估价的。适用《侵权责任法》后，死亡赔偿金和被扶养人生活费之间是一种包含关系，即《侵权责任法》中的死亡赔偿金包含了人身损害赔偿解释中的死亡赔偿金和被扶养人生活费。

死亡赔偿金也不是夫妻共同财产。夫妻共同财产是指夫妻关系存续期间，夫妻一方或双方所取得的合法财产。夫妻关系终结于离婚或一方死亡（包括宣告死亡），而死亡赔偿金产生于夫妻关系终结之后。

十一、航空旅客向发动机投掷硬币的法律后果

【案例】深圳航空公司与徐某某侵权责任纠纷案

【案情介绍】2017年7月27日，原告深圳航空公司承运的ZH9710南宁—武汉—沈阳航段，航班经停武汉天河机场，并于22时20分左右开始安排旅客登机。旅客登机到一半时，被告徐某某朝发动机方向投掷硬币，乘务长马上告知护卫寻找硬币，并告知安全员对该旅客进行监控。22时45分护卫找到2枚一角硬币，机长告知乘务长将硬币放置清洁袋内。大约22时50分机场公安到达，乘务长将被告及硬币交至公安机关。后续航班因需要对飞机进行检查，航班取消。被告的行为直接导致航班取消、飞机检修、旅客滞留，造成原告一系列经济损失，该损失经大华会计师事务所（特殊普通合伙）深圳分所作出大华核字〔2017〕01066号专项审计报告审计，此次事件造成的直接经济损失为67 186.60元（包括鉴定费）。后原告结算机组住宿费为1605元、客运大巴费用4889.37元、头等舱旅客住宿费1112.8元、经济舱旅客住宿费19 474元、旅客夜宵费3081.6元、旅客早餐费4622.4元，其他费用与审计报告相同，实际损失为72 531.77元。事故发生后，原告提起诉讼，要求判令被告向原告赔偿损失。法院经审理，依照《民法通则》第106条、第117条的规定，判决由被告徐某某赔偿原告深圳航空有限责任公司经济损失72 531.77元。①

① 武汉市黄陂区人民法院（2017）鄂0116民初4668号民事判决书。

【案例评析】2017年连续发生多起乘客向发动机投掷硬币事件，除本案外，2017年6月27日，南方航空公司由浦东飞往广州的CZ380航班，因一名老年旅客向发动机投掷硬币导致延误4小时；2017年10月18日，祥鹏航空公司的航班在乘客登机过程中，一名乘客向飞机发动机投掷硬币，祥鹏航空公司取消此次航班，安排飞机停场并对发动机进行全面检查，安排旅客入住酒店并提供餐食保障。

飞机涡扇发动机是精密工业品，任何发动机的空中停车都有引发空中事故的可能，因此，民航规章《航空发动机适航规定》（CCAR－33）专门对飞机发动机的要求作出具体规定，对于发动机常见的外来物损害，如鸟、雨、冰和冰雹等损害有试验验证的要求，不通过试验要求的发动机不能安装于飞机上。如果硬币进入到发动机核心部位，未被发现还继续正常运行的，可能会导致压气机叶片断裂，发动机失效，造成起飞阶段出现问题甚至会致机毁人亡。

《民法总则》第3条规定："民事主体的人身权利、财产权利以及其他合法权益受法律保护，任何组织或者个人不得侵犯。"第187条规定："民事主体因同一行为应当承担民事责任、行政责任和刑事责任的，承担行政责任或者刑事责任不影响承担民事责任；民事主体的财产不足以支付的，优先用于承担民事责任。"

因《民法总则》于2017年10月1日起施行，因此本案适用的法律依据是《民法通则》。《民法通则》第106条第1、第2款规定："公民、法人违反合同或者不履行其他义务的，应当承担民事责任。公民、法人由于过错侵害国家的、集体的财产，侵害他人财产、人身的，应当承担民事责任。"第117条规定："侵占国家的、集体的财产或者他人财产的，应当返还财产，不能返还财产的，应当折价赔偿。损坏国家的、集体的财产或者他人财产的，应当恢复原状或者折价赔偿。受害人因此遭受其他重大损失的，侵害人并应当赔偿损失。"

多起向发动机投掷硬币事件发生后，虽然对飞机发动机检修并未发现毁损，但是，为确保飞行安全，发动机检修必定导致航班取消、旅客滞留、延误赔偿、临时增加航班，导致更多航班不同程度延误。航空公司的一系列经济损失完全是不遵守安全规定的乘客的违法行为直接造成的，显然构成对航空公司财产权利的侵害和公共秩序的破坏，因此，除了对违法旅客进行行政处罚之外，航空公司遭受的经济损失，应由侵权人予以赔偿。

第六章

法　人

法人，是指依法成立，具有民事权利能力和民事行为能力，依法独立享有民事权利和承担民事义务的社会组织。

法人同自然人一样，都是受民法调整的平等主体。法官处理民事纠纷时，必须清楚地了解法人的本质、法人的成立条件、法人的民事权利能力、民事行为能力、法人的有限责任、法人变更和终止的后果等法律制度，方能对案件作出合法公正的裁判。

第一节　法人的权利能力和行为能力

一、公共航空运输企业法人的设立

公共航空运输企业法人，是指以营利为目的，使用民用航空器运送旅客、行李、邮件或者货物的企业法人。

《民法总则》第58条规定：“法人应当依法成立。法人应当有自己的名称、组织机构、住所、财产或者经费。法人成立的具体条件和程序，依照法律、行政法规的规定。设立法人，法律、行政法规规定须经有关机关批准的，依照其规定。”《民用航空法》对公共航空运输企业市场准入有特别规定，因此，公共航空运输企业的设立条件，依据特别法规定。

纵观我国公共航空运输企业市场准入管理的演变，历经放松——管制——放松的循环往复调整历程，公共航空公司在20世纪80年代、90年代和进入2000年以后各有一次数量上的井喷，这与我国民航市场受到准入管制和政府干预的影响密切相关。

1996年施行的《民用航空法》是对公共航空运输企业实施经营许可管理的上位法，其中第93条对公共航空运输企业市场准入应当具备的基本条件作了原则性的规定，包括民用航空器、航空人员和注册资本三个要件。

关于公共航空运输企业的设立，1985年5月28日发布了《国务院关于开办民用航空运输企业审批权限的暂行规定》，1993年发布《开办航空运输企业审批基本条件和承办程序细则》（民航局发〔1993〕39号），首次明确提出运输飞机不少于3架，注册资金不少于8000万元等量化指标。

2004年公布的《公共航空运输企业经营许可规定》[①] 是与《民用航空法》配套的管理规章，围绕《民用航空法》对设立公共航空运输企业应当具备的三个基本要件，保留1993年细则设定的不少于3架航空器等准入条件，但将注册资金不少于8000万元修改为"不少于国务院规定的注册资本的最低限额"，与《民用航空法》表述一致。[②] 2013年3月下发《关于调整公共航空运输企业经营许可管理有关政策的通知》（民航发〔2013〕41号），再次明确"设立客运航空公司，购置航空器的自有投资规模应不少于人民币6亿元；设立全货运航空公司，购置航空器的自有投资规模应不少于人民币4亿元。"可见，我国公共航空运输企业市场准入政策的演进，均立足于注册资

---

① 《公共航空运输企业经营许可规定》2016年有所修改，但准入条件未发生变化。但值得注意的是，2016年6月1日起实施的《通用航空经营许可管理规定》（CCAR－290部）降低了通航企业准入门槛：（1）减少准入环节，取消原有的经营许可筹建环节，为通航企业设立提供更多便利；（2）放宽准入条件，由要求自有两架航空器改为对航空器所有权不作要求；（3）降低准入要求，降低了签订保障协议的机场标准，由颁证机场降为与航空器相适应的"起降场地"。这种变化目的是促进通用航空发展。

② 公共航空运输企业的设立条件包括：（1）不少于3架购买或者租赁并且符合相关要求的民用航空器；（2）负责企业全面经营管理的主要负责人应当具备公共航空运输企业管理能力，主管飞行、航空器维修和其他专业技术工作的负责人应当符合民用航空规章的相应要求，企业法定代表人为中国籍公民；（3）具有符合民用航空规章要求的专业技术人员；（4）不少于国务院规定的注册资本的最低限额8000万元人民币；（5）具有运营所需要的基地机场和其他固定经营场所及设备；（6）外商投资设立公共航空运输企业，应当由中方控股，其中一家外商（包括其关联企业）投资比例不得超过25%；（7）不能湿租我国现有公共航空运输企业或者外国公共航空运输企业的民用航空器用以筹建公共航空运输企业；（8）民用机场、空中交通管理、航空器制造、航油供应、民航计算机信息等与公共航空运输企业有直接关联关系、可能影响航空运输市场公平竞争的企业或单位，不能单独设立或者违反规定参股设立公共航空运输企业；（9）民航局规定的其他必要条件。《公共航空运输企业经营许可规定》（中国民航局第138号令，2005年1月15日起施行）第7～9条。

金限额、航空器数量和专业技术人员资质等要求来设定准入门槛，尤其是更聚焦于注册资本金限额，这与公共航空运输业高风险、高投入、高科技、低收益，即“三高一低”的行业特点是相符合的。

在2014年的工商注册资本登记制度改革中，没有将公共航空运输业列入仍然实行注册资本实缴登记制的27个行业之一，并且按照本次商事制度改革中“逐步取消资本最低限额，淡化注册资本数额要求”的规定，《民用航空法》关于注册资本的条款有待修改。但是考虑到公共航空运输是直接关系到人民群众生命财产安全的特殊行业，在对待公共航空运输企业市场准入的财务壁垒时，必须持审慎态度，设计科学、合理的资本金制度，有利于市场主体创新，实现市场细分和服务差异化，但对其监管能力也将面临更大的挑战。①

2016年5月14日起施行的《定期国际航空运输管理规定》对申请国际航班经营范围的空运企业应当具备的条件规定如下：（1）经营定期旅客、行李、货物、邮件的国内航空运输，年旅客运输量达到150万人次或1亿5000万吨公里；（2）具有良好的飞行安全记录；（3）具有与经营国际航班相适应的民用航空器及其附属设施；（4）具有与经营国际航班相适应的专业人员和主要管理人员；（5）有相应的经营国际航班的管理制度；（6）增加必要的资产，足以承担国际航班经营中的民事责任。亏损的空运企业不能申请经营国际航班；（7）中国民用航空局规定的其他条件。

2016年8月29日，民航局下发《关于加强新设航空公司市场准入管理的通知》（民航发〔2016〕96号），进一步加强新设航空公司市场准入调控，避免航空运输市场出现“多、小、散、弱”的状况；突出强调重点支持设立支线和全货运航空公司。在严格市场准入条件方面，一是严格资源保障能力评估。加强对新设航空公司拟使用基地机场的空域资源和地面保障能力的评估，具备相应保障能力的，方可批准新设航空公司。二是严格限制在繁忙机场运营的主基地航空公司数量。旅客运输量为1000万～3000万（不含）人次的机场，主基地航空公司原则上不超过3个，3000万～5000万（不含）人次的机场，主基地航空公司原则上不超过4个，5000万人次以上的机场，

① 杨杰：“困顿与突破——公共航空运输企业市场准入管理思路探讨”，载《民航运输信息》2015年第2期。

主基地航空公司原则上不超过 5 个。三是严格专业技术人员审核。加强对新设航空公司机长等关键专业技术人员的审核，自有飞行机组数量、资质应符合相关规章及规范性文件要求。

自 2016 年 1 月 1 日起，运输司全面落实《关于简化国内航空公司国际航线包机审批手续的通知》的有关要求，国内航空公司的国际航线包机由审批制改为备案制，减少行政审批。

近年来，民航界也出现对航空公司经营许可证予以注销的案例。2016 年 7 月 4 日，民用航空局依法注销宁夏货运航空有限公司（以下简称宁夏货航）公共航空运输企业经营许可证。宁夏货航 2015 年 6 月 11 日取得民用航空局颁发的公共航空运输企业经营许可证，但截至 2016 年 6 月 11 日该公司仍未实际安排航班经营。其间，民航西北地区管理局对宁夏货航情况进行专项检查，核实该公司至今未向西北局提出运行合格审定正式申请，安排航班运营的情况难以预料。为切实加强公共航空运输企业经营许可监督管理，根据《公共航空运输企业经营许可规定》（民航总局第 138 号令）第 40 条规定，民用航局依法注销其公共航空运输企业经营许可证。

二、航空包机公司法人的法律地位

【案例】钱某某、云南航空旅游包机公司与云南省昆明市工商行政管理局行政纠纷案

【案情介绍】1992 年 9 月，由中国民航云南省管理局投资注册资本金人民币 50 万元成立集体企业——云南民航经营开发公司，经营范围是五金、建材等。1992 年 12 月 10 日，云南民航经营开发公司出资人民币 30 万元作为企业注册资金成立云南航空旅游包机公司（以下简称包机公司），后者系集体所有制企业，该公司的审批机关为民用航空云南省管理局，经营范围如下，主营：省内外、地区性和国际航线的旅游包机；国际机票销售、国际机票销售一类代理；兼营：航空延伸性服务。按照公司章程，实行独立核算、目标承包、利润超额提成的办法管理。

1992 年 12 月 24 日、1996 年 12 月 27 日，包机公司分别归还云南民航经营开发公司注册资本金及开办费人民币 320 524.96 元。在归还资金的两张发票中分别载明，归还部分注册资金及代垫款；收回借款。

2000年，云南民航经营开发公司（以下简称开发公司）改制为云南航辰经营开发有限公司（以下简称航辰公司）。改制后的股东为民用航空云南省管理局工会和云南航空公司职工持股会；注册资本金为民用航空云南省管理局工会占41%，云南航空公司职工持股会占59%。该公司改制进行清产核资并不包括包机公司的资产。在改制实施方案中明确表示对于包机公司等6家子公司今后发展，开发公司计划在公司改制完毕后，根据各自子公司的实际情况将作进一步调整。

原告钱某某系包机公司的职工，2009年11月2日，该公司法定代表人康某某因病辞去公司法定代表人，包机公司于2009年11月30日召开职工代表大会，选举钱某某为包机公司的总经理，主持负责包机公司的全面工作。之后航辰公司以包机公司上级主管部门的名义要求原告钱某某交出包机公司的营业执照及公章，遭拒后，2010年5月14日，航辰公司以包机公司名义向市工商局申请办理包机公司的营业执照遗失补办，并以包机公司的名义向被告市工商局提交材料，申请将包机公司法定代表人由康某某变更为贾某某（贾某某系航辰公司总经理）。同年5月17日，经被告去南省昆明市工商行政管理局（以下简称市工商局）审查批准了对包机公司法定代表人变更登记申请，即由原企业法定代表人康某某变更为贾某某。原告钱某某不服向法院提起行政诉讼，要求撤销被告作出变更包机公司法定代表人的具体行政行为。

一审法院审理后，判决撤销被告市工商局2010年5月17日作出的将包机公司法定代表人由康某某变更为贾某某的具体行政行为。[①] 包机公司不服判决提起上诉。二审法院查明，包机公司原上级主管单位开发公司系集体所有制企业，于2000年改制为航辰公司，改制后，航辰公司的性质为非自然人出资有限责任公司。在航辰公司的工商登记资料中，没有包机公司为其子公司的记载，包机公司的工商登记资料中也没有航辰公司为其上级主管单位的记载。同时，中国民用航空云南省管理局、云南省经济贸易委员会及云南省人民政府清产核资领导小组办公室于1999年12月已经对包机公司集体企业资产清产核资，并颁发了“集体资产产权登记证书”。同时查明，包机公司原企业法人营业执照正副本及公司印章并未遗失，一直由钱某某管理持有。

① 云南省昆明市西山区人民法院（2010）西法行初字第57号行政判决书。

二审法院审理后，认为一审判决适用法律不当，判决撤销一审行政判决；驳回钱某某的诉讼请求。①

【案例评析】根据《中华人民共和国公司法》（以下简称《公司法》）规定，公司是企业法人，有独立的法人财产，享有法人财产权，公司以其全部财产对公司的债务承担责任。依法设立的公司，由公司登记机关发给公司营业执照，公司营业执照签发日期为公司成立日期。公司营业执照应当载明公司的名称、住所、注册资本、实收资本、经营范围、法定代表人姓名等事项。公司营业执照记载的事项发生变更的，公司应当依法办理变更登记，由公司登记机关换发营业执照。②

《中华人民共和国公司登记管理条例》（以下简称《公司登记管理条例》）第4条第1款规定："工商行政管理机关是公司登记机关。"工商行政管理机关对其行政辖区内公司的设立、变更、注销依法负有登记管理的行政权责。

《中华人民共和国企业法人登记管理条例实施细则（以下简称《企业法人登记管理条例实施细则》）第38条规定："企业法人根据《条例》第十七条规定，申请变更登记时，应提交下列文件、证件：（一）法定代表人签署的变更登记申请书；（二）原主管部门审查同意的文件；（三）其他有关文件、证件。"

从本案来看，一审和二审法院的不同判决结果，缘于对包机公司法人性质的认定不同和法律适用不同。

一审法院认定包机公司是航辰公司的子公司，航辰公司的性质是城镇集体所有制企业，故适用《中华人民共和国城镇集体所有制企业条例》（以下简称《城镇集体所有制企业条例》）（2011）第15条规定："集体企业的合并、分离、停业、迁移或者主要事项的变更，必须符合国家的有关规定，由企业提出申请，报经原审批部门批准，依法向原登记机关办理变更登记。"认为包机公司原审批部门系民用航空云南省管理局，包机公司变更法定代表人必须报经民用航空云南省管理局批准。

二审法院认定包机公司的原上级主管单位开发公司虽曾是集体所有制企业，但2000年改制后的航辰公司，性质为非自然人出资有限责任公司。在航

① 云南省昆明市中级人民法院（2011）昆行终字第17号行政判决书。

② 《公司法》第3条、第7条规定。

辰公司的工商登记资料中，没有包机公司为其子公司的记载，包机公司的工商登记资料中也没有航辰公司为其上级主管单位的记载。因此，航辰公司以包机公司的名义提交给市工商局要求变更登记的申请材料，虽然存在一定瑕疵，但基本符合《企业法人登记管理条例实施细则》和《关于内资企业登记申请提交材料规范》规定的形式要件，市工商局变更法定代表人的行政行为具有事实根据和法律依据。

其实，即使包机公司是航辰公司的子公司①，许多方面都要受到母公司航辰公司的管理，但法律上，子公司仍是具有法人地位的独立公司，它有自己的公司名称和公司章程，并以自己的名义进行经营活动，其财产与母公司的财产彼此独立，各有自己的资产负债表。在财产责任上，子公司和母公司也各以自己所有财产为限承担各自的财产责任，互不连带。

三、外国航空公司国内代表机构的民事权利能力

【案例】国泰航空有限公司郑州代表处的主体资格认定案

【案情介绍】在国泰航空有限公司郑州代表处（以下简称国泰航空郑州代表处）与（被告）河南晟龙贸易有限公司（以下简称晟龙公司）航空货物运输合同纠纷案中，原告国泰航空郑州代表处提交的“外国（地区）企业常驻代表机构登记证”证明其系外国企业国泰航空有限公司驻华代表机构。郑州市中级人民法院经审理裁定，国泰航空郑州代表处不具备诉讼主体资格，驳回起诉。②

国泰航空郑州代表处不服提起上诉，称一审裁判理由明显不能成立，上诉人在一审中已经提交工商管理部门颁发的“外国（地区）企业常驻代表机构登记证”和质量监督部门颁发的“组织机构代码证”，上诉人依法登记并领有组织机构代码证，属于《民事诉讼法》第48条规定其他组织的范围，一审法院以上诉人不具备诉讼主体资格为由驳回上诉的起诉，属于认定事实错误，请求依法撤销一审裁定。二审法院审理后裁定驳回上诉，维持原审裁定。③

---

① 子公司是指一定数额的股份被另一公司控制或依照协议被另一公司实际控制、支配的公司。

② 郑州市中级人民法院（2014）郑民三初字第158号民事裁定书。

③ 河南省高级人民法院（2016）豫民终365号民事裁定书。

【案例评析】我国民事立法否认企业法人的分支机构民事主体资格地位，但承认其诉讼主体资格。[①] 例如，《公司法》第14条第1款规定："公司可以设立分公司……分公司不具有企业法人资格，其民事责任由公司承担。"但是，《民事诉讼法》第48条第1款规定："公民、法人和其他组织可以作为民事诉讼的当事人。"《最高人民法院关于适用〈中华人民共和国民事诉讼法〉的解释》第52条第3项规定，其他组织是指依法登记领取我国营业执照的中外合作经营企业、外资企业。上述立法并未否认领取营业执照的法人分支机构的诉讼主体资格，仅表明分公司（分支机构）的民事责任由公司（法人）承担。2011年施行的《外国企业常驻代表机构登记管理条例》第2条规定："本条例所称外国企业常驻代表机构，是指外国企业依照本条例规定，在中国境内设立的从事与该外国企业业务有关的非营利性活动的办事机构。代表机构不具有法人资格。"

据此考察本案原告资格，不难发现，根据《外国企业常驻代表机构登记管理条例》对外国企业派驻我国代表处的性质界定，国泰航空有限公司是美国籍人士Roy C Farrell与澳大利亚籍人士Sydney H de Kantzow于1946年创办的香港第一所提供民航服务的航空公司。国泰航空有限公司在我国设立的郑州代表处虽取得《外国（地区）企业常驻代表机构登记证》和《组织机构代码证》，但没有领取营业执照，其在我国境内的一切业务活动，应由其所代表的外国企业承担法律责任，故其不属于可以参加诉讼的其他组织。

外国企业在我国境内依法设立并领取营业执照的分支机构才具有民事诉讼主体资格。外国企业在我国境内设立的代表机构不具有诉讼主体资格的，则应由该外国企业作为当事人参加诉讼。构成民事法律关系的当事人，应当符合以下条件：(1) 当事人与案件有直接的利害关系。当事人必须是发生民事争议一方，与案件有直接的利害关系。(2) 当事人必然以自己的名义进行诉讼。凡不是以自己的名义而是以他人的名义进行诉讼的人，都不是民事诉讼的当事人。(3) 当事人受法院裁判的拘束。原被告不适格的，一般裁定驳回起诉。国泰航空郑州代表处即使有自己的财产和银行账户，但依据《外国

① 魏振瀛：《民法（第四版）》，北京大学出版社、高等教育出版社2010年版，第91页。

企业常驻代表机构登记管理条例》第7条第1款的规定，代表机构的经费系来源于该外国企业的拨付，不属于拥有自身财产的其他组织，不是法定可以成为民事诉讼主体的其他组织。因此，法院根据《外国企业常驻代表机构登记管理条例》第2条以及《最高人民法院关于适用〈中华人民共和国民事诉讼法〉的解释》第52条第3项的规定，裁定驳回原告国泰航空郑州代表处的起诉。

四、通航公司法人的住所争议

【案例】广东白云通用航空有限公司与河南万企普世文化传播有限公司股权转让纠纷管辖权异议案

【案情介绍】广州白云通用航空有限公司（以下简称白云航空公司）作为企业法人，其工商登记注册地是广东省阳江市，工商登记的住所为阳江市合山机场。据此，一审法院认定，白云航空公司的住所应当是阳江市合山机场，广东省阳江市中级人民法院对该案有管辖权，裁定驳回白云航空公司对该案管辖权提出的异议。白云航空公司不服一审裁定，提出上诉，称白云航空公司总部及主要办事机构所在地位于广州市天河区，即住所地为广州市天河区，白云航空公司虽然未将阳江市合山机场作为主要办事机构所在地，但并未废置阳江市合山机场，广东省阳江市中级人民法院仅以白云航空公司工商登记住所地址阳江市已签收诉讼资料事由，便推定白云航空公司住所地为阳江市，理据不足，请求撤销原裁定，将本案移送至广州市天河区人民法院审理。广东省高级人民法院审理认为，原审法院认定白云航空公司的住所地在阳江市并无不当，阳江市中级人民法院对本案具有管辖权。①

【案例评析】企业法人的住所具有重要法律意义，是企业法人独立承担民事责任的必备条件；是确定诉讼管辖的依据；是确定企业登记主管机关管辖的依据；是企业法人从事生产经营活动的必要条件。

《民法总则》第63条规定："法人以其主要办事机构所在地为住所。依法需要办理法人登记的，应当将主要办事机构所在地登记为住所。"第64条规定："法人存续期间登记事项发生变化的，应当依法向登记机关申请变更

① 广东省高级人民法院（2017）粤民辖终516号民事裁定书。

登记。”第65条规定：“法人的实际情况与登记的事项不一致的，不得对抗善意相对人。”

公司作为企业法人之一，公司住所也应是公司的主要办事机构所在地。主要办事机构所在地，通常是公司发出指令的业务中枢机构所在地。公司住所记载于公司章程，是公司章程的必要记载事项，具有公示效力。公司住所也是公司注册登记的必要事项之一，具有法律效力。企业登记主管机关对企业的管理首先是地域管辖，企业没有固定住所，国家执法机关就无法对其进行有效的管理。公司住所变更必须履行法定的变更登记手续，否则不得对抗善意第三人。

法人住所与法人经营场所不同，后者是指企业法人主要业务活动、经营活动的处所。实践中，法人住所和经营场所往往同一，但法人住所和经营场所的法律意义不同。法人的经营场所范围广泛，可有多个用于日常经营的场所，而法人登记的住所只准一处固定场所，且具有法定的民事权利、义务指向。

本案管辖权异议的争议焦点是如何确定白云航空公司的住所地，因其影响管辖法院的确定。《民事诉讼法》第21条第2款规定：“对法人或者其他组织提起的民事诉讼，由被告住所地人民法院管辖。”《最高人民法院关于适用〈中华人民共和国民事诉讼法〉的解释》第3条规定：“公民的住所地是指公民的户籍所在地，法人或者其他组织的住所地是指法人或者其他组织的主要办事机构所在地。法人或者其他组织的主要办事机构所在地不能确定的，法人或者其他组织的注册地或者登记为住所地。”《公司登记管理条例》第12条规定：“公司的住所是公司主要办事机构所在地。经公司登记机关登记的公司的住所只能有一个。公司的住所应当在其公司登记机关辖区内。”

本案的审理法院查明，白云航空公司在工商登记机关登记的住所地是阳江市合山机场，白云航空公司上诉提出其公司总部及主要办事机构所在地位于广州市天河区，但并未提供相应的证据证明。因此，法院最终无法根据白云航空公司的主张确定其主要办事机构所在地，则只能以其登记的住所地为准。

第二节 法人的责任

一、公共航空运输公司的托运行李损坏赔偿责任

【案例】胡某某诉中国南方航空股份有限公司航空运输财产损害赔偿纠纷

2011年4月18日，胡某某乘坐中国南方航空股份有限公司（以下简称南航公司）CZ3201次航班从广州出发飞往西安，登机前，胡某某在南航公司将携带的新秀丽牌硬壳行李箱办理了托运手续，并贴有易碎标志。到达西安咸阳国际机场后，在领取行李时，胡某某发现其行李箱顶部有20厘米左右严重压裂。西安德纳达航空服务有限公司向胡某某出具了行李运输事故记录，该记录记载：在卸机时发现此行李箱顶部20厘米左右严重压裂（硬壳箱），内装玻璃制化妆品，在交运时已贴易碎标志，发生事故时行李重量为3千克。后胡某某将破损行李箱取走。胡某某诉至法院，请求判令被告赔偿原告损失（玻璃制化妆品的损失）7000元及价值3000元的新秀丽牌硬壳拉杆箱一个。法院审理后，依据《民用航空法》第125条、第128条、第131条，《国内航空运输承运人赔偿责任限额规定》第3第3款之规定，判决南航公司赔偿胡某某行李箱损失人民币300元。①

【案例评析】航空公司作为企业法人，具有民事责任能力，可以独立承担民事责任。《民法总则》第60条规定："法人以其全部财产独立承担民事责任。"

胡某某在南航公司购买机票乘坐南航公司班机到达西安咸阳国际机场，并托运了行李箱，胡某某已与南航公司形成运输合同关系。南航公司有义务按时、安全地将胡某某及托运行李送达目的地。胡某某到达目的地后发现其托运的行李箱有严重损坏，航空公司未能举证对所运输行李已尽合理注意义务，故不能免责。

① 咸阳市渭城区人民法院（2012）咸渭民初字第00194号民事判决书。

本案关键点在于赔偿标准问题。胡某某在南航公司托运行李箱时，因行李箱内装有玻璃制品，胡某某办理了相关托运手续后，南航公司在行李箱上贴有易碎标志。但胡某某未向南航公司对行李箱办理声明价值，故只能按照《国内航空运输承运人赔偿责任限额规定》进行赔偿，即除办理声明价值的行李外，行李赔偿的最高限额为每位旅客每公斤100元，赔付原则为限额赔偿。所谓限额赔偿是指不论财产价值如何，一律按照公斤数来计算赔偿，最高不超过3000元。

相比于国内，国际航班采用1999年《蒙特利尔公约》规定的赔偿标准，即托运行李赔偿最高限额是1131特别提款权。为确保行李安全，航空旅客可以办理行李的声明价值；或者旅客有易碎、贵重物品不能托运或有大型物品（如乐器）需要带入客舱运输，其超过手提行李重量、尺寸规定时，按照占座行李规定办理；或者可以考虑提前购买航空旅客行李保险。

二、飞机租赁特殊目的公司（SPV）的法人责任

在国际飞机租赁模式中，特殊目的公司（SPV）扮演了重要的角色。SPV租赁模式起源于爱尔兰和开曼群岛，以其优惠政策、较低税负和周到服务吸引航空租赁公司。租赁公司一般在爱尔兰或开曼群岛这种“避税天堂”设立独立封闭的SPV作为名义出租人，以SPV所拥有的单架飞机作为租赁标的物，出租给承租人运营，故又称单机租赁模式。

【案例】湾流G550公务机的SPV租赁

【案情介绍】2011年，某航空公司应发展的需要，向中航国际租赁有限公司租赁一架波音公司制造的湾流G550公务机。中航国际租赁有限公司对国内的各大保税区进行调研分析，比较已有的天津东疆保税港区、上海综合保税区、北京天竺保税区的融资租赁业务，发现东疆保税港区拥有很多的优惠政策。它是国家飞机租赁创新试点区、航运金融和离岸金融创新基地；除享受一般保税港区拥有的出口入区退税、进境入区保税功能外，东疆保税港区设立的租赁公司或租赁公司在区内设立的项目子公司，从境外购买空载重量在25吨以上并租赁给国内航空公司使用的飞机，可享受进口关税1%和增值税4%的税收优惠，这个税收政策的优惠是天津东疆保税港区独有的。此外，东疆保税港区还有融资租赁货物出口退税、外汇资本意愿结汇、单机公

司运营模式、优先安排外债规模、优先推进离岸账户设立等一系列政策优势。正因其优惠的扶持政策，中航国际租赁有限公司最终选择在东疆保税区通过设立一家单一项目公司，完成了为某公务航空公司成功融资租赁一架湾流G550公务机的目标，该架飞机于2012年1月16日正式交付，1月19日晚调机回国，落地天津机场。此项目具体交易结构如图3所示。

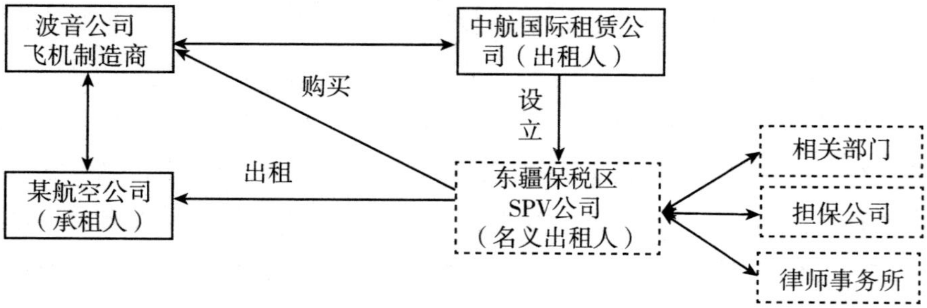

图3　中航国际租凭公司租赁湾流G550公务机交易结构

【案例评析】SPV（特殊目的公司）作为独立法人，承担的是有限责任，使得租赁飞机与母公司主体隔离，单一资产发生风险时不会影响到租赁公司及其他项目公司的资产；同时，SPV将包括飞机本身、租金和保险受益权在内的所有资产权益以抵押或质押的方式让渡给贷款机构，由此获得贷款融资。此种操作手段能最大限度地降低飞机租赁参与方直接承担的风险，同时借助SPV的特殊结构，租赁各方还能享受税收优惠。实际上，SPV仅具有名义上的内部组织结构而无独立的经营管理人员，即为“空壳公司”，其所有经营管理活动均由母公司或受托人控制，存续期以项目期为限。

SPV租赁模式减轻了税负。例如，中航国际租赁公司如从国外购买飞机租给国内的航空公司，要缴纳总计高达22.85%进口税费，租赁公司只能将这些税费作为购置成本均摊进租金，使中航国际租赁公司的报价高出国外租赁公司约10%~20%。东疆保税地区的单机项目公司免交关税和增值税，航空公司用报关方式缴纳的关税和增值税可分期缴纳，并可申请优惠税率（关税1%，增值税4%），此外不需要再向注册地政府缴纳其他税收，租金报价中仅包含融资成本。

SPV租赁模式保障出租人的融资本金不被挪用，控制项目融资风险。用保税区SPV公司作为出租主体，承租人需将飞机供应商的飞机购买权益转让给SPV公司，由SPV公司向境外飞机供应商全额支付飞机价款，有利于租赁公司防范承租人挪用融资本金的风险，并有利于在飞机交付时即取得飞机的所有权。

SPV租赁可以有效地隔离风险。SPV将单架飞机作为租赁标的物出租给航空公司营运，租赁物的风险和权利完全转移至SPV，从而使得租赁业务本身的风险与中航国际租赁有限公司相互分离，每一个项目公司只对应一笔租赁合同，实行单独管理、单独核算，一旦出现风险，中航国际租赁有限公司只对从事该项目的SPV以出资额为限承担有限责任，这样一方面避免该项目与母公司之间的风险相互传播，主要指其母公司有破产风险或债务危机不会影响该SPV项目的运行；另一方面中航国际租赁公司拥有不止一个SPV项目，因此SPV项目之间的风险也不会相互传播。

三、航空缔约承运人和实际承运人的连带责任

【案例】高纯厂诉黄花机场公司等航空货物运输合同纠纷案

【案情介绍】2005年7月至8月间，案外人吴某某、何某某（均已判刑）经密谋在深圳市宝安区公明街道合水口十三区以虚假的深圳市银河实业有限公司的名义，与高纯厂商谈银粉的购销事宜，意图骗取银粉。其中吴某某充当公司采购员苏某某，负责业务洽谈；何某某充当公司业务员，负责接发传真。经吴某某与高纯厂法定代表人陈某某商谈后，2005年8月8日，吴某某将拟订的合同传真给高纯厂，约定以2390元/千克的价格购银粉120千克，发货的同时汇款。第二天，吴某某和何某某又将一份伪造的汇票传真给高纯厂，并催促高纯厂发货。高纯厂将一份假的发货单传真给吴某某，吴某某看出发货单是假的，就打电话给陈某某说要取消交易。高纯厂表示马上发货。

2005年8月10日下午4时19分，高纯厂员工王某某接受指派，以个人名义到黄花机场公司办理空运银粉事宜。王某某按普通货物向黄花机场公司交纳航空运费370元，燃油附加费26元。黄花机场公司开出黄花国际机场航空运输服务有限公司货运、快递发票，并将其中的发票联、抵扣联、收货人联交给高纯厂。发票注明始发站“长沙”，目的站“深圳”，托运人“王某某”，收货人高纯厂法定代表人“陈某某”，提货方式为“机场自提”，货物毛重132千克，费率为2.8，货物品名“银粉”，并留下王某某和陈某某的联系电话。收货人联上有“提货注意事项”，其中第1条明确记载：“收货人凭

本收货人联或其复印件和本人居民身份证或其他有效身份证件提货；委托他人提货时，凭本货运单所指定的收货人及提货人的居民身份证或其他有效身份证件提货。如承运人或其代理人要求出具单位介绍信或其他有效证明时，收货人应予提供”。办理托运手续时王某某没有声明货物的价值。16 时 20 分，黄花机场公司将该笔业务以 132 元的价格交给深圳航空公司实际承运。货物运到目的地深圳宝安机场后，深圳航空公司将货物交给深圳机场公司代为交货。在此期间，吴某某利用高纯厂传真过来的假发货单，推测出货物运输方式和始发站，打电话给黄花机场公司的机场发货处，冒充高纯厂工作人员说自己忘记了货单号，骗得发货处工作人员的信任，取得涉案银粉的航班号、提货单号，并得知提货单指定的收货人为陈某某。吴某某和何某某立即找人伪造了陈某某的身份证、驾驶证。

2005 年 8 月 11 日上午 8 时许，吴某某与何某某前往深圳机场公司提货处以伪造的陈某某的身份证提取 120 千克银粉，卖至番禺得赃款 219 600 元。事后，吴某某、何某某被依法判处有期徒刑。经鉴定，涉案银粉价值 286 800 元，但没追回任何赃物赃款。后高纯厂向黄花机场公司发函要求全额赔偿未果，诉至法院。法院审理后判决被告湖南长沙黄花国际机场航空运输服务有限公司与被告深圳市机场股份有限公司互负连带责任赔偿原告高纯厂货物损失的 80%。①

【案例评析】 本案涉及实际承运人和缔约承运人如何承担损失的赔偿责任问题。

在本案中，黄花机场公司是以本人名义与托运人订立航空运输合同的缔约承运人，深圳机场公司是提供空中运输、货物保管和交付服务的实际承运人。

《中国民用航空货物国内运输规则》第 3 条第 1 项规定：“‘承运人’是指包括接受托运人填开的航空货运单或者保存货物记录的航空承运人和运送或者从事承运货物或者提供该运输的任何其他服务的所有航空承运人。”《民用航空法》第 143 条规定：“对实际承运人履行的运输提起的诉讼，可以分别对实际承运人或者缔约承运人提起，也可以同时对实际承运人和缔约承运人提起；被提起诉讼的承运人有权要求另一承运人参加应诉。”

---

① 湖南省长沙市芙蓉区人民法院（2005）芙民初字第 1451 号民事判决书。

本案货物损失发生的主要原因是深圳机场公司在未按提货注意事项进行核对的情况下即向罪犯发货，罪犯虽持有伪造的身份证件，但未持有发票中的收货人联原件或者复印件。而黄花机场公司在吴某某冒充高纯厂工作人员套取运输信息时没有认真核实对方身份，随意泄露货物运输的航班号、提货单号和提货人姓名，为货物被骗受损的次要原因。

《民用航空法》第138条规定："……缔约承运人应当对合同约定的全部运输负责，实际承运人应当对其履行的运输负责。"第139条规定："实际承运人的作为和不作为，实际承运人的受雇人、代理人在受雇、代理范围内的作为和不作为，关系到实际承运人履行的运输的，应当视为缔约承运人的作为和不作为……但是实际承运人承担的责任不因此种作为或者不作为而超过法定的赔偿责任限额。"

黄花机场公司作为缔约承运人，在对合同约定的全部运输负责的同时，还应当对深圳机场公司的过错承担责任；深圳机场公司对自己的过错承担责任的同时，还应该对黄花机场公司的过错承担责任。因此，黄花机场公司与深圳机场公司应该互负连带赔偿责任赔偿高纯厂的货物损失。但是，高纯厂在托运时没有说明所运货物是贵重物品，没有按规定如实声明货物的实际价值，没有交纳足额的运输费。因此，法院根据公平和诚实信用原则，判决时酌情减轻了承运人责任（减少20%），体现了对当事人利益的平衡。

四、事业单位法人与其投资的通用飞机制造公司的独立责任

【案例】沈阳航空航天大学诉弗佰克公司不当得利纠纷案

【案情介绍】2014年3月31日，沈阳航空航天大学与弗佰克公司签订"产品购销合同"一份，约定："沈阳航空航天大学向弗佰克公司购买锂电池，总价款210 000元。合同签订生效后，弗佰克公司将于合同签订日期后的1~2个月内将本合同产品发给沈阳航空航天大学，沈阳航空航天大学在合同签订后的2个工作日内，以转账的形式向弗佰克公司的公司账户转账货款总额的60%（即126 000元），剩余的40%（即84 000元）货款将在验收后的2个工作日内，转到弗佰克公司的公司账户。为缩短订货期，双方可用传真方式订立合同，传真件及其复印件视为原件，具有同等法律效力。"2014年4月14日、9月10日，沈阳航空航天大学向弗佰克公司开具2张转账支

票，金额分别为126 000元、210 000元。弗佰克公司收到上述两笔货款。沈阳航空航天大学主张因工作人员的疏忽，在支付第二笔货款时忘记已付60%，即126 000元，实际向弗佰克公司支付336 000元，多次催促弗佰克公司返还多支付的126 000元，对方拒不返还，故诉至法院要求返还。但弗佰克公司主张126 000元货款系沈阳航空航天大学支付的其他货品货款，并提供3张送货单证明，该3张送货单载明的客户名称为辽宁锐翔通用飞机制造有限公司（以下简称锐翔公司），无具体的货款金额。

一审法院认为，沈阳航空航天大学与弗佰克公司双方以传真形式订立的“产品销售合同”内容不违反法律、行政法规的强制性规定，合法有效，双方均应恪守履行。按照产品购销合同约定，沈阳航空航天大学应向弗佰克公司支付货款210 000元，但沈阳航空航天大学多支付126 000元，构成不当得利，应予返还。故依照《合同法》第60条、《民法通则》第92条的规定，判决弗佰克公司返还沈阳航空航天大学货款126 000元。[①]

弗佰克公司不服，提起上诉。二审过程中，弗佰克公司提供企业档案查询资料，证明沈阳航空航天大学与锐翔公司具有关联性[②]，并主张其与沈阳航空航天大学及锐翔公司的业务活动联系人均为同一人刘某某，弗佰克公司系按刘某某的指示将货物发给锐翔公司，但弗佰克公司未提供刘某某的身份证明及所属单位情况，沈阳航空航天大学称刘某某不是其单位工作人员，二审法院对此不予认可，故判决上诉请求不成立。[③]

【案例评析】《民法通则》第5条规定：“公民、法人的合法的民事权益受法律保护，任何组织和个人不得侵犯。”第92条规定：“没有合法根据，取得不当利益，造成他人损失的，应当将取得的不当利益返还受损失的人。”

本案中，双方当事人对弗佰克公司向沈阳航空航天大学出售210 000元的货物以及该货物及货款均已履行完毕的事实无异议。但双方对沈阳航空航天大学向弗佰克公司公司支付的126 000元存在争议，沈阳航空航天大学认

---

① 沈阳市沈北新区人民法院（2016）辽0113民初4217号民事判决书。

② 锐翔公司是依托沈阳航空航天大学和辽宁通用航空研究院（省属事业单位）组建并由其注资成立的主要从事初级飞机驾驶执照培训的大型通用航空培训机构，公司注册资金1.02亿元人民币。公司现为沈阳航空航天大学飞行实践基地、辽宁通用航空研究院飞行试验基地、辽宁先进通用飞机设计制造与示范协同创新中心运行示范平台，于2014年发起成立了辽宁省航空运动学校。

③ 辽宁省沈阳市中级人民法院（2016）辽01民终13199号民事判决书。

为该126 000元为合同金额210 000元外多支付的货款，弗佰克公司认为该126 000元是沈阳航空航天大学向其公司另行购买插排的货款，有其提供的收货人为锐翔公司的发货单为证。

公司作为企业法人具有独立的民事行为能力，具有独立的法人财产，并对其从事的民事行为承担民事责任。弗佰克公司提到的锐翔公司、沈阳航空航天大学及弗佰克公司均系独立法人，各自具有独立的法人财产，独立核算，弗佰克公司仅提供收货人为锐翔公司的关于插排的收货单，不能据此即认定为系弗佰克公司向沈阳航空航天大学出售及发送货物。而且从弗佰克公司提供的收货人为锐翔公司的插排的收货单上未显示货品的价值等信息，从该发货单无法直接看出与涉案126 000元的关联性。在弗佰克公司主张其向锐翔公司的发货物行为即为其与沈阳航空航天大学的买卖行为的情况下，应由弗佰克公司承担举证责任，证明其主张成立。弗佰克公司对沈阳航空航天大学提供的210 000元合同的传真件的真实性存在异议，无论该传真件是否被采信，双方当事人对双方之间存在210 000元买卖合同的事实及该买卖合同中的货物及货款已履行完毕并无异议。无论该传真件是否被采信，弗佰克公司都应对其上述主张的成立承担举证责任。

五、航空服务有限公司在借条上盖章的行为后果

【案例】郑某某与陕西大唐航空服务有限责任公司、王某某民间借贷纠纷案

【案情介绍】2016年2月6日，王某某写借条一份，载明："今借到郑某某人民币现金10万元整，该笔款项我保证在10日内如数归还。"同日，王某某在一份打印有如上文字的借条上签名，加盖陕西大唐航空服务有限责任公司印章。同日，王某某在一份打印有如下内容的承诺书上签名、加盖陕西大唐航空服务有限责任公司印章，"本人借郑某某先生人民币20万元，保证在10日内全部如数归还。如产生逾期，自愿承担借款总金额30%的违约金……"同日，郑某某通过其中国工商银行账户给王某某转账20万元。王某某收到郑某某转账的20万元后，将该款项又转给鹿某某，鹿某某随后给郑某某指定的银行账户，分次还清借款本息，但未将借条收回。

法院判决王某某偿还郑某某借款本金200 000元，违约金60 000元；陕

西大唐航空服务有限责任公司承担连带责任。宣判后，王某某、陕西大唐航空服务有限责任公司不服，提起上诉。二审判决驳回上诉，维持原判。[①]

【案例评析】本案涉及问题包括以下几个方面。

1. 借贷法律关系的成立和违约责任的认定

本案中，郑某某通过银行转账的方式向王某某出借20万元，王某某向郑某某出具了借条与承诺书。王某某作为完全民事行为能力人，对其与鹿某某、郑某某与其之间的经济往来及签订书面字据，应有合理预判和评估。签订借条后，王某某通过第三人实施还款行为，应尽到注意义务，及时收回借条，避免纠纷的产生。故王某某与郑某某之间形成合法有效的民间借贷法律关系。

《民法通则》第90条规定："合法的借贷关系受法律保护。"王某某长期拖欠借款未予清偿，损害了郑某某的合法权益，存在违约行为并应承担相应的违约责任，故郑某某要求王某某偿还借款20万元及违约金的诉讼请求，应该予以支持。

当然，如果王某某一方举证证明其向郑某某指定的银行账户转账还款事实的存在，也可基于不当得利请求返还转账还款数额。

2. 关于借贷违约金的计算

《最高人民法院关于审理民间借贷案件适用法律若干问题的规定》第30条规定："出借人与借款人既约定了逾期利率，又约定了违约金或者其他费用，出借人可以选择主张逾期利息、违约金或者其他费用，也可以一并主张，但总计超过年利率24%的部分，人民法院不予支持。"根据该条计算，违约金应为48 000元，而非60 000元，法院的认定存在错误。

3. 公司法人的担保责任

陕西大唐航空服务有限责任公司作为法人，在借条上盖章的行为，在其未提供相反证据的情况下，应视为陕西大唐航空服务有限责任公司对借款的担保。郑某某要求陕西大唐航空服务有限责任公司承担还款的连带责任，有合同依据且不违反法律规定，应予以支持。

① 西安市碑林区人民法院（2017）陕0103民初1276号民事判决书、陕西省西安市中级人民法院（2017）陕01民终10475号民事判决书。

六、航空公司的著作权侵权责任

【案例】同程网络科技股份有限公司与北京首都航空有限公司等著作权侵权纠纷案

【案情介绍】同程网络科技股份有限公司（以下简称同程网络）因与重庆四季团科技有限公司（以下简称四季团公司）、重庆市永川区紫阳宾馆有限公司（以下简称紫阳宾馆）、北京首都航空有限公司（简称首都航空）发生著作权侵权纠纷，故诉至法院请求损害赔偿。

2015 年 4 月 16 日，同程网络（甲方）与首都航空（乙方）签订“同程联盟旅游产品分销协议书”，约定：（1）合作内容为在协议有效期间，甲乙双方合作在乙方所属网站（www. jdair. net）内进行现付景区服务的合作，合作内容由甲方及其关联公司提供；乙方利用其用户流量的优势，在其自身网站上投放相应的推广广告，推广双方合作的现付景区等服务；甲方按交易额的约定比例向乙方支付佣金。（2）佣金结算方式为甲方通过乙方在甲方平台注册的 ID（35017951），统计乙方业绩，按乙方每月有效销售额（为用户实际消费且甲方已核对无误的所有订单总额）的一定比例返佣。（3）甲方之陈述保证为甲方保证享有其网站、网站内容、接口及接口对应内容的完整权利，包括但不限于：注册商标的所有权、著作权，并符合法律规定，也不侵犯乙方或第三方的合法权益，包括但不限于知识产权等。（4）合同有效期为 2015 年 4 月 15 日至 2016 年 4 月 14 日。同程网络举示了一份“情况说明”（2016 年 7 月 12 日），并称由携程公司出具。该“情况说明”记载，携程公司和同程网络及其关联公司（简称同程）基于业务需要，于 2014 年 4 月 28 日至 2019 年 5 月 11 日期间由同程为携程公司分销部分酒店客房库存产品，携程公司向同程提供相应产品的图片供其在网站页面上展示，合作酒店有紫阳宾馆等。其中原始图片由酒店方向携程公司提供，房源由携程公司对外分销。

首都航空庭审中称其仅提供链接服务，系首都航空将合作方（同程网络）的网址“嵌套”在首都航空网页上，所展示的图片实际存放在同程网络的服务器上。同程网络则称其只向首都航空提供了后台服务器接口，即同程网络向首都航空提供了图片用于首都航空网页展示，但同程网络并未直接向公众展示该图片，公众只能进入首都航空网页，才能看到该图。

2016年1月12日，四季团公司对涉案图片在重庆市版权局进行了作品登记，并获得了作品登记证书，登记编号：渝作登字－2016－F－00124059，作品名称：2015－01－永川紫阳花园酒店（01）。四季团公司发现首都航空经营的“首都航空”网站发布的广告中使用了其依法享有著作权的图片，四季团公司的委托代理人于2015年12月29日向重庆市大足公证处申请证据保全公证。四季团公司的委托代理人在重庆市大足公证处公证人员的监督下操作计算机：打开360安全浏览器7——进入“360导航”网址（该计算机设定的默认“主页”）——在地址栏输入jdair. net点击进入，页面随即出现“首都航空”的主页面，并对该网页通过截屏方式以“3”为名保存于桌面“截屏178”的文件夹内。进入“首都航空”的主页后，点击“首都航空”首页顶端“酒店”图标，页面显示—首都航空的酒店预定页面，并对该页面通过截屏方式“4”为名保存于桌面“截屏178”的文件夹内；再在该页面的“目的地”栏输入“永川”，“关键词”栏输入“紫阳花园酒店”，通过截屏方式以“23”为名保存于桌面“截屏178”文件夹内。点击“搜索”图标，页面显示——首都航空CapitalAirlines1家酒店重庆紫阳花园酒店￥168起链接，通过截屏方式以“24”“25”为名保存于桌面“截屏178”文件夹内。在该页面上，点击“重庆紫阳花园酒店￥168起”链接，转至“重庆紫阳花园酒店￥168起”的分类页面（网址为www. ly. com/hotelinfo. aspx？id406127& width＝880&refid＝35017951），拉动该页面，并通过截屏方式分别以“11”“12”为名保存于桌面“截屏178”的文件夹内，随后关闭当前页。对上述证据保全过程重庆市大足公证处出具了（2016）渝足证字第675号公证书予以公证。从公证光盘可见，www. jdair. net网站内显示了含有涉案图片的内容。

经比对，该网站上所发布的涉案图片，系对四季团公司享有著作权的作品进行了裁剪。

该证据保全公证书还显示，www. jdair. net（首页网址）网站名称为“北京首都航空网”，主办单位名称是“北京首都航空有限公司”（即首都航空），网站备案/许可证号为京ICP备14006819号－1，审核通过时间为2014年4月22日。www. ly. com（首页网址）网站名称为“同程旅游”，主办单位名称是“同程网络科技股份有限公司”（即同程网络），网站备案/许可证号为苏ICP备09033604号－29，审核通过时间为2015年10月8日。

一审法院审理后判决首都航空、同程网络向四季团公司赔偿经济损失及合理费用合计200元，并向四季团公司进行书面赔礼道歉。同程网络不服判决，提起上诉，二审法院判决驳回上诉，维持原判。①

【案例评析】本案是著作权侵权纠纷。《著作权法》第11条规定："著作权属于作者……如无相反证明，在作品上署名的公民、法人或者其他组织为作者。"在没有相反证据的情况下，四季团公司举示的作品登记证书、原图说明及合作协议等证据相互印证，足以证明涉案图片的著作权人是四季团公司，其依法享有的著作权受法律保护。首都航空称其仅提供链接服务，系"嵌套"同程网络的网页，同程网络则称其向首都航空提供了涉案图片，并称其向首都航空提供服务器接口，但公众只能在首都航空的网站上看到涉案图片，公众无法直接在同程网络的网站（www. ly. com）上看到该图片。同程网络举示的"情况说明"，也不足以证明涉案图片的使用得到了权利人的合法授权。此外，首都航空在其经营的网站（www. jdair. net）上使用了四季团公司享有著作权的图片，系对首都航空经营范围、业务的宣传介绍，并非仅提供链接第三方的搜索引擎服务，故对首都航空、同程网络的抗辩理由，一审法院不予认可。首都航空在其经营网站（www. jdair. net）中使用的图片，与四季团公司享有著作权的作品相同，且该图片由同程网络提供，故首都航空、同程网络共同侵犯了四季团公司对涉案图片享有的署名权、信息网络传播权等权利，四季团公司有权要求首都航空、同程网络停止侵害即停止使用涉案侵权图片、赔礼道歉和赔偿损失等。

关于四季团公司请求首都航空、同程网络赔礼道歉的诉讼请求，一审法院综合考虑侵权行为的性质、程度等因素，确定首都航空、同程网络共同向四季团公司书面致歉。

《著作权法》第49条规定："侵犯著作权或者与著作权有关的权利的，侵权人应当按照权利人的实际损失给予赔偿；实际损失难以计算的，可以按照侵权人的违法所得给予赔偿。赔偿数额还应当包括权利人为制止侵权行为所支付的合理开支。权利人的实际损失或者侵权人的违法所得不能确定的，由人民法院根据侵权行为的情节，判决给予五十万元以下的赔偿。"

---

① 重庆市第五中级人民法院（2016）渝05民初270号民事判决、重庆市高级人民法院（2017）渝民终297号民事判决书。

针对四季团公司要求首都航空、同程网络赔偿经济损失及合理开支的诉请，由于权利人的实际损失和侵权人的违法所得均无法确定，一审法院考虑作品类型及创作程度、侵权行为的性质、后果等因素酌情确定首都航空、同程网络共同赔偿四季团公司经济损失及为制止侵权行为所支付的合理费用共计200元。

本案二审争议焦点为同程网络应否承担赔礼道歉的民事责任。同程网络未经权利人许可，在其经营的网站上使用了四季团公司享有著作权的涉案侵权图片，而同程网络虽然提交携程公司的“情况说明”以证明涉案侵权图片系由携程公司提供，但同程网络并未提交相应的后台数据等客观证据证明其仅提供自动接入、自动传输、信息存储空间、搜索、链接等网络服务，其未尽到充分、合理的证明义务，理应承担举证不能的不利后果，故同程网络不仅侵犯了四季团公司就涉案图片享有的信息网络传播权，还侵犯了其署名权，同程网络应当承担赔礼道歉的民事责任。对于同程网络提出的其未侵犯四季团公司就涉案图片享有的著作权人身权而不应承担赔礼道歉的民事责任的上诉理由，法院没有给予支持。

第三节　法人的变更和终止

法人的变更，是指在法人的存续期间内，法人在组织机构、性质、活动范围、财产或者名称、住所、隶属关系等重要事项上发生重大变动。[①] 这些事项的变更，可依法人意思自主决定，法人只要作相应的变更登记，即可发生变更效力。但企业法人的分立或合并，因涉及法人与相对交易人的债权债务关系，为维护交易秩序和相对人的信赖利益，法律对分立或合并后法人的债权债务转移，作了强制性规定。《民法通则》第44条、《民法总则》第67条、《最高人民法院关于适用〈中华人民共和国民事诉讼法〉的解释》第472条、《最高人民法院关于人民法院执行工作若干问题的规定（试行）》第78~79条以及《公司法》等均有所规定。

① 王利明：《民法（第六版）》，中国人民大学出版社，第77页。

一、航空公司法定代表人的变更

【案例】孙某某与周某某、四川翰林航空信息咨询服务有限公司股东出资纠纷案

【案情介绍】2015年1月5日，孙某某、周某某、刘某某三人共同组建成立九点航空公司，注册资金500万元，孙某某持股25%，出资125万元；周某某持股51%，出资255万元；刘某某持股24%，出资120万元，孙某某为公司法定代表人及执行董事，当日领取工商营业执照。后刘某某将其股份进行转让，公司股东变更为孙某某持股40%，出资200万元，周某某持股60%，出资300万元。经营过程中，周某某于2016年6月期间，以虚假的股东会决议等材料向遵义市工商行政管理局申请变更了法定代表人，并领取了新的营业执照。

2016年7月12日，遵义机场有限责任公司四条航线进行2016年度航线包销招标，九点航空公司派代表到遵义机场有限责任公司投标，遵义机场审查发现九点航空公司法定代表人为周某某，不是报名申报的孙某某，要求予以更正，此时，孙某某才知九点航空公司法定代表人被周某某非法变更，要求周某某到公司处理投标事宜被其拒绝，孙某某即向遵义市工商行政管理局投诉。遵义市工商行政管理局在调查核实后，于2016年8月22日作出了遵市工商注撤决字（2016）第001号决定书，撤销了周某某的法人代表变更登记。

另查明，周某某于2015年1月12日在四川省成都市成立了翰林航空公司，类型为自然人独资，注册资本1000万元，经营范围为航空信息咨询；票务代理；设计、发布、代理各类广告。另查明，遵义机场将原由九点航空公司包销的四条航线于2016年重新招标后，其中的天津—长沙—遵义及西安—遵义—三亚两条航线由案外人贵州栩碟航空服务有限公司中标，成都—遵义—温州及成都—遵义—珠海两条航线由翰林航空公司中标。

孙某某认为系因周某某恶意操控九点航空公司丧失投标资格，自己独资经营的翰林航空公司中标，从而非法攫取了九点航空公司商业利益，其行为严重违反了《公司法》第148条第5款的规定，要求周某某及其设立的翰林航空公司承担损失赔偿，遂诉至法院。

法院审理查明，周某某仅是九点航空公司股东，其并不是《公司法》第216条第1项规定的高级管理人员身份，故否定了原告孙某某有关周某某违反《公司法》第148条关于高级管理人员相应禁止行为的主张。

翰林航空公司成立于2015年1月，类型为自然人独资。2016年遵义机场将相应航线进行重新招标，翰林航空公司作为具备投标资格的公司参加公开投标活动并无不当，其最终获得相应航线的承包经营权是通过相应招标程序获取。

虽然周某某在此期间曾私自将法人代表进行变更，但原告孙某某并未进一步举证证明周某某的该行为与九点航空公司未中标之间存在关联性，没有证据或者证据不足以证明当事人的事实主张的，负有举证责任的当事人应承担不利后果。故对孙某某要求周某某赔偿损失和将翰林航空公司经营所得归九点航空公司所有的诉请，法院没有给予支持。①

【案例评析】 本案涉及民法中法定代表人的法律问题。法定代表人是建立法人制度的内在要求。由于法人是法律拟制的人，法人的行为只有通过自然人才能得以体现和实施，客观上要求在法人与自然人之间建立一种法律制度，以协调解决二者之间的法律关系，实现法人的意志，而法定代表人制度解决了法人的意志如何通过自然人实施的问题。

《民法总则》第61条规定："依照法律或者法人章程的规定，代表法人从事民事活动的负责人，为法人的法定代表人。法定代表人以法人名义从事的民事活动，其法律后果由法人承受。法人章程或者法人权力机构对法定代表人代表权的限制，不得对抗善意相对人。"第62条规定："法定代表人因执行职务造成他人损害的，由法人承担民事责任。法人承担民事责任后，依照法律或者法人章程的规定，可以向有过错的法定代表人追偿。"

法定代表人与法人代表是两个不同的法律概念。法人代表一般是指根据法人的内部规定担任某一职务或由法定代表人指派代表法人对外依法行使民事权利和义务的人，它不是一个独立的法律概念。法人代表依法定代表人的授权而产生。法人代表可以有多个，但法人代表对外行使权力要受到法定代表人授权的限制，只能在法定代表人授权的职责范围内代表法人对外进行活动。企业法人的法定代表人要经企业登记机关核准登记，才能

① 贵州省遵义市中级人民法院（2016）黔03民初533号民事判决书。

取得法定代表人资格。《民事诉讼法》第48条第2款规定:“法人由其法定代表人进行诉讼……”法定代表人有权直接代表本单位向人民法院起诉和应诉,其所进行的诉讼行为是法人的诉讼行为,直接对法人发生法律效力。

发生法定代表人持股比例变更、法定代表人换人和公司要注销等情形需要变更法定代表人的,必须到工商局进行变更登记。根据《企业法人法定代表人登记管理规定》,企业法人申请办理法定代表人变更登记,应当向原企业登记机关提交下列文件:(1)对企业原法定代表人的免职文件;(2)对企业新任法定代表人的任职文件;(3)由原法定代表人或者拟任法定代表人签署的变更登记申请书。

二、航空企业法人名称的变更

【案例】中航飞机公司诉西铝公司等买卖合同纠纷案

【案情介绍】2011年9月30日至2012年5月23日,陕飞公司因业务需要,同被告西铝公司签订了6份“武器装备配套产品订货合同”购买铝板。之后,因陕飞公司的业务及资产重组整合上市,成立了西飞公司,为保证原合同正常履行,陕飞公司(甲方)、西铝公司(乙方)及西飞公司(丙方)三方协商于2012年7月3日签订“合同主体变更协议”一份,约定陕飞公司退出原合同,其在原合同中的权利、义务全部由西飞公司承继,直至原合同履行完毕,而被告西铝公司亦同意继续履行原合同。

2012年8月7日至9月26日,西飞公司与被告西铝公司签订4份“武器装备配套产品订货合同”购买铝板。之后,西飞公司因业务发展需要将公司名称变更为原告中航飞机公司,并于2012年12月办理了变更登记。2013年4月4日至8月15日期间,原告中航飞机公司又与被告西铝公司签订6份“武器装备配套产品订货合同”购买铝板。①

【案例评析】法人名称变更后,原法人的权利义务由变更后的法人承担。例如,2015年2月13日,安徽民航机场建设发展有限公司变更企业名称为安徽民航机场建设管理有限公司,安徽民航机场建设发展有限公司

① 陕西省汉中市中级人民法院(2014)汉中民初字第00043号判决书。

拖欠债务未予清偿，法院依照《最高人民法院关于适用〈中华人民共和国民事诉讼法〉的解释》第474条规定，裁定变更安徽民航机场建设管理有限公司为被执行人，并由其在本裁定生效之日起3日内向申请执行人清偿债务。①

在本案中，陕飞公司的业务及资产重组整合上市，成立了西飞公司，西飞公司又因业务发展需要将公司名称变更为原告中航飞机公司，由陕飞公司到西飞公司经历了一次法人的变更，由西飞公司到中航飞机公司又经历了一次法人的变更。

从本案两次法人的变更来看，均涉及法人名称的变动。《民法通则》第44条第1款规定："企业法人分立、合并或者有其他重要事项变更，应当向登记机关办理登记并公告。"2012年12月31日西飞公司在工商部门办理变更登记，符合法律规定，法人变更自工商部门变更登记时生效。

在陕飞公司变更为西飞公司时，陕飞公司（甲方）、西铝公司（乙方）及西飞公司（丙方）三方协商于2012年7月3日签订"合同主体变更协议"，约定陕飞公司退出原合同，其在原合同中的权利、义务全部由西飞公司承继。在西飞公司变更为中航飞机公司后，原告方又以中航飞机公司的名义与被告重新签订了6份"武器装备配套产品订货合同"购买铝板。

法人名称变更后，即视为新法人，既可以合同的形式约定权利义务的继承，又可以变更后法人的名义重新签订合同，无论哪种方式，都是合法有效的。因此法院在原告两次法人变更后，仍认定原告主张的前后16份合同效力没有瑕疵。

三、航空公司之间的吸收合并

【案例】中国东方航空股份有限公司换股吸收合并上海航空股份公司

【案情介绍】中国东方航空股份有限公司（以下简称东方航空公司）成立于1995年，注册资本774 170万元。经营范围包括国内和经批准的国际、地区航空客、货、邮、行李运输业务及延伸业务；通用航空业务；航空器维修；航空设备制造与维修；国内外航空公司的代理业务；与航空运输有关的其他业务；保险兼业代理服务（意外伤害保险）。

---

① 安徽省黄山市中级人民法院（2016）皖10执46号执行裁定书。

上海航空股份有限公司（以下简称上海航空公司）成立于1998年，注册资本130 372.22万元。经营范围包括国内航空客货运输业务；航空公司间的代理业务；经批准的自上海始发至邻近国家或地区的航空客货运输业务；国内及周边国家和地区的公务飞行业务和经批准的公务机执管业务、行业相关材料、设备及技术的进口业务；民用航空器及设备、车辆的维修；国内、国际和地区地面、水上客、货运输代理；民用航空人员培训；旅游服务（限分支机构经营）；宾馆业务（限分支机构经营）；广告业务；旅游品的开发、销售和代理；食品销售管理（非实物方式）（凭许可证内容登记经营范围后方可经营）。

【案例评析】

1. 两公司吸收合并的背景

东方航空公司与上海航空公司是同处于上海的基地航空公司，2008年国际金融危机后，均陷入最严重的经营困境，高额的债务负担使双方均处于资不抵债的边缘。据此，国务院国资委和上海市国资委协商决定由东方航空公司吸收合并上海航空公司重新组建东航。重组后的东方航空公司成为上海地区最大的航空公司，有效降低上海地区航空公司之间的市场竞争，提升东方航空公司的市场竞争实力。

2. 换股吸收合并概况

东方航空公司通过换股方式吸收合并上航。东方航空公司为吸并方、上海航空公司为被吸并方。本次换股吸收合并完成后，东方航空公司作为存续公司，上海航空公司的法人资格将注销，上海航空公司全部资产、负债、业务、人员、合同及其他一切权利与义务将并入东方航空公司或者其全资子公司。

本次换股吸收合并完成后的东方航空公司在上海航空市场的客运市场份额将从32.1%上升至约46.6%，货运市场份额将从17.6%上升至26.6%。本次换股吸并完成后，存续公司运营规模、市场覆盖率得到进一步提升，有利于存续公司提高规模经济、推进枢纽网络型航空公司战略目标的实现。换股吸收合并完成后，东航通过一体化整合发挥协同效应。①

① 摘自2009年12月中国东方航空股份有限公司换股吸收合并上海航空股份有限公司报告书摘要。

四、机场公司法人的吊销和注销

【案例】海南赛格国际信托投资公司管理人与海南机场股份有限公司、海口美兰国际机场有限责任公司合同纠纷案

【案情介绍】1994 年，海南机场股份有限公司发行 3500 万元企业债券，用于海口美兰机场建设。当时海口美兰机场建设的项目公司为海南机场股份有限公司的全资子公司海口美兰国际机场总公司，美兰国际机场总公司负责使用 3500 万元的债券发行款并归还部分债券兑付款。

中信银行总行营业部通过海南赛格国际信托投资公司购买了海南机场股份有限公司发行的 1000 万元企业债券，因有债券到期未兑付造成纠纷。法院判决海南机场股份有限公司支付中信银行总行营业部债券兑付款 640 万元及逾期付款利息。1995 年，海南机场股份有限公司和美兰国际机场总公司用位于×××的 40 亩土地使用权作为兑付 3500 万元债券本息的担保物，承诺“债券到期不能兑付本息，由海南赛格国际信托投资公司收回抵押物，负责偿付债券本息”，并办理了他项权利登记。

1998 年，美兰机场有限公司成立，依照海南省人民政府办公厅文件及“海口美兰机场有限公司筹备协调领导小组第二次会议纪要”，美兰机场有限公司取代美兰国际机场总公司承担海口机场的建设任务及建设过程中的一切债权债务，并于 2005 年将海南机场股份有限公司和美兰国际机场总公司用作抵押担保的位于×××的 40 亩土地使用权登记在美兰国际机场有限公司名下，同时，美兰机场总公司应当在办理完转移手续后注销。

2004 年，北京市高级人民法院终审判决海南机场股份有限公司向中信银行总行营业部偿付海南机场股份公司发行的、编号为××企业债券项下未兑付的债券款本金 640 万元及逾期付款利息。[①] 判决生效后，海南机场股份有限公司未履行判决确定的义务，中信银行总行营业部申请追加美兰机场有限公司为被执行人，在其接收×××的 40 亩土地使用权价值为限对其承担清偿责任。

【案例评析】本案争议焦点在于美兰机场有限公司是否应承担清偿出资

① 北京市高级人民法院（2004）高民终字第 532 号民事判决书。

人海南机场股份公司的债务。为解决这一问题需要明确法人制度中的一些基本规定。

1. 法人的注销和吊销的区别

注销是指符合法定条件的企业经过向原登记机关申请，并经过规定清算程序后主体资格消灭。注销企业营业执照是法人资格终止的合法行为，法人所有债权债务终结，停止一切经营行为。《民法总则》第68条规定："有下列原因之一并依法完成清算、注销登记的，法人终止：（一）法人解散；（二）法人被宣告破产；（三）法律规定的其他原因。法人终止，法律、行政法规规定须经有关机关批准的，依照其规定。"第69条规定："有下列情形之一的，法人解散：（一）法人章程规定的存续期间届满或者法人章程规定的其他解散事由出现；（二）法人的权力机构决议解散；（三）因法人合并或者分立需要解散；（四）法人依法被吊销营业执照、登记证书，被责令关闭或者被撤销；（五）法律规定的其他情形。"

吊销是指企业法人因违反法律法规或行政规定，工商行政部门强制停止其经营活动的行为。在企业营业执照因违法行为被工商行政管理局吊销时，其法人主体资格依然存在，只是其不具有经营资格。

本案中，海南机场股份有限公司、美兰国际机场总公司、美兰机场有限公司均为营利法人①。根据海南省工商行政管理局出具的"企业机读档案登记资料"显示：海南机场股份有限公司企业类型为股份有限公司，企业目前状态为登记成立；美兰国际机场总公司企业类型为内资企业法人，投资者系海南机场股份有限公司，投资比例100%，企业目前状态为吊销，吊销原因为逾期未参加年检，吊销日期为2003年12月31日；美兰机场有限公司企业类型为有限责任公司，企业目前状态为登记成立。

从上述登记记载可见，债务人海南机场股份有限公司尚未注销，不存在法人终止的情形，其债权债务关系依然存在。

2. 法人分立、合并后的权利义务承接问题

《民法总则》第67条规定："法人合并的，其权利和义务由合并后的法

---

① 《民法总则》第76条第1款规定："以取得利润并分配给股东等出资人为目的成立的法人，为营利法人。"

人享有和承担。法人分立的，其权利和义务由分立后的法人享有连带债权，承担连带债务，但是债权人和债务人另有约定的除外。”

《最高人民法院关于适用〈中华人民共和国民事诉讼法〉的解释》第472条规定：“依照民事诉讼法第二百三十二条规定，执行中作为被执行人的法人或者其他组织分立、合并的，人民法院可以裁定变更后的法人或者其他组织为被执行人；被注销的，如果依照有关实体法的规定有权利义务承受人的，可以裁定该权利义务承受人为被执行人。”

《最高人民法院关于人民法院执行工作若干问题的规定（试行）》第78条第1款规定：“被执行人为企业法人的分支机构不能清偿债务时，可以裁定企业法人为被执行人。企业法人直接经营管理的财产仍不能清偿债务的，人民法院可以裁定执行该企业法人其他分支机构的财产。”第79条规定：“被执行人按法定程序分立为两个或多个具有法人资格的企业，分立后存续的企业按照分立协议确定的比例承担债务；不符合法定程序分立的，裁定由分立后存续的企业按照其从被执行企业分得的资产占原企业总资产的比例对申请执行人承担责任。”

本案中，无证据证明海南机场股份有限公司与美兰机场有限公司之间存在合并、分立的关系，无论从实体法还是程序法上，本案不存在法定的可在执行程序中追加被执行人的情形。因此，即使美兰国际机场总公司是海南机场股份有限公司的全资子公司，但二者均是独立的法人，均以各自财产为限对外承担责任。即使美兰机场有限公司根据批准文件接收了美兰国际机场总公司的财产，但是，美兰国际机场总公司目前还只是吊销营业执照状态，并未终止，法人主体资格依然存在。因此，中信银行总行营业部主张被申请追加人美兰机场有限公司为本案被执行人的申请，无法律依据，难以获得法院支持。

3. 中信银行总行营业部实现其购买企业债券未兑付款及逾期付款利息的路径

从案情看，中信银行总行营业部通过海南赛格国际信托投资公司购买海南机场股份有限公司发行的1000万元企业债券，是有担保的债权。即1995年，海南机场股份有限公司和美兰国际机场总公司用位于×××的40亩土地使用权作为兑付3500万元债券本息的担保物，承诺“债券到期不能兑付本息，由海南赛格国际信托投资公司收回抵押物，负责偿付债券本息”，并办理了他项权利登记。这是一项以40亩土地使用权为担保标的并进行登记的担保物权。这40亩土地使用权在2005年被登记在美兰机场有限公司名下，按照先登记的物权优于后登记的物权原则，中信银行总行营业部应提起诉讼，申请法院就抵押物（40亩土地使用权）进行变卖，从变卖价款中优先清偿海南机场股份有限公司未兑付债券款640万元及逾期付款利息。

第七章

物

物，在民法上是指不依赖于人身而存在，具有空间独立性，可为人力所支配以满足人类某种需要，具有稀缺性的物质对象。

民法上的物源于生活，又独立于生活。生活上的物的外延要广于民法上的物；泛指世界上所有具有物理意义的物；民法上的物有着更深的法律内涵，即必须可作民事权利的客体，方能为民法所规制。物在民事法律关系中有着非常重要的地位，法官在审理案件时，应当对物的概念及其规定有深入的认识，这不仅有助于对法律规范适用的正确选择，还有利于民事法律关系的厘清。对具有民法意义上物的相关案例的研讨，使抽象的物的概念更加形象化，同时，也还原了民法源于市民生活的本质。

在各类航空法律关系中，存在大量以“特殊物”为权利义务的客体的情形。例如，围绕各类航空模型、无人机、直升机、发动机、飞机、飞行模拟机、空管设备、民航特种设备等会发生航空融资租赁关系、买卖合同关系、定作合同关系；各类宠物（活体动物）、人体捐献器官、危险品、海运提单、货物等构成航空行李运输和航空货物运输关系的标的物；空难死亡赔偿金则构成遗产继承法律关系的重要标的物。

一、航空模型

【案例】无人机模型定作合同纠纷案

【案情介绍】2013 年6 月21 日，金朋达公司（定制方）与天翼公司（承揽方）签订“研发加工合同”（本案中简称合同一），约定金朋达公司向天翼公司定制一套无人机复合材料零部件及模具，价款为1 534 000 元，交付时间为7月15日前交付前后机身，7月20日前交付余下部件；交货方式为承揽方送货至定制方公司所在地（北京房山窦店）；结算方式、时间及地点为转账，首付30%（46万元，材料费和模具首付），第一批交付验收后30%（46万元），第二批交付验收后附30%（46万元），验收完成后票到15日内付清余款（15.4万元）；检验标准、方法、地点及期限为符合图纸技术要求；违约责任约定为承揽方未按定制方质量、数量、时间的要求供货，供方按应交货部分总额0.5%/天向定制方支付违约金。合同一签订的同时，双方还对报价单、各件成品用料明细及报价等进行确认。报价单中对模具及加工的零部件单价、数量进行了明确，其中模具设计费51 500元，模具加工费802 000元，试模费153 756.63元，共计1 007 256.63元。

合同签订后，因金朋达公司未支付全部加工款、天翼公司未交付模具，双方产生争议并诉至北京市昌平区人民法院，法院审理后判决认定在双方的定作合同中，对模具的设计费及加工费进行了明确的约定，金朋达公司支付了相应的费用，其有权取得相应的工作成果，故天翼公司在要求金朋达公司支付全部价款的情况下应先将模具交付给金朋达公司；对于天翼公司要求金朋达公司承担违约责任的诉请，因天翼公司未将模具交付给金朋达公司，亦未向金朋达公司开具相应发票，金朋达公司未付剩余款项有合理理由，故对天翼公司的该项诉讼请求不予支持。[①] 天翼公司不服一审法院判决，提起上诉。二审法院另查明，金朋达公司与天翼公司另于2013年11月6日签订一份“研发加工合同”（本案中简称合同二），合同二项下约定的零部件加工所需要的模具与合同一项下的模具为同一模具，双方均认可合同二约定的交付日期为2013年12月27日，金朋达公司据此将诉讼请求中违约金的起算时间变更为2013年12月28日。二审法院判决维持原判，驳回上诉请求。[②]

【案例评析】金朋达公司与天翼公司通过缔约及实际履行的方式形成的定作合同关系合法有效。合同一对于模具的设计费及加工费进行了明确的约定，故模具应当作为合同标的物由天翼公司按照约定时间加工并交付给金朋达公司。双方当事人均认可合同二约定的交付日期为2013年12月27日，天翼公司虽称该日期仅是零部件的交付时间，但自签订合同二之后，双方当事

① 北京市昌平区人民法院（2014）昌民商初字第08965号民事判决书。

② 北京市第一中级人民法院（2015）一中民商终字第5251号民事判决书。

人未再就使用该模具签订其他合同，天翼公司理应在交付零部件的同时向金朋达公司交付模具，天翼公司未依约交付模具构成违约，应承担违约责任。

二、无人机

【案例】无人机买卖合同纠纷案

【案情介绍】2012 年 12 月 5 日，保利科技（珠海）有限公司（原告）、珠海经济特区绿色航空模型有限公司（被告）签订“设备采购合同”，约定原告向被告购买一台 MAV 无人机天眼 X4 第一代，价格为 22 万元；货物验收合格、设备安装、调试、运转正常，原告向被告支付 10 万元；交货地点为原告所在地，交货时间 2012 年 12 月 8 日前；被告负责免费为原告培训操作机维修人员，培训内容包括基本原理、操作使用和维修保养。被告保证以交机日为准的 2 个月内，以二代机置换一代机，到时原告结清剩余款项。被告不能按期交货，除不可抗拒因素外，被告应向乙方支付延期违约金，每日按合同价的 0.3% 金额来计算；当合同一方要求变更或解除合同时，在新协议未达成前，原合同仍然有效；要求变更的一方应及时通知对方，对方在接到通知 15 日内给予答复，逾期未答复视为同意。合同签订后次日，被告向原告交付了 MAV 天眼 X4 无人机一台，原告于同年 12 月 7 日向被告付款 10 万元。

2013 年 3 月 1 日、3 月 20 日，原告认为其购买的 MAV 天眼 X4 无人机在使用过程中存在问题，要求被告解决。但被告至今未能向原告交付第二代无人机，致使原告的合同目的不能实现，原告发函要求与被告协商此事，但被告不予理会。为此起诉请求判令解除“设备采购合同”；被告退回货款 10 万元；被告向原告支付违约金。

【案例评析】本案为无人机买卖合同纠纷，争议焦点在于被告作为卖方是否构成根本违约。

原告认为被告交付的第一代 MAV 天眼 X4 无人机存在质量问题且未能在约定期限内置换第二代无人机，导致合同目的不能实现，主张被告已构成根本违约。但从法院查明的事实看，原、被告双方对于 MAV 天眼 X4 无人机并没有质量约定，且对于原告罗列的无人机存在的质量问题，被告并未确认，同时被告对原告提出的问题作出了合理的解释。

对于未置换第二代无人机的问题，被告主张原、被告双方一直在协商合作事宜，故延迟了交付，被告为此提交了往来的邮件予以证明。因此，原告认为被告构成根本性违约的主张不能成立。

所谓根本性违约，是指一方当事人违反合同的结果，如使另一方当事人蒙受损害，以至于实际上剥夺了其根据合同有权期待得到的东西，即合同目的落空。本案被告只是迟延交付，原告的合同目的能够实现。故原告要求解除合同，并要求退还货款、支付违约金的诉请，无事实和法律依据，法院判决驳回了原告的全部诉讼请求。①

三、飞机/直升机

飞机是指具有一具或多具发动机的动力装置产生前进的推力或拉力，由机身的固定机翼产生升力，在大气层内飞行的重于空气的航空器。飞机是最常见的一种固定翼航空器。按照其使用的发动机类型又可被分为喷气飞机和螺旋桨飞机。大多数飞机由五个主要部分组成：机翼、机身、尾翼、起落装置和动力装置。

直升机本质上是不同于飞机的另一种飞行器，其推力、升力和操纵的实现均和飞机有很大的差距。直升机是典型的军民两用产品，可以广泛地应用在运输、巡逻、旅游、救护等多个领域。直升机的突出特点是可以做低空（离地面数米）、低速（从悬停开始）和机头方向不变的机动飞行，特别是可在小面积场地垂直起降和空中悬停。直升机主要由机体和升力（含旋翼和尾桨）、动力、传动三大系统以及机载飞行设备等组成。

【案例】西锐飞机托管损害赔偿纠纷案

【案情介绍】2010 年 12 月 12 日，颜某某以 513 390 美元的价格从美国西锐设计公司购得型号为 SR22 的民用航空器（飞机）。2011 年 11 月，美国西锐设计公司将涉案飞机交付给颜某某，深圳机场海关确认涉案飞机价值人民币 3 455 916 元，进口税款 172 795. 8 元，进口增值税 616 881. 01 元。后颜某某委托瀚星公司办理了涉案飞机的进口报关及缴税手续，并支付了税款。颜某某还通过瀚星公司为该飞机在中国民用航空局办理了登记手续，于 2011 年 11 月 25 日取得该飞机的“民用航空器国籍登记证”（涉案飞机国际标志和登

① 广东省珠海市香洲区人民法院（2013）珠香法民二初字第 1281 号民事判决书。

记标志为B－××592，航空器出厂序号为3748）和“民用航空器标准适航证”，于2011年12月5日取得“民用航空器电台执照”。2011年12月，颜某某为涉案飞机向中国平安财产保险股份有限公司广东分公司投保。保险期限为2011年12月13日0时至2012年12月12日24时止，颜某某支付保险费86 768.93元。

2012年3月6日的“西锐飞机托管服务协议”协议约定，颜某某将涉案飞机托管于瀚星公司处，托管费238 400元/年；瀚星公司的服务项目包括但不限于：飞机、发动机及航电的检查、航前航后检查、排除故障及填写文件、航前航后清洁、15天飞机停放运转检查（对发动机试车、航电全面检查）、30天飞机/发动机功能检查（对发动机试车、航电全面检查）、故障检查、维修（不包括航材）；瀚星公司的收费项目包括但不限于：油料购置9折、维修零件9折。该协议约定的托管期限为1年，在双方没有任何异议下自动续期1年，所有西锐飞机停放保养委托者须持有效的飞机保险。2012年3月15日，颜某某向瀚星公司支付了托管费238 400元。2013年12月26日，瀚星公司作为投保人向第三人投保，被保险人为颜某某。第三人提供的“航空器保险投保申请书”显示，填报单位为瀚星公司，投保航空器类型为SR22，国际注册号为B－××593，生产序列号为3756，保费为74408元。同日，瀚星公司向第三人缴纳保险费74 408元。第三人于当日签发保单，保险期限为2012年12月27日0时至2013年12月26日24时。

2013年3月27日下午，涉案飞机在珠海三灶机场执行训练飞行任务，飞机进入五边实施降落过程中，加油门无效，发动机失去动力，紧急迫降在机场05号跑道南段延长线约1.3海里的海面上，飞机前部完全沉入水中，仅机尾露出海面。机组人员安全获救，航空器受损。2013年12月30日，民航中南地区管理局出具“关于3月27日珠海瀚星通航SR22/B－9592飞机海上迫降事件的调查报告”，内容载明，美国大陆发动机公司对案涉飞机的燃油系统部件功能测试发现，发动机驱动泵、油门体/计量活门及燃油分配器均有在特定条件下不符合新产品规格的情况，但不影响燃油系统的泵油、计量和分配燃油的功能；数据记录显示在3月27日14:41:10至14:43:25，发动机排气温度出现波动，各汽缸排气温度出现不一致，此种现象可能的原因是燃油喷嘴阻塞或火花塞积碳。拆卸检查发现，燃油喷嘴无阻塞，大部分火花塞存在积碳，而火花塞积碳可能导致发动机熄火；因事发后无法提取飞机装载航油样本，无法判断本次飞行的燃油品质，由于事发时中航油油库同批航汽样检测已不合格，而油库油品保存环境由于飞机油箱存在问题，因此判断本次飞行时使用油品已不满足100#航汽标准，燃油品质不合格也可能导致发动机熄火，综上，此次事件可能是由于发动机火花塞积碳或机载航汽质量不满足标准，导致发动机空中停车。

一审法院依照《合同法》第374条、《民法通则》第117条、《民事诉讼法》第64条第1款、《最高人民法院关于民事诉讼证据的若干规定》第2条的规定，判决瀚星公司向颜某某支付飞机损失人民币2 880 000元；瀚星公司向颜某某支付飞机进口关税损失人民币172 795.8元及飞机进口增值税损失人民币616 881.01元；驳回颜某某的其他诉讼请求。颜某某不服上述判决，提起上诉。二审法院判决驳回上诉，维持原判。①

【案例评析】本案涉及飞机托管法律关系和飞机保险法律关系。

1. 瀚星公司的受托责任问题

颜某某、瀚星公司于2012年3月6日签订的“西锐飞机托管服务协议”约定颜某某将涉案飞机托管于瀚星公司处，瀚星公司提供管理服务，其中包括飞机、发动机及航电的检查、航前航后检查、排除故障及填写文件、航前航后清洁、故障检查、维修等。该协议约定的托管期限为1年，在双方没有任何异议下，上述协议自动续期1年。2013年3月27日，涉案飞机紧急迫降海面并损毁。后民航中南地区管理局出具“关于3月27日珠海瀚星通航SR22/B－9592飞机海上迫降事件的调查报告”，报告分析事故原因为发动机火花塞积碳或机载航汽质量不满足标准，导致发动机空中停车。

对此，瀚星公司作为托管协议的受托方，理应按照协议约定履行对涉案飞机排除故障、检查等义务。而发动机花塞积碳或机载航汽质量不满足标准的事故原因，正属于瀚星公司在服务过程应当排除的问题，但其却未能完善解决。瀚星公司在事故发生时正在履行常规的飞行任务等托管服务项目。因此，瀚星公司应当承担飞机管理不善的相应民事赔偿责任。即使颜某某未缴纳托管费，由于与飞机事故没有直接的因果关系，瀚星公司的民事赔偿责任也不能据此免除。

---

① 广东省珠海市金湾区人民法院（2015）珠金法三民初字第68号民事判决书、广东省珠海市中级人民法院（2016）粤04民终1712号民事判决书。

2. 涉案飞机损失赔偿范围问题

本案事故中，涉案飞机前部完全沉入海中，仅有机尾露出海面。飞机经过修复后，即便可以继续使用，其使用价值也必然受到影响，因为受客观条件和维修工艺及水平的影响，事故飞机在修复后，整体技术指标已达不到事故前的状态，故其贬值损失同样是颜某某的实际损失，是事故造成的直接损失，瀚星公司应该对其予以赔偿。因此，颜某某主张瀚星公司赔偿涉案飞机在事故发生前的价值，理据充分，应予以支持。

结合资产评估有限公司作出的评估结论，涉案飞机在2013年3月27日事故发生前的评估总价值为288万元。颜某某虽提出异议，但无充分证据证明鉴定结论有误。涉案飞机赔偿价值依照该评估机构的评估结论确定。有关进口关税及进口增值税同样是由于飞机事故而导致的损失，因此，瀚星公司应当向颜某某赔偿飞机损失288万元及进口关税损失172 795.8元及进口增值税损失616 881.01元。

2. 关于第三人保险公司应否赔偿的问题

2013年12月26日，瀚星公司作为投保人向第三人投保，被保险人为颜某某。投保航空器的国际注册号为B－××593，生产序列号为3756，而颜某某的飞机国际注册号为B－××592，生产序列号为3748，显然，投保的飞机信息与颜某某的飞机信息不符，保险公司无法按照保险合同进行赔偿。至于双方在缔结保险合同时是否存在过错、过错责任如何承担，是另外的法律关系，与本案非同一法律关系，当事人可就涉案保险合同纠纷另循法律途径解决。

四、航空发动机（引擎）

飞机的引擎可以独立于飞机整体予以出租。引擎出租物的独立性主要有两个方面的原因，一是引擎具有较高的价值，约占飞机总造价的1/3，二是基于飞机运输业的实际情况，即飞机的引擎通常是从飞机的机身上卸下来进入飞机的引擎库，一个引擎并不总是在原先的飞机上使用，有时亦可用于其他飞机机身，因而在使用上具有相对的独立性。在航空实践中，飞机引擎也常常成为买卖、融资租赁等法律关系的标的物。

【案例】卓越航空公司诉凯博通用公司买卖合同纠纷案

【案情介绍】2015年12月25日，卓越航空公司与凯博通用公司签订“销售合同”，约定凯博通用公司向卓越航空公司购买具有适航证的航空发动机（型号：O－360－A3A2）两台，总价为人民币446 774元，包含运输及清关杂费后，合同总价为人民币464 964元。在合同第10条技术资料中约定：“卖方应向买方提供发动机合格证、适航证、履历本、安装及操作手册、随机备件。”合同签订当日，凯博通用公司支付了50%的首付款即232 482元。后因卓越航空公司无法提供O－360－A3A2发动机，2016年3月29日，双方签订“‘销售合同’补充协议”，约定：“卓越航空公司与凯博通用公司于2015年12月21日共同签署了‘销售合同’，由于某些零部件一直缺货，导致原合同中规定的货品一直不能交货。双方本着互利互惠的原则，经友好协商，将货品由航空发动机（O－360－A3A2）修改为航空发动机（XPIO－360－A3AC2），就原合同中规定货品明细、价格明细、到货日期等条款进行相应修改，特订立以下补充协议。货品总价款449 180元，合同总价款467 370元。折扣后总价款460 000元。”该补充协议中明确约定：“本协议生效后，即成为原合同不可分割的组成部分，与原合同具有同等的法律效力。除本协议中明确所作修改的条款之外，原合同的其余部分应完全继续有效。”2016年4月25日，卓越航空公司将两台XPIO－360－A3AC2发动机送至凯博通用公司处。2016年5月26日，卓越航空公司向凯博通用公司发送函件，载明经双方友好协商，将原合同中的认证型、化油器式O－360－A3A2发动机更换为非认证、直接喷射式XPIO－360－A3AC2发动机，并承诺在使用过程中遇到的技术问题，卓越航空公司将无偿提供技术指导，凯博通用公司在使用过程中所需的航材供应要求，卓越航空公司也将尽力满足。庭审中，卓越航空公司主张XPIO－360－A3AC2发动机系非验证航空发动机，没有适航证，且凯博通用公司在签订“‘销售合同’补充协议”时明知上述事实，凯博通用公司对此不认可。

卓越航空公司多次向凯博通用公司催收余款但未果，故向法院提起诉讼，请求判令凯博通用公司支付货款227 518元及逾期付款违约金。

凯博通用公司辩称，卓越航空公司交付的货物发动机与凯博通用公司签订合同所需要的发动机完全不同，没有适航证，提出反诉请求依法判令解除原告、被告双方于2015年12月25日签订的“销售合同”及随后签订的“‘销售合同’补充协议”；依法判令卓越航空公司返还货款人民币232 482元；依法判令卓越航空公司赔偿差价损失人民币288 600元；依法判令卓越航空公司赔偿逾期向第三方交货的损失人民币250 000元；依法判令卓越航空公司承担本案的律师费人民币30 000元；依法判令卓越航空公司承担本案的诉讼费。

法院经审理判决：解除北京卓越航空工业有限公司与辽宁凯博通用航空器股份有限公司签订的“销售合同”及“‘销售合同’补充协议”；卓越公司返还凯博通用公司货款232482元；凯博公司返还卓越公司XPIO－360－A3AC2航空发动机二台；驳回卓越公司的全部诉讼请求；驳回凯博通用公司的其他诉讼请求。①

【案例评析】 本案买卖合同法律关系的标的物是航空发动机。

卓越航空公司与凯博通用公司签订的“销售合同”及“‘销售合同’补充协议”系双方当事人真实意思表示，未违反相关法律法规，合法有效，双方应切实遵守。依据“‘销售合同’补充协议”的约定：“本协议生效后，即成为原合同不可分割的组成部分，与原合同具有同等的法律效力。除本协议中明确所作修改的条款之外，原合同的其余部分应完全继续有效。”而“销售合同”第10条中约定：“卖方应向买方提供发动机合格证、适航证、履历本、安装及操作手册、随机备件。”卓越航空公司与凯博通用公司签订的“销售合同”，该合同中所约定的标的物O－360－A3A2发动机系有适航证。在卓越航空公司无法提供O－360－A3A2发动机后，双方协商将O－360－A3A2发动机变更为XPIO－360－A3AC2发动机，卓越航空公司作为出卖方有义务告知凯博通用公司该型号发动机无适航证。

根据《民用航空法》及《民用航空产品和零件合格审定的规定》的相关规定，不具备适航证的航空发动机无法安装在民用航空器上，故凯博通用公司无法使用涉案商品，合同目的已无法实现。《合同法》第94条规定：“有下列情形之一的，当事人可以解除合同：（一）因不可抗力致使不能实现合同目的；（二）在履行期限届满之前，当事人一方明确表示或者以自己的行为表明不履行主要债务；（三）当事人一方迟延履行主要债务，经催告后在合理期限内仍未履行；（四）当事人一方迟延履行债务或者有其他违约行为致使不能实现合同目的；（五）法律规定的其他情形。”故凯博通用公司主张

① 北京市大兴区人民法院（2016）京0115民初15040号民事判决书。

解除合同，退还涉案航空发动机并要求卓越航空公司退还货款的诉讼请求，于法有据，应该予以支持。

当然，对凯博通用公司要求卓越航空公司赔偿损失的主张，法院没有予以支持，主要原因在于卓越航空公司虽然在签订"'销售合同'补充协议"时未告知涉案航空发动机不具有适航证，但凯博通用公司作为专业性公司，不能免除自身作为买方的谨慎审查义务，故其对合同目的无法实现的结果亦负有一定责任，且其提交的证据不足以证明其损失数额，故法院驳回凯博通用公司要求卓越航空公司赔偿相应损失的诉讼请求。

五、宠物（活体动物）

随着人们生活水平的提高，宠物数量不断增加，许多宠物在主人的日常生活中占据重要地位，许多旅客希望自己的宠物能够一起乘机旅行，这使活体动物的航空运输量不断增加。此外，活体动物的贸易量不断增加，越来越多货主选择安全快捷的航空运输方式。但活体动物航空运输过程中，不仅要保证活体动物健康和避免伤亡，又要保证其不伤害人类（包括防止疫病传播）及危害飞行安全。故运输活体动物的难度比普通货物大很多，甚至比危险品运输还要复杂。航空运输中频繁发生活体动物逃逸事件，不仅影响了航空安全和航班正常运行，而且活体动物运输事故给国家、航空公司和客户造成损失引发的纠纷不断出现。

【案例】活体动物航空运输纠纷案

【案情介绍】2008年4月18日，一只名贵的雪橇犬被航空托运到南京禄口国际机场，当货运操作人员打开舱门准备卸货时，雪橇犬从货舱跑出来，逃向机场跑道，被机场驱鸟队工作人员击毙。雪橇犬逃逸的原因是托运笼底部的塑料托盘已经损坏，有一个大裂口。

2006年4月9日，邯郸藏獒山庄托运一只价值200万元的藏獒，乘某航空公司飞机从深圳运往北京，却在回京途中死亡，原因是运送藏獒的笼子已经破开，藏獒的头部卡在笼子的破洞处，导致藏獒死亡。

【案例评析】有关活体动物航空运输的要求，国际航空协会有专门的活体动物运输手册，对每一种类活体动物运输时的包装要求和运输条件都列出了详细的规定。

2007 年，中国民航局曾发布两项行业标准——《活体动物航空运输包装》（MH/T 1014—2004）和《航空运输活体动物装载》（MH/T 1013—2004），前者规定了活体动物航空运输包装容器的结构、规格、材料和包装要求，后者规定了活体动物航空运输载运条件和装载要求。

2014 年 9 月，民航局下发了《关于做好活体动物航空运输工作的通知》，对作为托运行李运输小动物的范围、活体动物航空运输的包装、收运检查、逃逸处置以及人员培训等方面进行了规范。根据上述通知规定，航空公司应对航空运输小动物的种类进行细化，明确大型或凶猛犬种等不属于小动物范畴的活体动物不得作为旅客行李托运。同时对于猫、犬等宠物类陆生活体动物，应在其包装容器外附加布或麻布类纤维绳网套，以防容器意外破损时造成动物的逃逸。通知要求机场管理机构应协调各驻场单位，制订活体动物逃逸应急处置方案，明确发生活体动物逃逸时采取管控处置措施的主体、时间、方式等事项，最大限度降低动物逃逸造成的安全风险，确保机场安全、正常运行。通知发布后，各航空公司和机场高度重视，陆续修改了活体动物航空运输业务手册相关内容，加强收运检查措施。①

2014 年 10 月，民航局发布《航空运输活体动物逃逸应急处置规范》（MH/T 1059—2014），提供了活体动物运输处置的行业标准。

《中国民用航空旅客、行李国内运输规则》对小动物运输也有明确的规定："小动物是指家庭饲养的猫、狗或其他小动物；旅客必须在定座或购票时提出，并提供动物检疫证明，经承运人同意后方可托运；旅客应在乘机的当日，按承运人指定的时间，将小动物自行运到机场办理托运手续。"

根据《中国民用航空货物国内运输规则》规定，动物运输必须符合国家有关规定，并出具当地县级（含）以上检疫部门的免疫注射证明和检疫证明书；托运属于国家保护的动物，还需出具有关部门准运证明；托运属于市场管理范围的动物要有市场管理部门的证明；托运人托运动物，应当事先与承运人联系并定妥舱位；办理托运手续时，须填写活体动物运输托运申明书；需专门护理和喂养或者批量大的动物，应当派人押运；动物的包装，既要便于装卸又需适合动物特性和空运的要求，能防止动物破坏、逃逸和接触外界，

① 佚名："运输司进一步规范活体动物航空运输"，载《民航运输信息》2014 年第 2 期，www.caac.gov.cn/ZTZL/RDZT/MHYSXX/201601/t20160114_26531.html，2016 年 12 月 20 日访问。

底部有防止粪便外溢的措施，保证通风，防止动物窒息；动物的外包装上应当标明照料和运输的注意事项；托运人和收货人应当在机场交运和提取动物，并负责动物在运输前和到达后的保管；有特殊要求的动物装舱，托运人应当向承运人说明注意事项或在现场进行指导；承运人应当将动物装在适合载运动物的飞机舱内。动物在运输过程中死亡，除承运人的过错外，承运人不承担责任。

六、人体捐献器官

目前，民航是我国人体捐献器官跨区域、长距离转运的主要渠道，因此，航空行李运输标的物会涉及人体捐献器官。器官运输是一场生命与时间的赛跑，如何缩短人体捐献器官转运时间、减少器官浪费，是多年来社会各界共同关注的焦点问题。

【案例】南航运输人体捐献器官

【案情介绍】2016 年 10 月 4 日 12 点 45 分，南航客服中心接到一位旅客来电，要求南航协助从赣州转运医用人体捐献器官前往广州。但由于手术关系，很可能工作人员携带捐献器官从赣州出发时会错过当天从赣州前往广州的唯一一班原定 15 时 25 分起飞的直达航班 CZ3638。获悉情况后，南航客服中心马上启动人体捐献器官转运绿色通道，尽全力保障这起特殊的人体器官转运。15 时 34 分，手术完成，医生通知南航，医院工作人员将立即携带人体捐献器官出发赶往机场，预计 40 分钟可到达机场。接到消息后，南航和赣州机场的地面服务人员马上组织 CZ3638 航班其他旅客提前登机，做好航班起飞准备。南航乘务组告知旅客，因需要等待携带人体捐献器官的医生，本次航班将延误。机上全部旅客没有任何人抱怨，大家都安静地等待着救死扶伤的医生和他携带的那颗宝贵的捐献器官。16 时 05 分，医院的工作人员顺利抵达机场，将器官交给正在焦急等待的医生，医生经机场绿色通道快速安检并顺利登机。航班于当天 16 时 20 分起飞，较原计划起飞时间延误 55 分钟。航班抵达后，南航乘务组安排医生优先下机，南航广州地面服务部门安排了专人引导迅速离开机场，尽量缩短转运时间，为手术赢得了宝贵时间。

【案例评析】2017 年 1 月，民航局发布《人体捐献器官航空运输管理办法》，制定的主要依据是《中国民用航空旅客、行李国内运输规则》和《关于建立人体捐献器官转运绿色通道的通知》①。内容包括7章33条，分为总则、一般运输规定、运输流程、特殊情况处置、保障要求、监督检查、附则等，对人体捐献器官运输流程作出全面规范，明确了人体捐献器官作为行李运输的具体要求，明晰了遇到特殊情况时的处置方法，有效界定了航空公司、地面服务代理人、机场、空管等单位在人体捐献器官运输保障工作中的职责，突出了人体捐献器官运输的监督检查。

根据《人体捐献器官航空运输管理办法》的规定，人体捐献器官应由人体器官获取组织工作人员放置于运输专用容器中作为手提行李运输，并在运输过程中自行照管。人体捐献器官运输专用容器尺寸超过航空公司允许旅客携带手提行李最大尺寸的，航空公司可要求人体器官获取组织工作人员使用占座行李的方式进行运输。人体捐献器官运输专用容器内含有保存人体捐献器官所必需的液态物品的，不受液态物品航空运输条件的限制，但应满足运输安全要求。对不满足要求的液体物品，航空公司可拒绝运输。

人体器官获取组织工作人员明确获取人体捐献器官时间并确定所乘航班班次后，应至少在航班起飞前4个小时通过客服电话联系航空公司，咨询航空公司相关规定并提出运输申请，告知航空公司人体捐献器官类型、包装尺寸、涉及的危险品等信息。未在航班起飞前提前四个小时提出申请或提出申请后预计不能按时到达机场的，应主动通过航空公司客服电话说明情况，由航空公司启动应急预案。在飞机舱门关闭前达机场的，由航空公司协调开通人体捐献器官绿色通道，快速办理乘机手续、优先通过安检登机。在飞机舱门关闭后到达机场的，由航空公司负责协调安排改签临近航班。对改签其他航空公司航班的，相关航空公司应全力配合。

人体器官获取组织工作人员所预订的航班发生延误时，航空公司或地面服务代理人应告知人体器官获取组织工作人员航班延误信息，并根据其意愿协助办理乘机或退、改签手续。因天气等不可抗力原因导致航班备降时，航空公司应将实际情况告知人体器官获取组织人员，并将人体捐献器官的运输情况通报备降地地面服务代理人、机场管理机构、空中交通管理部门等相关单位。在航班恢复运行后，应优先保障人体器官获取组织工作人员乘坐的航班。

---

① 原国家卫计委等六部门2016年5月6日联合下发。

民航各运行主体在人体捐献器官航空运输中的保障要求包括以下几个方面。航空公司应制定人体捐献器官航空运输程序，明确人体捐献器官运输在申请、定座、办理乘机手续、登机、客舱服务、下机等环节的操作流程以及特殊情况下的应对措施。地面服务代理人及机场管理机构应按照航空公司的人体捐献器官航空运输程序，结合所在机场实际情况制订人体捐献器官运输保障方案，会同航空公司共同开展人体捐献器官运输保障工作。

七、航空危险品

在航空运输实践中，航空危险品常成为航空运输合同法律关系的标的物，因运输各方当事人的原因导致运输航空危险品发生事故致损要求损害赔偿的纠纷不断发生。

【案例】锂离子电池货物着火飞机受损

【案情介绍】2006 年 2 月 8 日，一架 UPS 的飞机（航班号 5X1307）在接近费城时所载货物突然起火，飞机在 0 时 22 分降落，机身中冒出了火焰。费城的消防人员花了 4 个小时来扑灭大火。当时这架 39 年机龄的飞机停留在机场的主跑道上，直到凌晨 4 时 8 分大火才得到控制。根据事故调查结果显示，认为造成飞机起火的原因可能就是锂离子电池。美国 NTSB 于 2006 年 7 月举行听证会，就 UPS 飞机失火与其所装载锂离子电池的关系进行听证。

【案例评析】

1. 航空运输危险品的范围

航空危险品是指列在《危险物品安全航空运输技术细则》①（Doc9284 号文件）危险品清单中或者根据该细则归类的能对健康、安全、财产或者环境构成危险的物品或者物质。

《危险物品安全航空运输技术细则》（以下简称《技术细则》）把危险品划分为 9 个大的类别，分别是爆炸品；气体；易燃液体；易燃固体、易于自燃的物质、遇水释放易燃气体的物质；氧化性物质和有机过氧化物；毒性物质和感染性物质；放射性物质；腐蚀性物质；杂项危险物质和物品，包括危

① 根据国际民航组织理事会制定的程序而定期批准和公布。

害环境的物质。这9个大类别的危险品，包括大约3000种具体的危险物品或物质，列在《技术细则》危险物品表及其补篇的危险物品增补表中。

民航局编写的《航空运输危险品目录》(2017版)（以下简称《目录》）列出了航空运输中常见的3454种危险品。根据航空运输的不同要求，所列危险品可分为以下三类：(1) 在符合相关规定的情况下，可以进行航空运输的危险品，这些危险品按照联合国编号的顺序排序，共3171种。(2) 在正常情况下禁止航空运输，但满足相关要求后，航空运输时不受限制的危险品，这些危险品共2种，它们没有被赋予联合国编号。(3) 在任何情况下均禁止航空运输的危险品，这些危险品按照英文名称首字母排序，共281种。它们没有被赋予联合国编号，且在《目录》的“类别或项别”栏、“次要危险性”栏以及“包装等级”栏均标有“禁运”字样。当然，《目录》不可能将所有在任何情况下均禁止航空运输的危险品全部列出。所有在正常运输条件下，易爆炸、易发生危险性反应、易起火或易放出导致危险的热量、易散发导致危险的毒性、腐蚀性或易燃性气体或蒸汽的任何物质，在任何情况下都禁止使用航空运输。

目前，旅客的行李（托运行李和手提行李）中可能都携带有大量危险品。一是医疗必需品。例如，为供医用的气态氧气瓶或空气瓶；供由于残障、健康或年龄原因而行动受限或暂时行动不便的旅客使用的电池驱动轮椅或其他类似的代步工具；放射性同位素心脏起搏器或其他装置；放射性药品（包括气溶胶）；旅客为医疗用途携带的、内含锂金属或锂电池芯或电池的便携式医疗电子装置等。二是梳妆用品，包括发胶、香水和科隆香水等物品；含烃类气体的卷发器。三是日用消费品。浓度在24%以上但不超过70%的含酒精饮料；用于体育运动或家用的特定气溶胶；电池动力设备（如潜水强光灯）、雪崩救援背包；为自动充气救生衣充气而配备的特定的小型气瓶；旅客或机组成员为个人自用的内含锂或锂离子电池芯或电池的便携式电子装置（如手表、计算器、照相机、手机、手提电脑、便携式摄像机等）；用于为便携式电子装置供电的燃料电池（如照相机、手机、手提电脑和摄像机等），以及备用燃料电池盒；政府气象部门或类似官方机构的代表携带的水银气压计或水银温度计；禁止化学武器组织的工作人员因公旅行时携带的有关仪器。四是保密型设备。如外交公文包、现金箱、现金袋之类的保密型设备，其中装有锂电池或烟火物质之类的危险品作为该设备的一部分。随着各类电子产品的日益普及，旅客携带的便携式电子装置如手机、照相机、摄像机、笔记本电脑等日益增多，旅客也会相应携带多块备用锂电池。①

2. 危险品航空运输的相关责任主体问题

根据《中国民用航空危险品运输管理规定》，从事危险品航空运输活动的相关单位应当建立自查制度，对直接关系航空运输安全的危险品航空运输手册、管理程序、培训大纲、人员资质等实施自查，使之保持最新、有效，相关规定得到严格执行。从事高危危险品②航空运输的托运人和经营人应当制订保安计划，并及时修订其保安计划，以保持其保安计划的实用性和有效性。③ 相关单位包括经营人、托运人、货运销售代理人、地面服务代理人。

（1）经营人。

“经营人”是指以营利为目的使用民用航空器从事旅客、行李、货物、邮件运输的公共航空运输企业，包括国内经营人和外国经营人。经营人从事危险品航空运输，应当取得危险品航空运输许可，经营人应当在民航地区管理局颁发的危险品航空运输许可所载明的范围和有效期内开展危险品航空运输活动。

危险品航空运输的经营人的义务包括：经营人应当取得运输许可证；制定和传递危险品航空运输手册的义务；接受培训的义务；对承运货物进行检查、合理注意义务；保存危险品航空运输文件的义务；危险品运输信息的告知义务。

经营人申请危险品航空运输批准或豁免的，仅适用于下列情况：极端紧急；不适宜使用其他运输方式；如完全遵照《技术细则》的要求，将与公共利益相违背。④

【案例】危险品航空运输行政处罚案

【案情介绍】2012 年年底，A 销售代理公司经某外航航班（中国—B 国）运输了一票普通快件货物。飞机在 B 国降落时，经 B 国民航局抽查，

① 刘锋：“危险品航空运输面面观”，载《中国民航报》2013 年 7 月 18 日，第 7 版。

② 高危危险品是指《技术细则》中规定的有可能在恐怖主义事件中被滥用，可能造成大量伤亡或者大规模破坏等严重后果的危险品。

③ 《中国民用航空危险品运输管理规定》（CCAR－276－R1）第 115～116 条。

④ 2018 年 3 月 1 日起施行的《危险品航空运输批准和豁免管理程序》（P－276－TR－2017－01）第 7 条。

发现该票普货内含疑似危险品。B国民用航空局遂将该信息通报至中国民用航空局。C地区管理局按照中国民用航空局的指示对该案进行了调查取证，最终认定托运人A销售代理公司构成在普货中夹带危险品，并依据《中国民用航空危险品运输管理规定》规定对其给予警告和罚款人民币2万元的行政处罚。①

从民用航空局发布的“关于2016年危险品航空运输违规行为行政处罚情况的公告”看，丝绸之路西部航空公司、阿联酋阿提哈德航空公司等12家单位的16起危险品航空运输违规行为受处罚的原因，主要包括未按照危险品航空运输许可内容运输危险品、违规交运危险品、未确保相关人员按照要求进行危险品培训、未取得危险品航空运输许可运输危险品等。

（2）托运人。

托运人是指为货物运输与承运人订立合同，并在航空货运单或者货物记录上署名的人。托运人是危险品运输的重要主体，确保所有适用的空运要求得到满足是托运人的责任。托运人有自然人，也有法人组织，如邮政企业、快递企业、生产厂家等，涉及面非常广、人员非常多。

托运人的义务包括：①合理包装、标记的义务。托运人要保证其托运的危险品不是禁运的危险品，并正确地进行分类、标记、标签，正确填写危险品运输文件。②诚实信用义务。禁止在普通货物中夹带危险品或者将危险品匿报、谎报为普通货物进行托运；禁止将危险品匿报或者谎报为普通物品作为航空邮件邮寄②。③危险品运输相关文件的保留义务。至少保留24个月。

【案例】未申报的危险品导致人员中毒

【案情介绍】1999年4月，青岛至广州的航班在广州落地后，装卸工打开舱门卸货，闻到一股浓烈的刺鼻气味。一件货物破损并流出液体，此货物为间氟苯酚（第6.1项毒性物质），未申报，使用的是饮水机的旧包装。该起事故造成17名工作人员不同程度的中毒。局方对托运货物的代理人处以10万元罚款。

---

① 蒋华：“危险品航空运输中的行政处罚问题”，载《中国民航报》2013年9月17日，第2版。

② 邮政企业、快递企业收寄危险品的，依照《中华人民共和国邮政法》（以下简称《邮政法》）的规定处罚。

【案例】邮包泄漏粉末致人眼短暂失明

【案情介绍】2007年11月8日某航空公司浦东至法兰克福航班，到达目的站卸机时发现一件邮包泄漏，有白色粉末溢出，粉末误入搬运工眼睛，造成搬运工暂时失明，在该区域活动的其他人员也出现嗓子不适、咳嗽症状，伤者接受医护治疗。经调查，寄件人交给邮局的邮件中装有三氯苯乙酮的化工品，三氯苯乙酮具有腐蚀性和毒性。

【案例】案例航空运输化学物品泄漏致飞机全损

【案情介绍】2000年2月，中国化工建设大连公司（以下简称大连化建）要将80桶化工产品从北京空运至印度马德拉斯。中国化工建设大连公司委托马航承运两个集装箱货物到印度，大连大通国际运输有限公司（以下简称大通公司）为出口货运代理人。当天夜里11时30分，飞机抵达马来西亚吉隆坡机场中转，机场工作人员意外发现货舱已经被强刺激性的白色烟雾所笼罩，戴上呼吸装置都难以靠近货舱，装卸机械也被腐蚀，飞机随即被隔离。后经努力直到第二天早晨8时30分机场消防救援队才将盛有80桶货物的集装箱卸下，机场发现箱中的40个铁桶没有经过固定直接分两层码放，只占了集装箱的1/3的体积。经过颠簸运输，上层铁桶塌陷下来跟下层发生严重碰撞，造成两个铁桶泄漏，导致飞机严重受损。经调查，货物不是大连化建申报的8－羟基喹啉，而是一种名为草酰氯的强酸性腐蚀化学药品，属于危险货物。2001年2月，法国空中客车飞机制造公司对飞机状况进行了评估，认为修理成本将可能超过8900万美元，大大超过飞机全额保险金9500万美元的75%，而且即使勉强修理好，也得不到飞行安全保障，据此推定飞机全损，已无修理价值。随后，五家保险公司对马航进行了全额9500万美金的赔偿。2002年3月13日，马航等6名原告向北京高院递交起诉书，状告大连化建、大通公司、天航公司、利航公司、迪捷姆公司等5家公司，请求法院判令被告连带赔偿马航公司因飞机推定全损所遭受的未获保险赔付的相关费用损失1万余美元等；被告连带赔偿马来西亚保险公司、曼班通用公司、艾米公司、特卡福公司因飞机损失及处理此次货物泄漏事故善后事宜所受全部损失共计6500余万美元。

法院根据马航公司涉案飞机货物舱单、装货指示以及空港地服空运单、大通公司涉案函件等证据，在认定大连化建涉案货物已被装载上马航MH085

号航班的基础上，结合马来西亚化学局鉴定结论、英国国防评估及研究机构调查报告、废物处理公司销毁记录以及大连化建与马航往来函件等证据，最终认定马方原告所受损害确系大连化建涉案货物所致。法院认定，在马航提供充分证据证明其在事发后和获悉货物真实品名后已采取一切必要措施，及时对飞机及货物进行抢救、抽样检测、清洗净化、废物处理、定损和修理评估，并及时向中方被告通报、询问、协商及索赔的情况下，马航已经全面、正当地履行了承运人义务，其合法权益应受到保护。至于马航之外的5名原告，作为马航的保险人或再保险人，在涉案事故及相关损害发生后，协助马航善后处理工作，代马航支付相关费用，并在马航宣告飞机推定全损后，足额向马航支付了保险金，为此，法院认定马方的保险公司已全面、正当地履行了保险和再保险义务，代位取得了马航的全部索赔权利。

【案例评析】首先，关于本案相互交叉的法律关系问题。

本案马航请求相关费用损失赔偿之诉，系基于其签发的232－91323072号空运单，以及国际航空货物运输事故及相关损害赔偿纠纷而共同产生，因此，马航之诉，既包含国际航空货物运输合同法律关系，又包含侵权行为的损害赔偿法律关系。而马来西亚保险公司、曼班通用公司、艾米公司、特卡福公司请求保险赔付及此次货物泄漏事故善后处理相关费用代位求偿之诉，艾思伦敦公司等请求再保险赔付及此次货物泄漏事故善后处理相关费用代位求偿之诉，均是基于各保险人和再保险人在向马航支付保险赔偿金后，代位取得的马航因发生事故遭受损失所享有的全部合法权利，以及对因各被告的共同侵权行为所导致损失进行索赔的合法权利，属于侵权行为的损害赔偿之诉。

虽然本案涉及马航请求相关费用损失赔偿之诉，马来西亚保险公司、曼班通用公司、艾米公司、特卡福公司请求保险赔付及此次货物泄漏事故善后处理相关费用代位求偿之诉，艾思伦敦公司等请求再保险赔付及此次货物泄漏事故善后处理相关费用代位求偿之诉三个法律关系的诉讼，但是由于该三个法律关系诉讼均是基于国际航空货物运输事故及相关损害赔偿纠纷所产生，其诉讼请求的依据亦均是基于各被告的共同侵权行为所导致损失进行索赔，且马航在《弃权和免责备忘录》中，同意各保险人和再保险人在向马航支付保险赔偿金后，代位取得马航因发生事故遭受损失所享有的全部合法权利，并有权取得因此由第三方支付或应付的赔偿款项。因此，法院以侵权行为损害赔偿之诉对上述三个法律关系诉讼进行了合并审理。

由于马来西亚保险公司、曼班通用公司、艾米公司、特卡福公司、艾思伦敦公司等之诉讼请求，均是基于各保险人和再保险人在向马航支付保险赔偿金之后，代位取得的马航因发生事故遭受损失所享有的全部合法权利，以及对因各被告的共同侵权行为所导致损失进行索赔的合法权利，因此，法院认为不适用《保险法》第30条第2款之规定，故马来西亚保险公司、曼班通用公司、艾米公司、特卡福公司、艾思伦敦公司等享有共同向本案各被告提起侵权行为的损害赔偿之诉权，其诉请程序合法。

其次，关于本案的责任主体及其过错问题。

涉案事故及相关损害发生后，大连化建虽于2000年3月16日致函马航，称托运货物与空运单载明货物的品名相符，但函件中也已指明货物外观性质为“无色或浅黄色液体”，该描述与草酰氯的外观性质相符，早于事故发生后马来西亚相关部门的检测结论。2000年3月21日，大连化建致函马航，称其由于疏忽，错把草酰氯当作8－羟基喹啉发运。此后，大连化建又致函马航，希望能将货物通过海运方式运回中国。上述事实表明大连化建对托运货物实为危险品的情况事先明知，显然，大连化建作为托运人，违反了要保证其托运的危险品不是禁运的危险品；应正确标记、标签和填写危险品运输文件；禁止在普通货物中夹带危险品或者将危险品匿报、谎报为普通货物进行托运等规定。据此法院认定，大连化建没有如实申报的行为与涉案事故及相关损害的发生具有直接因果关系，理应承担赔偿责任。

（3）代理人。

从危险品航空运输的实际看，危险品运输与代理人密切相关。代理人包括托运人的代理人、经营人（航空公司）的销售代理人和地面服务代理人。经营人的代理人是指位于中国境内的代表经营人从事危险品航空运输活动的企业，包括货运销售代理人、地面服务代理人，以及其他代表经营人从事危险品航空运输活动的企业。“货运销售代理人”是指经经营人授权，代表经营人从事货物航空运输销售活动的企业。“地面服务代理人”是指经经营人授权，代表经营人从事各项航空运输地面服务的企业。

托运人委托的代理人应当按照规定和要求接受相关危险品知识的培训并合格；托运人的代理人代表托运人从事危险品航空运输活动的，适用有关托运人责任的规定。[1] 从事危险品航空运输的经营人及其地面服务代理人、货运销售代理人、托运人及其代理人应当采取适当措施防止危险品被盗或者不正当使用而使人员或者财产受到损害。

在上述2002年马航等6名原告诉大连化建等被告案件中，鉴于货运代理人天航公司和大通公司已经履行了涉案单证的表面审查义务，利航公司不存在任何过错，空港地服正当审慎地履行了地面服务义务，法院认定这4家公司不承担法律责任。

八、提单

【案例】即墨工行与敦豪山东公司合同纠纷案

【案情介绍】2009年12月，国华公司依照与希腊VA公司订立的买卖合同向希腊发出货物。2010年1月，国华公司委托即墨工行办理向希腊VA公司托收货款，国华公司指定该笔托收业务按照《托收统一规则》办理，托收金额为381 888.51美元，并明确代收行名称及其地址。托收付款人是希腊VA公司，托收事项中还包括该次托收所附的单据。即墨工行认可了国华公司所指定的各项事项。2010年1月，工行青岛分行填写货运单并将文件函封后，由敦豪山东公司负责寄送托收项下包括海运提单在内的单据一宗，该货运单所载明的收件人及收件地址均系国华公司指定的名称和地址，货运单中“交运物品之详细说明”一栏填写为“文件”。本次快递业务中发件人、承运人的权利、义务关系、违约责任及承运人的责任等事项均由工行青岛分行与敦豪山东公司签订于2010年1月1日的“中外运—敦豪运输服务合同”及“DHL运输条款与条件”中的相应条款确定。即墨工行为此次快件运输服务支付快递费人民币148.48元。

由敦豪山东公司承寄的前述货运单项下的快件，根据敦豪山东公司提供的查询记录显示该快件于2010年2月2日到达希腊雅典，同日，敦豪公司转交第三方派送无法得到签收结果，2月3日，快件已派送并签收。2010年4月1日，中外运-敦豪国际航空快件有限公司北京分公司向工行青岛分行书面反馈该快件派送情况，内容为该快件于北京时间2010年1月29日交予中外运-敦豪进行承运，由中国发往希腊，希腊敦豪公司（DHL）反馈快件的

[1] 《中国民用航空危险品运输管理规定》（CCAR-276-R1）第48~55条。

实际收件人G先生曾致电希腊敦豪公司要求更改派送地址，在得到客户的要求后，希腊敦豪派送代理按照客户的要求将快件于2月3日派送到新地址，通过希腊当地的调查了解，实际收件人G先生提供的新地址为一商店地址，派送代理将快件直接派送到此商店处，但此商店已经倒闭，签收人不知去向，快件无法取回。

2010年3月18日，国华公司向即墨工行提交申请，说明未收到托收货款，并提出如客户在限期内仍不付款，则要求退回所有单据。3月24日，国华公司再次向即墨工行提出申请，说明已接到船公司通知，其客户已在2010年3月12日将所有货物提走，但国华公司一直没有收到货款，要求代收行立即付款或退回所有单据。2010年3月18日，工行青岛分行就该笔托收业务致电代收行，要求将全套单据退回。3月23日，代收行复电称，无法确认该项业务。4月2日，代收行确认未收到相关单据。同日，工行青岛分行致电代收行要求查询G先生的身份及电话号码的归属问题。2010年4月12日，代收行复电对G先生的身份及电话号码作出确认，同时作出如下说明：G先生从未向敦豪公司发出改派快件至新地址的指示，代收行在快件实际派送地址没有任何分行，单据（快件）签收人不是其员工。2010年4月20日，中外运－敦豪国际航空快件有限公司北京分公司向工行青岛分行发出书面函件称，希腊敦豪公司已开展调查，与收件银行的相关负责人取得联系并沟通，同时已向当地警方报警要求希腊警方协助调查。

2010年年末，国华公司以即墨工行为被告、以敦豪山东公司为第三人起诉至青岛市中级人民法院。国华公司在该案中诉称，由于即墨工行的过错，国华公司办理的托收业务项下包括海运提单在内的商业单据在收货方未付款的情况下被交付，货物被提取。敦豪山东公司作为托收业务项下商业单据的承运人，在未经国华公司知情和同意的情况下，擅自更改派送地址，导致商业单据全部被托收指示之外的人员签收取走。即墨工行未收到货款即交付单据给国华公司造成损失，要求判令即墨工行赔偿货款、税费及利息。

一审法院认为，敦豪山东公司在履行本案运输服务合同的过程中因快件错投构成违约，依法及合同约定应向即墨工行承担违约责任，判决中外运－敦豪国际航空快件有限公司山东分公司向中国工商银行股份有限公司即墨支行偿还快递运费人民币148.48元，并赔偿损失100美元。①

① 山东省青岛市中级人民法院（2013）青民四初字第59号民事判决书。

二审法院认为，本案争议的焦点问题是被上诉人应全额赔偿上诉人损失还是承担限额赔偿责任。敦豪山东公司对快件错投存在过错，并负有重大过失责任，应全额赔偿上诉人即墨工行的损失，理由包括如下几个方面。根据工行青岛分行与敦豪山东公司签订运输服务合同及合同附件“运输条款与条件”的规定，敦豪山东公司及其希腊代理商希腊敦豪公司应当按照运单表面载明的地址将快件送到代收行。涉案快件到达希腊后，希腊敦豪公司因何种原因导致无法得到代收行签收的结果，敦豪山东公司没有提供证据。因此，希腊敦豪公司未按发件人指定的地址将快件派送至代收行，在未得到发件人改派指令的情况下，将快件交付收货人希腊 VA 公司，造成国华公司货款不能收回的损失，其行为构成违约。敦豪山东公司称，希腊敦豪公司根据 G 先生的电话通知要求，变更了快件派送地址，但没有提供通话及通话内容的相关证据。事后查询证实，代收行否认收到过快件也不曾电话指令派送新的收件人地址。希腊敦豪公司在未核实拨打电话人身份的情况下，便按变更后地址（商店名称）派送快件，其未能尽到勤勉合理谨慎的注意义务，对造成快件错投负有重大过失责任。被上诉人敦豪山东公司答辩称在确认收货人身份后，快递员根据行业特点及操作习惯将快件送至其他地址，不存在错投的主观故意，不能预见错投造成的损失。工行青岛分行提交给敦豪山东公司的运单上只写明了代收行的地址和银行名称，没有记载收货人希腊 VA 公司。除希腊敦豪公司与他人串通外，通常情况下，希腊敦豪公司不启封快件是无法确认收货人身份的。只能是由希腊敦豪公司打开快件确认收货人身份同时将快件中的记名提单交予希腊 VA 公司，导致希腊 VA 公司在未付款的情况下凭记名提单将货物提走。希腊敦豪公司在向收货人希腊 VA 公司交付快件时，不但知悉快件中各种单据的内容和价值，而且能够预见到向非代收行以外的希腊 VA 公司交付提单和银行托收凭证可能造成的损失。因此，原审法院认定敦豪山东公司在快件投递过程中，对快件的物品、价值不知情有悖常理，因敦豪山东公司因错投快件违约不能预见可能造成的损失，援引最高限制责任的相关规定，判令被上诉人承担限制赔偿责任不当，应予以纠正。①

【案例评析】本案纠纷源于海运提单被错投致货物损失。提单是民法上的一类特殊物。提单是指证明海上货物运输合同和货物已经由承运人接收

① 山东省高级人民法院（2015）鲁商终字第 151 号民事判决书。

或者装船，以及承运人保证据以交付货物的单证。提单中载明的向记名人交付货物，或者按照指示人的指示交付货物，或者向提单持有人交付货物的条款，构成承运人据以交付货物的保证。提单既是货物运输合同成立的证书，也是承运货物的物权凭证①。正本提单，即提单的正本，属于有价证券的一种。

有价证券是设立并证明某种财产权的书面凭证，属于民法上“物”的范畴。有价证券有如下几方面特征。

（1）代表财产权利，有价证券券面所记载的财产价值就是证券本身的价值；（2）证券上的权利行使离不开证券，有价证券属于特定物，证券与所记载的财产权利不能分离，享有证券上所代表的财产权利，就必须持有证券。权利人一旦丧失证券，就不能行使证券上的权利；（3）有价证券的债务人是特定的，即证券的权利人只能请求证券上记载的债务人履行债务，有价证券的持有人转让证券，不影响债务人对债务的履行；（4）有价证券的债务人的支付是单方义务，即债务人在履行证券义务时，除收回证券外，不得要求权利人支付相应对价，必须“无条件给付”。

海运提单与航空货运单（Air way bill）有许多不同（具体差异见表2）。例如，航空货运单不是货物所有权的凭证，收货人提货不是凭货运单，而是凭航空公司的提货通知单。海运提单是货物所有权的凭证，谁持有提单，谁就有权要求承运人交付货物，并享有占有和处理货物的权利。只要不是记名提单，提单可自由转让等。②

表2　海运提单和航空货运单之比较

特点	航空货运单	海运提单
权利性	非物权凭证	物权凭证
签发时间	货物装载前	货物装载后
格式	固定格式	承运人可自行设计
填制人	托运人	承运人
收执人	正本一式三份，托运人、承运人、收货人各一份	全部交付托运人

① 王利明：《民法（第六版）》，中国人民大学出版社2015年版，第96页。

② 郝秀辉：《航空运输合同法》，法律出版社2016年版，第25页。

续表

特点	航空货运单	海运提单
受通知人	进口商	进口商或其报关行
流通性	不能流通转让	可流通（记名除外）
运费记载要求	记载	不记载
证券性	非有价证券	有价证券
货物收据	可以作为货物收据	可以作为货物收据
运输凭证	初步证据	证据
提货方式	发提货通知，“认人不认单”	“认单不认人”
提货后的缴回	不需要	需要缴回
运费支付方式	预付或到付	预付或到付
记名性	记名	记名或不记名
指示性	非指示性，属于直接式	多为指示式
丢失后果	不能公示催告	需公示催告

第八章

民事行为

民事行为属于表示行为的一种，是指以意思表示为核心要素的表示行为[①]。民事行为是民事法律事实之冠，与丰富多彩的社会生活相对应，具有抽象性与概括性。

民事行为制度的意义不仅体现在《民法总则》中，还表现在民事行为制度是整个民事法律体系的中具体的设权行为规则，是确认个体自由保障民事法律系统性的必要保障。在民事行为制度中，民事法律行为为我国现行民事法律制度所认可，是合法有效的民事行为。在法官审理案件的过程中，当事人民事行为是否成立影响着法律的适用，而对民事行为效力的认定则会直接影响到案件的裁判结果。因此，对民事行为制度的研究，无论在学理上还是在司法实务中，都有重要的探讨价值。

一、航材买卖合同的意思表示

【案例】重庆徽帝航空设备有限公司诉上海豪海通用航空有限公司合同纠纷案

【案情介绍】原告重庆徽帝航空设备有限公司（以下简称徽帝公司）的工作人员与被告上海豪海通用航空有限公司（以下简称豪海公司）的工作人员通过电话联系，确定由原告向被告供应用于飞机的航材。原告徽帝公司作为供方，被告豪海公司作为需方的“产品购销合同”拟好后，将合同传给被

① 王利明：《民法（第六版）》，中国人民大学出版社2015年版，第97页。

告豪海公司。被告豪海公司打印出合同，在合同的需方名称处盖章后，于2012年6月28日13时47分至13时52分，将合同以传真方式交还给原告。合同约定：产品配置及价格清单合同总价为93 298.8元；运输方式及费用方面，供方以快递运输方式，按需方要求将产品发运至国内可直达的站（港），由供方承担相应的运输费用，产品到站（港）后由买方负责提货，相关费由买方负担。2012年6月28日，原告徽帝公司将合同约定的货物按合同约定的交提货地点及联系人托运给被告。7月2日，联系人薛某某取货。由于被告未付款，原告诉至本院，要求被告支付货款及其违约金。

法院经审理认为原告与被告签订的“产品购销合同”是双方当事人的真实意思表示，不违反法律法规的禁止性规定，是合法有效的合同。原告按“产品购销合同”约定的方式将货物托运后，货物已由被告方指定的联系人收取。故应当认定原告已履行完合同约定的义务，被告应当按照合同约定支付货款。依照《民事诉讼法》第144条，《合同法》第60条、第107条、第109条、第114条、第130条的规定，判决被告上海豪海通用航空有限公司支付原告货款93 298.8元、逾期付款违约金4664.9元；驳回原告的其他诉讼请求。①

【案例评析】 意思表示是民事行为的核心要素，是民事行为人将期望发生的某种法律效果以一定方式表现为外部的行为。通说认为，意思表示由三种要素构成，即目的意思、法效意思与表示行为，三要素缺一不可，否则意思表示不能成立。

本案原告徽帝公司的工作人员与被告豪海公司的工作人员通过电话联系，确定由原告向被告供应用于飞机的航材。这一表意行为可以认定为原告方欲订立买卖合同的意思表示意思表示，从意思表示成立的三要件来分析，目的意思是指民事行为标的的具体内容的意思要素，即通俗意义上讲当事人应当明确“要干什么”。本案原告徽帝公司的工作人员与被告豪海公司的工作人员通过电话联系的目的意思明确，即欲与被告订立买卖合同，因而目的意思要素具备。

法效意思又称效果意思，指行为人欲令其目的意思受法律上的约束。本案原告徽帝公司将“产品购销合同”拟好后，传给被告豪海公司，表明原告愿意使其目的意思接受法律规制。

---

① 重庆市渝北区人民法院（2012）渝北法民初字第14306号民事判决书。

表示行为，是当事人目的意思与法效意思的外在表现。本案原告先是打电话咨询，后是订立合同，可认定其具有表示行为。因此本案原告方欲订立买卖合同的意思表示真实有效。

意思表示的形式，是表示行为的方式，通常也是民事行为的方式①。意思表示一般有口头方式和书面方式、推定方式和默示方式四种。本案原告徽帝公司的工作人员与被告豪海公司的工作人员通过电话联系确定由原告向被告供应用于飞机的航材，这一意思表示的方式本质仍为口头方式。口头方式是指以对话的方式，明示、直接的方式进行意思表示。原告与被告订立的“产品购销合同”，属于以书面文字的形式进行意思表示。书面形式不仅限于书面的合同，还应当包括电报、电传、传真、电子数据交换和电子邮件等。②

二、限制民事行为能力人提交辞职申请的行为效力

【案例】刘某某诉四川航空重庆机场配餐服务有限公司劳动争议案

【案情介绍】原告刘某某于2010年8月10日进入被告四川航空重庆机场配餐服务有限公司从事航机送餐车驾驶员工作，双方签订了期限自2012年8月10日起至2016年8月10日止的劳动合同书。2016年7月6日，原告向被告提交了“辞职申请”，载明：“我因身体原因，暂时需要较长时间治疗，所以申请离职”。次日，被告向原告出具了“终止（解除）劳动合同证明”，以原告本人提出辞职为由确认双方于2016年7月7日解除劳动关系，原告于当日签收了该证明并停止工作。

2016年7月28日至2016年8月15日，原告在渝北区中医院住院治疗，诊断为精神分裂症。2016年9月18日，原告的母亲张某某向重庆市渝北区人民法院申请宣告原告为限制民事行为能力人。2016年10月24日，重庆市精神卫生中心作出司法鉴定意见书，载明：“刘某某诊断为精神分裂症；刘某某目前具有限制民事行为能力。”2016年11月4日，渝北区人民法院作出终审判决，判决刘某某为限制行为能力人，指定张某某为刘某某的监护人。

重庆市精神卫生中心对原告离职时的民事行为能力进行了鉴定，并于2017年5月15日出具“精神医学司法鉴定意见”，鉴定机构分析认为原告在

---

① 王利明：《民法（第六版）》，中国人民大学出版社2015年版，第103页。

② 《合同法》第11条。

2017年7月7日前虽能完成工作，但离职当日由于受精神疾病的影响，不能完全辨认民事事务中自己的权利和义务，不能全面理解民事行为代表的意义和性质及对自己带来的后果和影响，不能全面保护个人利益，故评定原告2016年7月离职时具有限制民事行为能力。

鉴定结论作出后，被告申请鉴定人员出庭接受询问，被告垫付鉴定人员的劳务及差旅费500元，鉴定人员在庭审中对鉴定所依据的材料及鉴定结论作出的理由进行了说明。被告对鉴定意见书的真实性无异议，但认为鉴定人员仅依据原告及其家属的主观陈述以及理论推论就认定原告辞职当天具有限制民事行为能力，缺乏客观的事实依据，鉴定意见书不应采信。

2010年8月10日，原告签署的“新员工承诺书”显示原告承诺保证身体健康，无传染病及遗传病史，在公司指定医院进行体检，取得健康证。被告认为原告存在故意隐瞒精神病史的情况，双方劳动关系自始应认定为无效。

原告工作期间，被告为原告办理了社会保险。被告出具解除劳动合同证明后，原告向重庆市渝北区劳动人事争议仲裁委员会申请仲裁，要求被告支付违法解除劳动关系的赔偿金、医疗期间的病假工资、失业保险待遇损失。2016年12月3日，仲裁裁决书驳回原告的仲裁申请。原告对仲裁裁决不服，诉至法院，诉请法院确认被告违法解除原被告之间的劳动关系，并支付原告违法解除劳动关系的赔偿金69 135.6元；被告支付原告医疗期的病假工资34 567.8元；被告支付原告失业保险待遇损失13 125元。

审理法院依据《民法通则》第13条、《民事诉讼法》第64条的规定，判决被告四川航空重庆机场配餐服务有限公司支付原告刘某某医疗期的工资、并驳回原告的其他诉讼请求。[①]

【案例评析】《合同法》第44条第1款规定：“依法成立的合同，自成立时生效。”多数情况下，合同成立与合同生效的时间是同步的，但法律、行政法规有特别规定或合同当事人另有约定的，也可依法律、行政法规的规定或当事人的约定。

对于民事行为效力发生的争议，正确认定的裁判标准是《民法通则》第55条规定：“民事法律行为应当具备下列条件：（一）行为人具有相应的民事行为能力；（二）意思表示真实；（三）不违反法律或者社会公共利益。”

① 重庆市渝北区人民法院（2016）渝0112民初22472号民事判决书。

《民法总则》第143条规定："具备下列条件的民事法律行为有效：（一）行为人具有相应的民事行为能力；（二）意思表示真实；（三）不违反法律、行政法规的强制性规定，不违背公序良俗。"第144条规定："无民事行为能力人实施的民事法律行为无效。"第145条规定："限制民事行为能力人实施的纯获利益的民事法律行为或者与其年龄、智力、精神健康状况相适应的民事法律行为有效；实施的其他民事法律行为经法定代理人同意或者追认后有效。"

这是《民法通则》和《民法总则》关于民事行为生效要件的一般性规定，此规定也适用于劳动合同效力的判断。法院对当事人争议所依据的合同效力进行审查判断，是正确认定当事人间权利义务的前提与关键。法官在解决具体案件对合同生效要件的判断时，应当从以下方面入手：一是双方订立合同时，当事人是否具备缔约能力，如法人订立合同是否存在解散、成立清算组织的情形，其权利能力与行为能力是否受到限制；二是双方订立合同时，意思表示是否真实，有无受欺诈、胁迫等情形；三是合同内容是否存在违反国家法律、行政法规的禁止性规定的情形，有无违背社会公共利益等事由。

根据法律规定，本案双方签订的劳动合同是有效合同。被告认为原告存在故意隐瞒精神病史的情况，双方劳动关系自始应认定为无效，但被告举示的证据并不足以证明原告存在故意隐瞒的情况，应当承担举证不利的法律后果。且原告在被告处工作长达5年以上，均能合格地完成被告指派的工作，被告也向原告发放了相应的劳动报酬，被告认为双方劳动关系自始无效，与事实不符，故没有被法院采信。

实际上，本案争议焦点主要在于原告提交"辞职申请"的行为是否产生法律上的效力。为查明原告的行为能力状况，法院审理过程中，曾委托重庆市精神卫生中心对原告离职时的民事行为能力进行鉴定，鉴定意见为原告2016年7月离职时具有限制民事行为能力。尽管被告认为鉴定机构出具的鉴定意见缺乏客观的事实依据，不应采信，但法院认为鉴定机构鉴定所依据的材料经过了法庭的庭审质证，鉴定人员依据合法真实的材料及理论推论得出相应的鉴定意见，具有一定的合理性，应予以采信。由此，法院判断原告在提交"辞职申请"时系限制行为能力人，其并不能完全辨认民事事务中自己的权利和义务，不能全面理解民事行为代表的意义和性质及对自己带来的后果和影响，其法定代理人也未对其辞职行为进行追认，故原告提交“辞职申请”的行为并不产生辞职的法律效力。

当然，被告出具解除劳动合同的证明是基于原告书写的辞职申请，被告在无法辨别原告是否处于精神发病期、是否处于限制民事行为能力的情况下出具解除劳动合同的证明，也并无过错，被告出具解除劳动合同证明的行为并不产生解除劳动关系的效力，双方劳动关系依然存续，因此，原告认为被告解除劳动合同行为违法并要求被告支付赔偿金，没有获得法院支持。

三、航空客运销售代理担保法律行为的成立

【案例】民航中心与白云公司等保证合同纠纷案

【案情介绍】2004年1月7日，民航中心与白云公司签订“担保与反担保协议”，约定甲方（即民航中心）为乙方（即白云公司）取得并保持其与国际航协签署“客运销售代理协议”提供保证担保，并向国际航协出具“不可撤销的担保函”，民航中心为白云公司承担的最高担保额度为人民币176万元。双方还约定白云公司应向民航中心提供反担保，反担保的担保范围为民航中心按国际航协“索赔通知”向国际航协支付的担保金和白云公司违约给民航中心造成的其他经济损失。同时民航中心履行担保义务后或白云公司违反协议造成民航中心损失后，民航中心有权首先以保证金抵偿其损失，并就不足部分向白云公司和其他反担保人继续追偿，协议第2条约定：“甲方收到乙方交存的保证金并与乙方签订本协议后，按国际航协核定的担保额度，向国际航协出具担保函，为乙方履行代理协议提供有效的保证担保。乙方首次申请时，甲方为乙方出具自申请日至当年末的担保函；此后各年，若乙方于前一担保期间内未发生违约情况，则经反担保人重新提供相应反担保的条件下，甲方为乙方继续提供担保并出具一年期的该年度担保函。”同日，杨某某、罗某某、龚某某、师某某、杨某某向民航中心出具“反担保函”，认可白云公司与民航中心签订的上述协议，并愿意就该协议项下白云公司应履行的义务承担连带责任保证担保，承诺在代理人发生违约时将与代理人共同承担违约责任，并于民航中心通知之日起10日内进行赔付。担保的范围为民航中心根据国际航协的“索赔通知”所实际支付的担保金扣除白云公司交存的保证金后的余额，以及因违约给民航中心造成的其他经济损失。

合同签订后，民航中心按年度向国际航空运输协会出具“不可撤销的担保函”，同意作为国际航空运输协会代表航空公司与白云公司所签订的客运销售代理协议的担保人，2006 年 1 月 1 日，出具的担保函中担保期限自 2006 年 1 月 1 日起至同年 12 月 31 日止，担保金额 176 万元。至 2006 年 10 月 8 日，白云公司共拖欠国际航空运输协会款额为 492 801.61 元。2006 年 11 月 1 日，民航中心向国际航协北京办事处支付款项 492 801.61 元。扣除白云公司已缴付的保证金，欠款额为 272 801.61 元。涉案反担保人未履行保证义务。现民航中心起诉要求白云公司给付欠款人民币 272 801.61 元并支付此款至付清日止的经济损失（按年 5.31% 计算），并由杨某某、罗某某、龚某某、师某某对上述债务承担连带保证责任。

法院经审理，依照《担保法》第 18 条、第 31 条，《民事诉讼法》第 130 条的规定，判决：白云公司给付民航中心 272 801.61 元并支付相应利息；杨某某、罗某某、龚某某、师某某对白云公司的前项债务承担连带保证责任；杨某某、罗某某、龚某某、师某某承担连带保证责任后，有权向白云公司追偿。①

【案例评析】民事行为成立，主要解决成立民事行为应具备哪些必不可少的事实要素，即阐明民事行为成立的要件问题②。民事行为的成立属于事实判断问题，民事行为的有效属于价值判断问题。

在本案中，民航中心与白云公司签订“担保与反担保协议”，民航中心并向国际航协出具“不可撤销的担保函”，杨某某、罗某某、龚某某及师某某向民航中心出具的“反担保函”，此三例民事行为，因为其符合民事行为成立的要件，一经作出，民事行为即成立。无论是“担保与反担保协议”还是“反担保函”，其内容均不违反有关法律规定，系当事人的真实意思表示，因此，担保法律行为和反担保法律行为从成立时起合法有效。

民事行为的成立要件，分为民事行为的一般成立要件与特别成立要件。其中，一般成立要件包括当事人和意思表示，二者缺一不可。在本案中，“担保与反担保协议”是民航中心与白云公司双方当事人协商一致签订的，“反担保函”是杨某某、罗某某、龚某某及师某某向民航中心出具的，并

---

① 北京市崇文区人民法院（2009）崇民初字第 2628 号民事判决书。

② 王利明：《民法（第六版）》，中国人民大学出版社 2015 年版，第 101 页。

且是当事人的意思表示真实，即可认定这两个民事行为成立。民事行为的特别成立要件，是指除当事人的意思表示外，还需具备特别的事实要素，如采取公证、审批等特定形式。当然，本案“担保与反担保协议”和“反担保函”均为书面合同，但并没有特别法规定要求担保协议必须采用其他特别形式。

四、没有加盖单位公章又无法定代表人签名的合同无效

【案例】卢某某诉练某某租赁合同纠纷案

【案情介绍】2014年7月1日，卢某某与福州隆祥实业有限公司签订“合作协议书”，约定福州隆祥实业有限公司将福州市长乐机场隆祥航空产业大楼后一层房屋与卢某某合作经营，面积约800平方米；由卢某某负担并用福州隆祥实业有限公司名义对外采取合作经营、出租和引进资金等方式进行经营；合作期限自2014年7月1日起至2022年12月30日止。

2014年9月3日，练某某、卢某某签订“合作意向书”。双方约定，卢某某将位于长乐机场隆祥通用航空大楼后一层约800平方米租赁给练某某作为培训中心餐厅使用；租赁期为8年，租期与隆祥通用航空大楼培训中心时间同步；自本合同签订之日起3日内，练某某应支付本合同约定履约保证金90万元；练某某、卢某某先签订本合作意向，待与隆祥通用航空公司谈妥合同条款后，由隆祥通用航空公司与练某某签订正式合同，同时练某某支付给卢某某的履约保证金转为隆祥通用航空公司收取；本意向书生效后，任何一方无法定或约定理由不得提前解除合同；本意向书待正式合同签订后，该意向书自动终止。2014年3月31日，讼争的租赁场所竣工验收合格，同年7月15日通过福建省公安厅机场公安局直属分局消防验收。2014年3月31日，练某某向卢某某转账支付40万元，2014年9月9日，练某某向卢某某转账支付50万元。2014年12月3日，福建隆祥通用航空有限公司依法成立。

后练某某、卢某某发生争议，练某某起诉至法院，请求解除其与卢某某签订的“合作意向书”；卢某某向练某某返还90万元保证金及占用费32 287元。

一审法院判决支持原告练某某的诉讼请求。[①] 判后，卢某某不服，提起上诉，主张本案讼争“合作意向书”的履约主体系练某某与福建隆祥通用航空有限公司，因讼争合同显示，该合同在开篇即载明“出租方（以下简称甲方）：隆祥通用航空公司”，且在落款处的甲方也明确为“隆祥通用航空公司”，卢某某仅系作为授权代表在“授权人（签字）”处签字。本案讼争合同的签订时间为2014年9月3日，当时隆祥通用航空公司还处于发起设立状态，因此由其授权代表即卢某某代表隆祥通用航空公司与练某某签订“合作意向书”合情合理。2014年12月3日，隆祥通用航空公司已经福建省工商局依法核准设立，其正式企业名称为“福建隆祥通用航空有限公司”。鉴于此，讼争合同的甲方福建隆祥通用航空公司在本案争议发生时已是合法成立的法人企业，其具备参与民事活动的主体资格，依法应当对其在筹建设立阶段以“隆祥通用航空公司”名义对外签订的合同承担相应的合同义务。二审法院审理后判决驳回上诉，维持原判。[②]

【案例评析】本案纠纷涉及两个争议焦点。

1. 隆祥通用航空公司应否为“合作意向书”的履约主体问题

《民法通则》第38条规定：“依照法律或者法人组织章程规定，代表法人行使职权的负责人，是法人的法定代表人。”《合同法》第32条规定：“当事人采取合同书形式订立合同的，自双方当事人签字或者盖章时合同成立。”可见，法定代表人代表法人行使职权，以法人名义对外作出的行为应由法人承担责任，而盖具公章并非合同生效的必备条件。合同没有加盖单位的公章但有法定代表人的签名，该合同有效。[③]

从本案争议的“合作意向书”来看，其函头与签字盖章处虽打印有福建“隆祥通用航空有限公司”字样，但其上均无该公司法定代表人签字或公章，仅有卢某某签字并按手印，可认定签约主体是卢某某。合同签订后，练某某按照卢某某的要求将款项打入卢某某个人账户，而非福建隆祥通用航空公司账户，没有证据证明卢某某将该笔款项转给福建隆祥通用航空公司，故保证金收款人为卢某某个人。

此外，“合同意向书”的签订时间为2014年9月3日，而福建隆祥通用

---

① 福建省福州市鼓楼区人民法院（2015）鼓民初字第4586号民事判决书。

② 福建省福州市中级人民法院（2017）闽01民终1719号民事判决书。

③ 最高人民法院民一庭编：《民事审判实务问答》，法律出版社2005年版，第7~8页。

航空公司设立时间为2014年12月3日，即签订意向书时，该公司尚未设立，其无法作为合同法意义上的履约主体。因此，隆祥通用航空公司无法成为“合作意向书”的履约主体，履约主体应为卢某某。

2. 涉案“合作意向书”能否继续履行问题

卢某某主张福州隆祥实业有限公司作为福建隆祥通用航空公司的控股股东，与涉案场所业主方元翔（福州）国际航空港有限公司就讼争租赁场所签订了“房屋租赁合同”，故福建隆祥通用航空公司对讼争租赁场所享有合法的用益物权。但是，经审查，福州隆祥实业有限公司与元翔（福州）国际航空港有限公司就该“房屋租赁合同”正在发生纠纷诉讼，前者是否取得讼争场所的合法承租权尚不明晰，同时，练某某一审阶段提供照片证明讼争场所已出租给第三方（海关）。因此，卢某某作为签约主体与练某某签订的“合作意向书”客观上已无法继续履行。根据《合同法》第94条第4项规定，当事人一方迟延履行债务或者有其他违约行为致使不能实现合同目的的，合同可以解除。故法院判决卢某某偿还保证金并支付资金占用利息是符合法律规定的。

五、通用航空公司与财产保险公司仲裁协议的效力

【案例】飞天航空公司与人保郑州分公司申请确认仲裁协议效力案

【案情介绍】2015年，飞天航空公司为其名下的罗宾逊R44Ⅱ型直升机向人保郑州分公司投保了通用航空机身一切险及责任险。保单签发日期为2015年3月4日，保险单号为×××，投保人为飞天航空公司，保险人为人保郑州分公司，保险期间自2015年3月5日0时起至2016年3月4日24时止。

该保单中的“通用航空机身一切险及责任险条款”第4.3.7条载明：“本保单应依据中华人民共和国的法律进行解释，如果被保险人与保险人对保单产生争议或纠纷，应在北京提交中国国际经济贸易仲裁委员会依据其现时有效的仲裁规则进行仲裁。”

飞天航空公司认为，上述仲裁管辖条款应属无效条款，请求人民法院确认该仲裁协议无效。理由是人保郑州分公司提供的系格式条款，未与飞天航空公司充分协商，排除了飞天航空公司对纠纷解决方式的选择权利，且并未

对该格式条款进行提示或说明，故该仲裁条款应属无效。法院审理后裁定驳回飞天航空公司的申请。[①]

【案例评析】本案保险法律关系的主体应是飞天航空公司和中国人民财产保险股份有限公司，二者均为独立的法人。人保郑州市分公司是在业务、资金、人事等方面受总公司管辖而不具有法人资格的分支机构，在法律上、经济上没有独立性，仅仅是总公司的附属机构，因此，人保郑州市分公司没有自己的名称、章程，没有自己的财产，根据《公司法》的规定，有限责任公司或股份有限公司设立的分公司不具有企业法人资格，其民事责任由总公司承担。

保险法律关系是民事法律关系之一，本案当事人申请确认仲裁协议效力，实质上是确认民事合同行为的法律效力。《民法总则》第143条规定："具备下列条件的民事法律行为有效：（一）行为人具有相应的民事行为能力；（二）意思表示真实；（三）不违反法律、行政法规的强制性规定，不违背公序良俗。"因本案涉及仲裁协议，故应根据《中华人民共和国仲裁法》以下简称《仲裁法》）及《最高人民法院关于适用〈中华人民共和国仲裁法〉若干问题的解释》的规定对飞天航空公司的申请进行审查。

《仲裁法》第16条规定："仲裁协议包括合同中订立的仲裁条款和以其他书面方式在纠纷发生前或者纠纷发生后达成的请求仲裁的协议。仲裁协议应当具有下列内容：（一）请求仲裁的意思表示；（二）仲裁事项；（三）选定的仲裁委员会。"第17条规定："有下列情形之一的，仲裁协议无效：（一）约定的仲裁事项超出法律规定的仲裁范围的；（二）无民事行为能力人或者限制民事行为能力人订立的仲裁协议；（三）一方采取胁迫手段，迫使对方订立仲裁协议的。"《最高人民法院关于适用〈中华人民共和国仲裁法〉若干问题的解释》第2条规定："当事人概括约定仲裁事项为合同争议的，基于合同成立、效力、变更、转让、履行、违约责任、解释、解除等产生的纠纷都可以认定为仲裁事项。"

考察本案中涉案保险条款第4.3.7"仲裁条款"，其载明"被保险人与保险人对保单产生争议或纠纷，应提交中国国际经济贸易仲裁委员会仲裁。"上述条款具有请求仲裁的意思表示，仲裁事项、选定的仲裁委员会，符合

① 北京市第二中级人民法院（2017）京02民特358号民事裁定书。

《仲裁法》第16条关于仲裁协议形式及要件的规定及《最高人民法院关于适用〈中华人民共和国仲裁法〉若干问题的解释》第2条有关仲裁事项的规定，且双方当事人均未提出上述条款具有《仲裁法》第17条规定的仲裁协议无效的情形，故上述条款为合法有效的仲裁协议条款。

本案的申请人飞天航空公司主张，人保郑州分公司提供的系格式条款，未与飞天航空公司充分协商，排除了飞天航空公司对纠纷解决方式的选择权利，且并未对该格式条款进行提示或说明，故该仲裁条款应属无效。但是，《仲裁法》第19条规定："仲裁协议独立存在，合同的变更、解除、终止或者无效，不影响仲裁协议的效力。"因此，飞天航空公司以格式条款为由主张涉案仲裁条款无效，缺乏法律依据，是无法获得法院支持的。

六、飞行培训合同及其解除协议的效力

【案例】肖某某与金胜公司教育培训合同纠纷案

【案情介绍】2011年6月10日，肖某某与金胜公司签订"飞行培训合同"一份，约定：甲方（金胜通用航空有限公司）是经民航局审定批准，按照CCAR－141部规章实施训练的飞行学院，培训课程完全达到CCAR－141部规章的要求，经协商由甲方为乙方（肖某某）提供私用驾驶员执照、商用驾驶员执照（双发）、仪表等级有偿培训服务。甲方将按照民航局批准的大纲为乙方提供地面理论培训及飞行训练。乙方在学习毕业并考试合格后，将获得民航总局颁发的私用驾驶员执照、商用驾驶员执照（双发）、仪表等级、航线运输驾驶员执照理论考试合格证。培训周期不超过18个日历月，起算时间以乙方入学时间为准。经甲乙双方友好协商，乙方应向甲方分期支付70万元的培训相关费用。甲、乙方均有权按合同约定终止合同，终止合同乙方可要求甲方退回未使用的费用等。合同另有附录，约定训练课程、培训计划及飞行时间安排、培训费用及支付方式、停飞后的费用或额外增加培训费用计算方式。同日，肖某某入学，成为金胜公司的培训学员。2011年6月28日，肖某某向金胜公司支付第一期学费28万元。2011年11月16日，肖某某通过民航局民用航空人员PAE考试，2012年7月13日通过CAE和TRA考试。

2013年3月8日，肖某某与金胜公司签订"解除培训关系协议书"，约定：甲方（金胜公司）同意乙方（肖某某）终止培训合同，双方培训关系自

该协议生效时解除；乙方按规定支付甲方的培训费以及其他所有费用无须退还；乙方所有的飞行资料，甲方已交由乙方自行保管，双方无异议；双方培训关系解除后，乙方可自主选择培训机构，不受甲方干涉等内容。

【案例评析】《民法总则》第148条规定："一方以欺诈手段，使对方在违背真实意思的情况下实施的民事法律行为，受欺诈方有权请求人民法院或者仲裁机构予以撤销。"第151条规定："一方利用对方处于危困状态、缺乏判断能力等情形，致使民事法律行为成立时显失公平的，受损害方有权请求人民法院或者仲裁机构予以撤销。"

订立合同时显失公平的，当事人一方有权请求人民法院撤销。合同的显失公平，是指合同一方当事人利用自身优势，或者利用对方没有经验等情形，在与对方签订合同中设定明显对自己一方有利的条款，致使双方基于合同的权利义务和客观利益严重失衡，明显违反公平原则。

本案中，肖某某与金胜公司原培训合同中有关于金胜公司"系经民航局审定批准，按照CCAR－141部规章实施训练的飞行学院"的约定，但就飞行学院的该项资质，金胜公司一直未向法院提供证据证明，故法院对其飞行学院的该项资质不予认可。肖某某于2011年6月10日入学至2013年3月8日与金胜公司签订解除协议，已超过原培训合同期限18个日历月的约定，金胜公司未完成对肖某某的培训，故肖某某、金胜公司间的原培训合同关系，系金胜公司欺瞒、违约在先。

此后，因金胜公司违约致肖某某无法继续完成飞行培训，故双方签订解除协议，协议中约定培训费以及其他所有费用无须退还。现肖某某主张根据其与金胜公司培训合同附录中培训计划及计费标准，肖某某实际接受100小时理论培训（因肖某某已通过三科理论考试）以及7小时20分飞行训练，肖某某应支付金胜公司20 000元理论培训费、57 000元食宿费、22 000元飞行训练费，共计99 000元，剩余培训费181 000元应予返还，故解除协议约定费用不予退还显失公平，应予撤销。金胜公司对此不予认可，认为培训时间拖延系因肖某某不好好学习、考试不合格。金胜公司已完成对肖某某第一期的培训，因肖某某未继续交纳后期培训费才导致解除培训关系。解除协议系双方真实意思表示，不符合撤销情形。金胜公司作为培训学校管理者，对此应负举证责任，但金胜公司并未提供充分证据证明肖某某的训练课时、进度和成绩，故对金胜公司的上述反驳不予认可。

综上，肖某某与金胜公司间的原培训合同，系因金胜公司欺瞒、违约在先导致无法继续履行；而签订解除协议时，按培训进度仍有大额培训费剩余，且肖某某签订解除协议时，年纪较小并一直在学校上学，缺乏相关社会经验，故肖某某、金胜公司签订的“解除培训关系协议书”符合法律规定的合同显失公平情形，依法应予撤销。对肖某某请求撤销解除协议的诉讼请求予以支持。肖某某自愿放弃返还剩余培训费181 000元的诉讼请求，系其对自身权利的处分，予以准许。2013年11月11日，西安市阎良区人民法院依照《民事诉讼法》第64条、《合同法》第54条的规定，判决撤销原告肖某某与被告西安航空基地金胜通用航空有限公司于2013年3月8日签订的解除“培训关系协议书”。

合同的显失公平是指一方在紧迫或缺乏经验等情况下订立的，致使双方的权利与义务明显违反公平、等价有偿原则的协议。金胜公司与肖某某于2013年3月8日签订“解除培训关系协议书”，对双方终止履行“飞行培训合同”及金胜公司无需退还肖某某已交纳费用等进行了约定。根据双方“飞行培训合同”的约定，培训周期不超过18个日历月，而金胜公司未能在期限内完成对肖某某的培训，致使肖某某合同目的不能实现，已构成违约。关于肖某某提出金胜公司没有按照约定对其进行教育培训一节，金胜公司对此予以否认。《最高人民法院关于民事诉讼证据的若干规定》第5条第2款规定：“对合同是否履行发生争议的，由负有履行义务的当事人承担举证责任。”根据双方合同约定，金胜公司应当保存学员所有的训练课时和进度记录，以备学员查询。但金胜公司未能提供相应的证据证明其妥善履行了培训义务，亦应认定其构成违约。因此，本案所涉“解除培训关系协议书”签订时，金胜公司对于原培训合同的履行已存在重大违约且有大额培训费剩余，而肖某某年龄较小缺乏相关社会经验，该协议的签订明显违反公平、等价有偿的原则，该协议符合法律对于显失公平合同的规定，故原审法院判决撤销解除“培训关系协议书”并无不当。对于金胜公司要求驳回肖某某诉讼请求的主张，法院依法不予支持。①

① 西安市阎良区人民法院（2013）阎民一初字第00609号民事判决书、西安市中级人民法院（2014）西中民一终字第00017号民事判决书。

七、违反民航管理规定的飞机买卖合同的效力

【案例】陈某某诉董某某飞机买卖合同纠纷案

【案情介绍】2012 年 9 月 22 日原告陈某某与被告董某某签订“购机协议”，双方约定陈某某购买董某某方 Maulem－7 农业飞机一架，飞机总价 55 万元，2013 年 5 月 1 日试飞，6 月 1 日交付使用，先付定金 30 万元，机身框架完成后交付 10 万元，6 月 1 日交付使用后交付 15 万元。合同签订后，原告共支付被告 40 万元购机款，被告并未按照约定试飞及交付飞机。原告发现被告无权制造飞机，原告提起诉讼，要求确认原告与被告签订的“购机协议”无效，要求被告返还原告购机款 40 万元，要求被告赔偿原告经济损失按照月利率 2 分承担付款利息，并承担诉讼费用。

法院审理认为，原告陈某某与被告董某某签订的“购机协议”虽然是双方的真实意思表示，但是该协议违反了《民用航空法》第 35 条规定：“生产、维修民用航空器及其发动机、螺旋桨和民用航空器上设备，应当向国务院民用航空主管部门申请领取生产许可证书、维修许可证书。经审查合格的，发给相应的证书。”双方签订的“购机协议”无效。被告无许可证生产飞机，该飞机无国籍登记证、适航证和无线电台许可证，不能投入使用，因此被告属于过错方，应赔偿原告相应损失。依照《民事诉讼法》第 64 条、《合同法》第 52 条第 5 项、第 58 条的规定，判决：原告陈某某与被告董某某签订的“购机协议”无效；被告董某某返还原告陈某某购机款 40 万元，并赔偿原告的利息损失。①

【案例评析】民事行为的生效，是指已经成立的民事行为产生当事人预期的法律效力②。民事行为的成立是一种事实判断，民事行为的生效是一种价值判断。民事行为成立后生效与否，源于该民事行为与国家意志是否契合，若民事行为与国家意志契合，则产生法律效力，当然，这种法律效力限于民事行为人及其相对人，而并无普遍约束力；反之，民事行为则不具备法律效力，也就是该民事行为不生效。

民事行为的生效要件，分为民事行为生效的一般生效要件与特别生效要

① 黑龙江省虎林市人民法院（2013）虎民初字第 379 号民事判决书。

② 王利明：《民法（第六版）》，中国人民大学出版社 2015 年版，第 107 页。

件。民事行为的特别生效要件是指在特殊情况下，民事行为的完全法律效力还依赖于法律、法规或者当事人的约定。在司法实务中，最常用的是民事行为的一般生效要件。民事行为的一般生效要件包括行为人需具备相应的行为能力、当事人意思表示真实与不违反法律法规以及不损害社会公众利益。

在本案中，原告陈某某与被告董某某签订的“购机协议”，双方当事人具备相应的行为能力与意思表示真实应均无异议，双方已明确是买卖合同关系。但是，《民用航空法》第35条规定：“生产、维修民用航空器及其发动机、螺旋桨和民用航空器上设备，应当向国务院民用航空主管部门申请领取生产许可证书、维修许可证书。经审查合格的，发给相应的证书。”被告无许可证生产飞机，该飞机无国籍登记证、适航证和无线电台许可证，不能投入使用。本案买卖合同的卖方交付产品不合格，即因违反了“不违反法律法规，不损害社会公众利益”这一要件而导致无效。

八、中国民航报社与航空企业广告合同的撤销

【案例】民航报社诉太空鹰公司合同纠纷案

【案情介绍】2014年3月1日，民航报社与上海东方通用航空企业集团（2014年9月15日更名为太空鹰公司）签订“协议书”，双方约定：民航报社每年在《中国民航报》上专辟5个整版供太空鹰公司新闻报道或企业形象宣传使用，所使用版面由太空鹰公司根据实际需要选定；民航报社每年提供一期《今日民航》杂志封面供太空鹰公司宣传使用；民航报社每年向太空鹰公司免费赠阅一定数量报纸、杂志，并向太空鹰公司免费提供10个电子报架；太空鹰公司积极配合民航报社做好新闻报道，重要选题提前告知民航报社，并对采访提供相关便利；太空鹰公司每年以广告费形式，向民航报社支付100万元，该费用每半年支付一次（每年4月1日支付50万元，每年10月1日支付50万元）等内容。

2014年4月11日，民航报社在《中国民航报》第4版专题栏目下为太空鹰公司刊登“太空‘神鹰’——专访上海东方通用航空企业集团总裁徐某某”的报道；2014年7月4日，民航报社在《中国民航报》第4版专题栏目下为太空鹰公司刊登“用音乐传播大爱”的报道；2014年8月4日、8月6日、8月8日，民航报社在《中国民航报》第4版广告栏目下分别为太空鹰公司刊登“招募会员公告”计3篇。民航报社在《今日民航》2014年4～5

月刊总第143期（封面）上刊登了宣传上海东方通用航空飞行俱乐部的服务内容；并在该刊第66~71页刊登了“太空‘神鹰’开拓创新——专访上海东方通用航空企业集团总裁徐某某”的报道。2014年8月27日，民航报社在《中国民航报》第4版广告栏目下为太空鹰公司刊登标题为“翱翔蓝天，青春无限”的“航线招飞公告”“直升机招飞公告”。

其间，太空鹰公司向民航报社支付广告费50万元，余款至今未支付。2016年1月27日双方签订协议，约定：甲方（太空鹰公司）承诺在2016年3月20日至2016年3月31日支付乙方（民航报社）剩余广告费50万元；甲方承诺在2016年3月20日至2016年3月31日支付乙方招飞广告费10万元。太空鹰公司至今未按上述协议履行义务，据此民航报社诉至法院。

法院经审理，依照《合同法》第54条、第60条第1款、第107条、第109条以及《民事诉讼法》第144条的规定，判决：被告太空鹰公司支付原告民航报社广告费人民币600 000元及其逾期付款利息（按中国人民银行同期同档人民币贷款基准利率计付）；如果被告未按本判决指定的期间履行给付金钱义务，应当依照《民事诉讼法》第253条的规定，加倍支付迟延履行期间的债务利息。[①]

【案例评析】本案纠纷争议的核心焦点是民航报社与太空鹰公司签订的广告协议是否应予以撤销。民航报社认为2016年1月27日签订的协议书合法有效，太空鹰公司应当履行。太空鹰公司认为该协议是民航报社利用其地位所签订，系可撤销协议；此外，该协议书附有口头付款条件，即民航报社在履行3个版本的宣传或专题报道以后才支付，现在尚未看到3个版本的宣传或专题报道。

本案双方当事人签订的涉案“协议书”均系其真实意思表示，未违反我国强制性法律法规，应为有效，双方均应恪守。根据《合同法》第54条规定，可撤销合同的情形之一为“在订立合同时显失公平”，其构成要件包括：客观上当事人之间利益不平衡；主观上一方当事人故意利用其优势或者利用另一方当事人的草率、无经验等订立了合同。

但在案件审理过程中，太空鹰公司虽然主张民航报社利用其地位优势与其签订协议，属可撤销协议，但太空鹰公司未就民航报社地位优势提供相关

① 北京市昌平区人民法院（2015）昌民商初字第2973号民事判决书。

证据。而从主观上考察，双方签订的“协议书”约定由民航报社在报刊上提供太空鹰公司相关报道及宣传，太空鹰公司支付广告费，其权利义务并未失衡；从双方的地位看，民航报社为事业单位法人，太空鹰公司为企业法人，双方均为平等的民事主体，双方在各自的经营活动中均具有民事行为能力和签约经验，不存在民事地位失衡的情形。因此，该协议并不存在可撤销的情形，应属有效，太空鹰公司应按协议约定的数额及时间向民航报社支付相关款项，民航报社要求太空鹰公司支付广告费60万元的诉请应获得支持。

由于协议中并没有太空鹰公司主张的附条件付款的内容，太空鹰公司也未提供存在附条件付款的口头协议存在的证据，故法院对太空鹰公司的主张没有采信。

九、网络平台欺诈销售机票的行为后果

【案例】韩某某与携程公司旅游合同纠纷案

【案情介绍】2015年8月15日，韩某某在携程公司经营的“携程旅行网”下单购买机票。网页订单显示该机票信息为：大理市→昆明单程；日期2015年9月3日；乘机人韩某某；航班号MU5930；票号781－85××××2600；总金额人民币（以下币种相同）920元（含民航发展基金50元）。韩某某如数支付上述款项，后通过该张机票承运人中国东方航空股份有限公司（以下简称东方航空公司）查询得知，该机票航程包括“大理—昆明—丽江”。同月19日，东方航空公司向韩某某填开“航空运输电子客票行程单”，载明该张电子客票号码为78185×××2600的机票包括大理至昆明（航班号MU5930，时间2015年9月3日）以及昆明至丽江（航班号MU734，时间2015年9月7日）两个航段；票价840元，民航发展基金100元，合计940元；不得签转、退改。韩某某当即联系携程公司交涉，双方协商未成。同年9月3日，韩某某搭乘预订的MU5930航班。同年10月13日，东方航空公司开具“电子退款单”，载明涉案机票已使用航段为大理至昆明；已使用航段金额570元（含税）；退票航程昆明至丽江，应退票款320元，应退税费50元；退款原因为自愿退款。经查，上述退票并非韩某某提出的申请，韩某某也未收到相应退票款。

韩某某认为，携程公司在出售机票时隐瞒事实并获取不正当利益，其行为已构成欺诈，故诉至法院，请求判令：（1）携程公司退还韩某某退票费

320元；(2) 要求携程公司赔偿3倍机票款2760元；(3) 携程公司就其欺诈行为向韩某某书面赔礼道歉。

携程公司辩称，不同意韩某某的诉请，携程公司所售机票系向供应商采购，为此支付价款911元，携程公司此前也并不知晓该机票是联程机票，并无欺诈的故意。此外，韩某某购票后已顺利搭乘预订航班，并未对其造成任何损失。至于后一航段的退票手续，并非携程公司办理的，携程公司也未收取退票费。

一审法院经审理认为，韩某某主张携程公司的行为构成欺诈，要求携程公司按照其支付价款3倍进行赔偿，具有相应的事实及法律依据，依法予以支持。判决携程公司赔偿韩某某人民币2760元。①

一审判决后，携程公司不服，提起上诉。二审法院审理认为原审认定携程公司的行为构成欺诈实属正确，但将韩某某支付的全部款项作为基数，确定携程公司应赔偿3倍款项2760元缺乏依据，对此予以纠正。判决：撤销上海市长宁区人民法院（2015）长民一（民）初字第7841号民事判决；携程公司赔偿韩某某人民币1110元。②

【案例评析】 本案的争议焦点为携程公司提供的服务是否因构成欺诈而需承担3倍的赔偿责任。

根据立法规定，民事欺诈行为是指在设立、变更、终止民事权利和民事义务的过程中，故意告知对方虚假情况，或者故意隐瞒真实情况，诱使对方作出错误的表示的行为。

《民法通则》第58条第3项规定："下列民事行为无效：(三) 一方以欺诈、胁迫手段或乘人之危，使对方在违背真实意思的情况下所为的。"

《民通意见》第68条规定："一方当事人故意告知对方虚假情况，或者故意隐瞒真实情况，诱使对方当事人作出错误意思表示的，可以认定为欺诈行为。"

《合同法》第54条第2款规定："一方以欺诈、胁迫的手段或者乘人之危，使对方在违背真实意思的情况下订立的合同，受损害方有权请求人民法院或者仲裁机构变更或者撤销。"

---

① 上海市长宁区人民法院（2015）长民一民初字第7841号民事判决书。

② 上海市第一中级人民法院（2016）沪01民终4746号民事判决书。

《消费者权益保护法》第55条第1款规定："经营者提供商品或者服务有欺诈行为的，应当按照消费者的要求增加赔偿其受到的损失，增加赔偿的金额为消费者购买商品的价款或者接受服务的费用的三倍；增加赔偿的金额不足五百元的，为五百元。法律另有规定的，依照其规定。"

《民法总则》第148条规定："一方以欺诈手段，使对方在违背真实意思的情况下实施的民事法律行为，受欺诈方有权请求人民法院或者仲裁机构予以撤销。"第149条规定："第三人实施欺诈行为，使一方在违背真实意思的情况下实施的民事法律行为，对方知道或者应当知道该欺诈行为的，受欺诈方有权请求人民法院或者仲裁机构予以撤销。"第152条规定："有下列情形之一的，撤销权消灭：（一）当事人自知道或者应当知道撤销事由之日起一年内、重大误解的当事人自知道或者应当知道撤销事由之日起三个月内没有行使撤销权；（二）当事人受胁迫，自胁迫行为终止之日起一年内没有行使撤销权；（三）当事人知道撤销事由后明确表示或者以自己的行为表明放弃撤销权。当事人自民事法律行为发生之日起五年内没有行使撤销权的，撤销权消灭。"

欺诈行为是对民事法律的最基本原则——诚信原则的违反，破坏了当事人与当事人、当事人与社会之间的利益关系的平衡。诚实信用原则不仅是民事活动更是判断欺诈行为的最基本标准。据此，民事欺诈行为的构成需具备以下几个方面要素。

（1）欺诈人的欺诈故意。欺诈故意是指行为人具有故意欺诈他人的意思，即行为人明知自己的行为会使被欺诈人陷入错误认识，并且希望这种结果发生的一种心理状态。

（2）欺诈人的欺诈行为。欺诈行为是指欺诈人的语言、文字或活动有隐瞒事实而告知虚假情况的行为。即使被欺诈人陷于错误、加深错误或保持错误而虚构事实、变更事实或隐瞒事实的行为。欺诈行为可体现为作为和不作为两种方式。作为方式是指欺诈人以积极的方式，虚构的事实、变更事实，从而使相对人陷入错误认识行为，如《民通意见》第68条中所规定的"一方当事人故意告知对方虚假情况"的行为。不作方式是指在法律上、契约上或交易习惯上有告知事实真相的义务而故意不履行告知义务，致使相对人陷于错误，加深错误或保持错误的行为，该不作为行为如《民通意见》第68条规定的"故意隐瞒真实情况，诱使对方当事人作出错误意思表示的情况。"

隐瞒是不作为的一种欺诈方式，其目的是诱使对方当事人作出错误的意思表示。欺诈以不作为形式出现的又一种情况是沉默而为的意思表示。

(3) 被欺诈人陷于错误，即被欺诈人的错误认识与欺诈行为存在因果关系。被欺诈人未陷入错误，虽然欺诈人有欺诈的故意和行为，也不发生欺诈的法律后果；如虽然有欺诈人的欺诈行为，然而相对人并未因其而陷入错误，仍不构成欺诈。

本案原告韩某某是航空消费者，应受到《消费者权益保护法》的保障。携程公司作为一个大型的网络平台，在向韩某某提供机票预订服务时，形成服务合同法律关系，自应在《民法总则》施行前，受到《民法通则》《民通意见》和《合同法》约束和调整。

携程公司虽然不是机票的销售商，但其是提供订票活动的服务商，在提供服务时不应隐瞒该机票性质及私自退款的信息，不可以在不告知消费者的情况下私自退取联程机票中后段行程费用并占为己有。从携程公司的行为分析，其不仅有欺诈故意，并有欺诈行为，而且使航空消费者因该欺诈行为没有实际享受搭乘后一航段飞机，也没有实际获得后一航段退款的利益，对消费者显然造成损失。消费者享有知悉其购买、使用的商品或者接受的服务的真实情况的权利，是否实际完成联程机票中后一段行程或申请退款，应是航空消费者的权利。显然，携程公司的欺诈行为一方面侵害了消费者的知情权和自主选择权，另一方面扰乱了民航客运正常的售票秩序，应就此承担相应法律责任。

《消费者权益保护法》第55条规定确定的经营者“增加赔偿的金额”前提是消费者受到欺诈而“要求赔偿其受到的损失”，就大理至昆明段所对应的款项而言，韩某某享受了相应服务，此段其并未受到欺诈，其受到欺诈的应当是昆明至丽江段携程公司私自退取的370元，就此携程公司应承担赔偿3倍损失即1110元的责任。应赔偿的3倍款项不应是以韩某某支付的全部款项作为基数，而应是以受到的损失为基数进行计算。因此，二审法院对一审判决的撤销是正确的。

第九章

代　理

代理是指一个人以他人名义或以自己名义独立与第三人为民事行为，由此产生的法律效果直接或间接归属于他人的法律制度①。

代理制度在民法中的确立，使民事主体的行为扩大了有效的时间和空间范围，在民法上成为一项不可或缺的重要内容，是民事行为制度中重要的组成部分。② 代理制度一方面使得无民事行为能力人或限制民事行为能力人的民事行为能力得到弥补；另一方面，代理制度赋予完全民事行为能力人以“分身之术”，使其民事行为能力得以扩张，大大拓展了民事主体的能力领域，扩展了民事法律行为和民事法律关系的范围。

航空运输销售代理作为航空运输企业的主要销售方式，为航空公司和消费者都带来极大的好处。航空公司通过大型代理企业可以实现其销售规模的提升，减少航空公司实施机票销售需要投入的扩大资金和人力，减少管理的复杂性，降低管理费用和边际成本，实现效益最大化。消费者通过机票销售代理，能够获得对多家航空公司机票供给的选择需求，节省旅客大量的搜索时间和准备工作。

在航空旅客运输实践中，机票销售代理纠纷各异，如机票销售代理票款不予给付、航班包销代理费拖欠、代销经营证期满未换证或销售代理资质被注销后进行代理、“低买高卖”机票、捆绑机票进行销售、加价收取机票“退改签”费用、开具虚假行程单等各种航空客运销售代理权滥用情形不断

① 王利明：《民法（第六版）》，中国人民大学出版社 2015 年版，第 125 页。

② 姚辉：《民法的精神》，法律出版社 1999 年版，第 86 页。

发生。[1] 在航空货运代理实践中，货主与货代、货代与航空承运人等主体的相关诉讼争议也呈增长趋势，如航空货运代理费逾期支付、代理人无货运销售代理协议、代理人超经营范围承揽危险品、代理人违规瞒报危险品、代理人违规代办违禁品、货运代理人超越代理权限等各种代理权滥用等。[2] 法官对于航空销售代理和航空货运代理制度的理解与把握，对代理纠纷责任的认定具有重要意义，影响案件审理的进程与裁判结果的正当性。

一、空中之旅观光项目独家代理协议的效力

【案例】姑苏国旅与若航公司合同纠纷案

【案情介绍】姑苏国旅（乙方）与若航公司（甲方）经他人介绍建立业务联系，于2014年9月24日签订“独家代理协议书”，约定甲方授权乙方作为中国大陆地区的甲方产品项目（包括现代苏州园区空中之旅与人文苏州空中之旅）的独家代理商，授权独家代理期限自协议签订之日起至2015年10月10日止。其中现代苏州园区空中之旅的标准定价为860元/人次，人文苏州空中之旅的标准定价为1660元/人次。合同第6条约定：“乙方全年保证金总金额为200万元，乙方于本协议签订后3个工作日内支付给甲方此保证金后本合同暨行生效。”合同第8条约定“由乙方设计、制作空中之旅观光项目的广告宣传，并承担广告宣传费用。”合同自双方签订并在若航公司收到姑苏国旅支付保证金后即时生效，有效期至2015年10月15日止。合同签订后，姑苏国旅即向若航公司交纳200万元作为合同保证金。

双方确认的合同一致约定姑苏国旅是为若航公司提供的空中之旅观光项目服务提供对外宣传与代理销售的服务，姑苏国旅作为若航公司在中国大陆地区的独家授权代理商，只有姑苏国旅有权代若航公司对外推广空中之旅观光项目，如有客户有观光意向，则向姑苏国旅报名缴费，姑苏国旅收取费用后安排客户至若航公司的机场处接受空中之旅观光服务。姑苏国旅在收取客户交付的服务费后，客户不需要再向若航公司支付其他费用即可接受空中之旅观光项目服务，至于双方之间佣金及其他费用的结算，由双方依合同约定自行处理。

---

① 郝秀辉：《航空运输合同法》，法律出版社2016年版，第236～282页。

② 同上，第403～413页。

合同签订后，姑苏国旅已经依据合同约定的内容对外出售空中之旅观光项目的票证给客户，购票客户已经由若航公司安排实际体验了空中之旅观光项目的飞行服务。另，姑苏国旅为证明其已履行与姑苏国旅之间成立的“独家代理协议书”中约定的宣传推广的义务，提供了其与第三方苏州电视广告有限公司签订的“电视广告投放合同”与付款凭证、收据。其中，“电视广告投放合同”约定了姑苏国旅投放广告的相关事宜，投放期限自2014年10月15日至2014年11月30日，但合同并未明确广告投放内容；付款凭证中姑苏国旅作为付款人，苏州电视广告有限公司作为收款方，转账金额为30 000元，付款时间为2014年10月21日。

姑苏国旅提交的收据中载明“交款单位：苏州姑苏国际旅行社有限公司；付款方式：现金：人民币3000元；收款事由：直升机宣传广告费”，缴款时间为“2014年10月10日”，姑苏国旅称该费用系其为推广被告空中之旅观光项目将相应广告刊登于报纸所支出的费用，但其未能提交相应的证据材料对空中之旅观光项目已于报纸刊登的事实予以佐证。

姑苏国旅于2015年2月2日发送律师函通知若航公司，称其与若航公司缔约之时，并未注意若航公司是否具备相应经营资质，故而要求若航公司提供“通用航空企业经营许可证”“商业（非运输）运营人运营合格证”。

姑苏国旅至中国民用航空华东地区管理局核实，经中国民用航空华东地区管理局于2015年2月16日出具的“中国民用航空华东地区管理局信息依申请公开告知书”证实，若航公司并未取得通用航空企业经营许可证，也未取得“商业（非运输）航空运营人运行合格证”。

姑苏国旅于2015年3月18日再次发送律师函给若航公司，称若航公司并不具备相应的航空经营资质，因此双方签订的“合作协议书”应当无效，要求对方退还保证金200万元，并支付相应利息损失给姑苏国旅。

若航公司确认收到姑苏国旅的上述函件，亦确认若航公司未取得商业（非运输）航空运营人运行资格，但其已经作出解释，其开发的空中之旅观光项目中已经委托其他有相应资质的公司具体承担空中之旅观光项目的飞行游览业务。

若航公司为证明其已经安排了具有相应飞行经营资质的第三方能够实际承担飞行服务的事实，提交了其与第三方南京若尔通用航空有限公司（以下简称若尔公司）签订的“空中之旅合作协议”、若尔公司工商登记信息以及民航江苏监管局出具的运行规范。其中若航公司与第三方若尔公司签订的“空中之旅合作协议”主要约定若航公司委托若尔公司执行空中之旅项目的飞行服务等内容。若航公司提交的若尔公司的工商登记资料载明其许可经营项目包括“空中游览、私用或商用飞机驾驶执照培训、航空器代管业务、航空摄影、空中广告、空中巡查、空中拍照”等项目。若航公司提交的民航江苏监管局出具的运行规范中载明若尔公司已于2014年9月通过批准以苏州园区直升机场为中心，半径40千米范围内的空中游览飞行。

法院审理后，认为姑苏国旅亦未能举证证明双方签订的“独家代理协议书”符合合同无效的其他情形，故双方签订的“独家代理协议书”有效存续，合同约定姑苏国旅向若航公司支付200万元作为合同保证金，系双方的真实意思表示，双方应当依照合同约定的内容履行义务，姑苏国旅主张若航返还其保证金200万元及利息损失，并无事实与法律依据，不予支持。遂依据《合同法》第44条、第45条、第52条、第60条第1款、《最高人民法院关于适用〈中华人民共和国合同法〉若干问题的解释（一)》第10条、《最高人民法院关于适用〈中华人民共和国合同法〉若干问题的解释（二)》第14条、《最高人民法院关于民事诉讼证据的若干规定》第2条、《民事诉讼法》第64条第1款的规定，判决驳回姑苏国旅的诉讼请求。[①] 姑苏国旅不服判决，提起上诉，二审判决驳回上诉，维持原判。[②]

【案例评析】 本案争议焦点实质上包括独家代理协议的生效条件问题以及独家代理协议一方主体不具备空中游览观光项目的经营资质是否影响代理协议的有效问题。

1. 独家代理协议的生效条件独家代理协议的生效条件

民事法律行为的效力是指已经成立的民事法律行为在当事人之间产生的法律约束力。有效的民事法律行为对当事人具有法律约束力，国家法律予以保护，无效民事法律行为不具有法律约束力。

本案中，当事人双方均具有缔约应具备的民事权利能力和民事行为能力，双方签订的“独家代理协议书”的内容为双方共同协商确认，系双方的真实意思表示。《民法总则》第153条规定：“违反法律、行政法规的强制性规定

① 苏州市工业园区人民法院（2015）园商初字第00989号民事判决书。

② 江苏省苏州市中级人民法院（2015）苏中商终字第01307号民事判决书。

的民事法律行为无效，但是该强制性规定不导致该民事法律行为无效的除外。违背公序良俗的民事法律行为无效。”第154条规定：“行为人与相对人恶意串通，损害他人合法权益的民事法律行为无效。”“独家代理协议书”不具备合同无效情形，故双方签订的“独家代理协议书”有效且已生效。

本案中，当事人各方共同签订的“独家代理协议书”中约定“乙方全年保证金总金额为200万元，乙方于本协议签订后3个工作日内支付给甲方此保证金后本合同暨行生效”，即当事人约定了合同生效的条件。《民法总则》第158条规定：“民事法律行为可以附条件，但是按照其性质不得附条件的除外。附生效条件的民事法律行为，自条件成就时生效。附解除条件的民事法律行为，自条件成就时失效。”姑苏国旅已经足额支付保证金200万元给若航公司，故当事人之间约定的合同生效的条件已达成。

2. 一方主体不具备空中游览观光项目的经营资质是否影响代理协议的有效问题

《合同法》第52条规定：“有下列情形之一的，合同无效：（一）一方以欺诈、胁迫的手段订立合同，损害国家利益；（二）恶意串通，损害国家、集体或者第三人利益；（三）以合法形式掩盖非法目的；（四）损害社会公共利益；（五）违反法律、行政法规的强制性规定。”《合同法》第52条所称“法律、行政法规的强制性规定”，系指效力性强制性规定而非管理性强制性规定。

根据2013年实施的《中华人民共和国旅游法》（以下简称《旅游法》），旅行社组织旅游活动应当向合格的供应商订购产品和服务，经营高空、高速等高风险旅游项目，应当按照国家有关规定取得经营许可。《民用航空法》规定从事经营性通用航空的，应当向国务院民用航空主管部门申请领取通用航空经营许可证。据此，涉案空中旅游产品，应当取得相应的行政许可方可经营。但是，涉案合同系授权协议，并不涉及若航公司实际执行航空旅游行程的事项，且若航公司合同中亦并未承诺由其实际执行相关旅游行程，实际上若航公司亦并非旅游项目的实际执行人，其不具备直升机空中旅游服务资质并不导致案涉合同存在损害社会公共利益的情形。

姑苏国旅与若航公司签订涉案“独家代理协议书”系双方真实意思表示，姑苏国旅通过该合同取得若航公司空中之旅观光项目的独家代理权，其通过广告宣传等方式招揽顾客，并从若航公司处取得相应的佣金。若航公司即使没有取得相应经营资质，依据《旅游法》和《民用航空法》，若航公司也仅是违反了两部法律的管理性强制性规定。但是，这并不存在违反《合同法》第52条的效力性强制性法律规定的情形。

同时，根据若航公司提供的相关证据，能够证实在合同履行过程中系由具有相关资质的若尔公司实际完成飞行旅游的行程，故涉案合同不论从签订过程、合同条款及实际履行中审查均不存在《民法总则》规定的违背公序良俗、损害社会公共利益或违反法律、法规强制性规范的情形。故双方签订的“独家代理协议书”有效且已生效。

二、机票销售委托代理人的代理责任

【案例】杜某某与芬兰航空公司北京办事处、北京趣拿信息技术有限公司航空旅客运输合同纠纷案

【案情介绍】原告杜某某于2016年7月10日从趣拿公司的“去哪儿网”上购买了原告和其子从德国到广州的往返机票，去程为芬兰航空公司的2016年8月3日从慕尼黑中转赫尔辛基到广州的航班，返程为芬兰航空公司的2016年9月1日从广州中转赫尔辛基到慕尼黑的航班，原告的票号为×××，其子的票号为×××，总金额11 274元，其中票价5078元、税费5666元、保险510元、快递20元。

在“去哪儿网”网站购票过程中，右下测滚动栏中包含有“退票规定”和“其他”两方面，“退票规定”中载明“第一程起飞前退票根据航空规定执行，起飞后退票根据航空公司规定执行，部分使用退票根据航空公司规定执行”；“其他”中载明“机票需按航班起飞时间顺序使用，否则无法登机”。原告因自身原因选择不乘坐2016年8月3日从慕尼黑至广州的航程。原告曾向被告趣拿公司申请退票，被告亦告知过原告去程未乘坐则返程也无法乘坐。后原告未实际乘坐该去程航班。2016年9月1日，原告前往广州白云机场乘坐当日从广州至慕尼黑的返程航班，被拒载。原告为此花费交通费30元、机场停车费25元、行李托运费560元。

原告因未乘坐去程航班，回程航班被拒乘产生了损失，提起诉讼，请求法院判令芬兰航空公司北京办事处和趣拿公司两被告擅自取消原告认购的广州至德国慕尼黑航班座位，侵犯原告合法权利；两被告承担连带赔偿责任，赔偿原告该航班的机票费1269元、税费1416.5元、保险费127.5元、交通费30元、停车费25元、行李托运费560元；两被告就原告未实际乘坐的德国慕尼黑至广州航次，退还税费人民币1416.5元、保险费127.5元并承担连带责任；被告趣拿公司在“去哪儿网”主页上，以醒目标题刊登向原告公开赔礼道歉的公告1个月。

法院经审理判决驳回对被告芬兰航空北京办事处的诉请；由被告北京趣拿信息技术有限公司赔偿原告损失2813.5元。[①]

【案例评析】本案的法律关系包括航空旅客运输合同关系和机票销售代理关系。

1. 航空旅客运输合同关系

在航空旅客运输合同关系中，合同主体的一方是航空旅客原告杜某某，另一方主体是实际承运人芬兰航空公司。

需要明确的是，芬兰航空公司北京办事处成立于1988年6月30日，类型为外国（地区）企业常驻代表机构，经营范围为有关民航销售、代理业务的联络。《外国企业常驻代表机构登记管理条例》第2条规定：“本条例所称外国企业常驻代表机构（以下简称代表机构），是指外国企业依照本条例规定，在中国境内设立的从事与该外国企业业务有关的非营利性活动的办事机构。代表机构不具有法人资格。”因此，被告芬兰航空公司北京办事处既非公司的分支机构，亦非委托代理人，不是合同主体，自然也不具有本案的民事诉讼主体资格，不是适格的被告，法院依法驳回原告对芬兰航空公司北京办事处的起诉是正确的。

2. 机票销售代理关系

在机票销售代理关系中，芬兰航空公司委托被告趣拿公司代理销售机票、收取款项、履行通知等义务，双方构成委托人与受托人之间的代理关系，委托代理人按照被代理人的委托行使代理权。

《民法总则》第162条规定：“代理人在代理权限内，以被代理人名义实施的民事法律行为，对被代理人发生效力。”第164条第1款规定：“代理人不履行或者不完全履行职责，造成被代理人损害的，应当承担民事责任。”

根据《合同法》第403条第2款的规定，该代理关系中处于第三人地位

① 广州市白云区人民法院（2016）粤0111民初11168号民事判决书。

的原告，可以选择向委托人芬兰航空公司主张权利，也可以向受托人趣拿公司主张权利。现原告没有起诉芬兰航空公司，表明其选择向趣拿公司主张权利，故趣拿公司是适格的被告。

3. 机票销售代理人的责任性质

本案原告系乘坐航空器的旅客，因被拒乘而发生损失，故本案显然属于航空旅客运输合同纠纷。代理人趣拿公司仅是机票销售代理人，是否应当赔偿航空旅客运输合同履行期间原告因被承运人拒载造成的损失，关键在于代理人趣拿公司在机票销售代理环节是否适当履行了合同告知义务。

机票中虽然有“机票需按航班起飞时间顺序使用，否则无法登机”的备注，但该备注系被告趣拿公司受芬兰航空公司委托事先拟定、未与对方（旅客）协商、重复使用的格式条款。

《合同法》第41条规定：“对格式条款的理解发生争议的，应当按照通常理解予以解释。对格式条款有两种以上解释的，应当作出不利于提供格式条款一方的解释……”按通常理解予以解释，是指当提供格式条款的对方订约能力较弱时，可以不按提供格式条款的一方的理解予以解释，而是按可能订立该合同的一般人的理解予以解释，这对保护采用格式条款订立合同的相对方是有利的。有两种以上解释的，应当作出不利于提供格式条款一方的解释，也就是作出有利于其相对方的解释。

对于本案机票备注，按通常理解，该备注无法得出未乘坐去程航班就不能乘坐回程航班的结论，故应当按照《合同法》第41条作不利于趣拿公司的解释。依据机票备注，只要未使用去程就导致回程航班作废，该备注明显属于排除对方（旅客）主要权利、免除其自身的责任，根据《合同法》第40条的规定，应认定该备注条款无效。

对于本案机票备注条款的告知义务，应由机票销售代理人趣拿公司在原告订票订立合同时履行完毕。进入合同履行阶段后，在原告向被告趣拿公司申请退票时，被告告知原告去程未乘坐则返程也无法乘坐。显然，该告知义务履行时间节点迟延，此时已经不能据此免除趣拿公司在订立合同时的法定义务。因此，芬兰航空公司按照机票备注条款拒绝原告乘坐返程航班，这种不当履行合同的后果，应由委托人芬兰航空公司和代理人趣拿公司承担。因原告未对委托人芬兰航空公司提起诉讼，选择对代理人趣拿公司为被告，趣拿公司应当对原告的损失承担责任。

关于原告损失的赔偿范围问题，应除掉去程航班损失（系原告自己放弃权利所致）和未主张的快递费损失。属于有意扩大的损失部分（交通费30元、机场停车费25元、行李托运费560元），也不应计入赔偿范围，因原告欲退去程票时，被告趣拿公司已告知原告将无法使用返程航班，原告仍然前往机场。因本案是航空运输合同纠纷，不适用赔礼道歉的责任方式，故原告要求被告趣拿公司刊登公开赔礼道歉公告的诉请理据不足，法院没有给予支持。

三、淘宝卖家代购机票被冻结使用的责任问题

【案例】张某某诉中国东方航空股份有限公司侵权损坏赔偿案

【案情介绍】2008年11月17日，原告张某某在淘宝网上联系卖家，其中联系到的出售东方航空公司机票的人自称叫贯某某，其网上报价为每张机票票价为6980元。原告即把工商银行卡上的钱通过网络支付了1000元订金，预订了2009年1月6日上海至洛杉矶（航班号MEU583）机票4张，其中一张为原告所有。同年11月18日，原告接到贯某某的电话通知说票已开好，并通过邮件发送行程单。原告收到航空运输电子客票行程单后，即通过东方航空公司热线进行查询，当时得到确认为"只要带好身份证，该票号就可以按时登机"。

由于当时账户中钱不够，所以贯某某同意每张机票少付1000元，张某某通过淘宝网向贯某某付了4张机票款23 920元，每张为5980元。后原告通过客服热线查询发现信息吻合，但机票被冻结挂起。经查，2008年11月18日，被告东方航空公司的机票销售代理企业上海甲公司所属的乙公司接到客户贯某某的订票请求，并使用信用卡担保要求购买上述原告等4人从上海至美国洛杉矶往返机票，并要求出票，上海甲公司即在中航信网络系统根据客户贯某某提供的原告等人的身份信息，在网上办理了电子客票订票的登记。后因为客户贯某某提供担保的信用卡是被盗的，扣款不成功，所以上述机票被冻结使用。

原告张某某等与被告东方航空公司和代理销售公司交涉未果，故原告以被告侵犯了原告的财产权、知情权及公平交易权，导致原告经济损失为由，提起诉讼，要求被告赔偿。法院审理后判决驳回原告的诉讼请求。①

① 上海市浦东新区人民法院（2009）浦民一（民）初字第6556号民事判决书。

【案例评析】本案的争议焦点在于在机票销售代理法律关系中，机票代理商和委托人航空公司对于原告的损失是否存在过错责任？

《民法总则》第162条规定："代理人在代理权限内，以被代理人名义实施的民事法律行为，对被代理人发生效力。"即被代理人对代理人的代理行为，承担民事责任。

《合同法》第293条规定："客运合同自承运人向旅客交付客票①时成立，但当事人另有约定或者另有交易习惯的除外。"在航空客运适用电子客票的情形下，无须交付电子客票，只交付电子客票行程单即可，行程单可以作为旅客购买空运企业民用航空运输电子客票的付款凭证或报销凭证，同时具备提示旅客行程的作用。

《合同法》第292条规定，旅客、托运人或者收货人有向承运人支付票款或者运费的义务。在航空旅客运输合同中，一般而言，航空公司通常是在收到票款后才进行出票，即旅客支付票款的义务一般要先履行，旅客没有支付票款一般不能取得运输票证。参照自2008年4月11日实施的《中国民用航空电子客票暂行管理办法》第15条的规定，代理销售企业对已经登记购买的电子客票因未完成实际支付机票款的行为，可以冻结该登记购买的电子客票，使用挂起操作，在确认旅客付款后应及时解除冻结状态。

被告上海甲公司系经东方航空公司确认的可以代理销售民航飞机票业务的企业，是东方航空公司机票销售代理商。被告的代理销售公司根据要求将订票的原告等人的身份信息进行了订票登记，完成了电子客票的登记手续，但因为原告等人支付的机票款并未实际到达出售机票的代理公司账户，因此，被告东方航空公司及其销售公司将原告等人的电子客票作冻结使用，符合相关规定。代理人上海甲公司和委托人东方航空公司对原告损失的发生均没有过错，故不应承担原告的损失赔偿责任。

原告的损失到底谁之过？本案中，原告仅通过网络联系到的卖家贾某就轻易将自己的身份信息报给对方，委托其订票，而未作任何核查。原告也无法提出相应证据证明其有理由相信贾某为有权代理销售被告公司机票的工作人员，却通过淘宝网支付系统向不明身份的贾某支付了机票款，而并非向被

① 航空运输合同中的"客票"应包括纸质客票和电子客票。电子客票是指由空运企业或其销售代理企业销售并赋予运输权利的以电子数据形式体现的有效运输凭证，是纸质客票的电子替代产品。

告或有权销售机票的代理公司支付机票款，故该机票损失系由原告自身过错所致，与被告东方航空公司无关，也无法构成表见代理。

四、航空货运代理费给付迟延的责任认定

【案例】上海懿莺国际货物运输代理有限公司诉浙江嘉欣丝绸股份有限公司合同纠纷案

【案情介绍】2015 年 7 月，被告浙江嘉欣丝绸股份有限公司委托原告上海懿莺国际货物运输代理有限公司代理一批货物从斯里兰卡出运至上海，被告主要负责货物的提货、订舱、报关、清关、送货工作，双方约定计费价格为 1.4 美元/公斤；原告向航空公司订舱，并向被告出具编号为 No. DEL001337 的分运单，分运单上载明的货物收费重量为 9762 公斤，货物品名及数量为 553 卷含 100% 涤（梭织）；承运人为 MU，收货人为被告，运费到付，航班信息为 MU714，起飞日期为 2015 年 7 月 5 日，始发港及目的港分别为斯里兰卡科伦坡与上海 PVG。后航空公司在实际运输过程中将涉案货物分两批运送，一批直接运至上海，另一批运至昆明通过中转后运回上海，两批货物分别于 2015 年 7 月 13 日与 2015 年 7 月 15 日清关。

2015 年 8 月 24 日，原被告双方确认运输结束并且被告已经收到涉案货物的事实，但是被告对于收货时间有异议，货物应从 2015 年 7 月 5 日运出，于 2015 年 7 月 8 日清关，但是货物被拖延至 7 月 13 日、15 日清关，认为实际收货时间超过被告于双方往来邮件中承诺的运输时间（超过 3 天），致使被告选择空运的合同目的无法实现。故被告拖延拒付货代费用，原告为维护自身合法权益，诉讼请求判令被告向原告支付货运代理费人民币 106 196.16 元及逾期付款利息。

法院经审理认为本案被告对原告已按照被告指示完成委托事务无异议，被告仅对实际收货时间有异议，本院认为原告受被告委托向航空公司订舱，在航空公司实际承运中将涉案货物分两批运送，导致收货时间迟延。按照《合同法》的规定，当事人一方不履行合同义务或者履行合同义务不符合约定的，应当承担继续履行、采取补救措施或者赔偿损失等违约责任。本案被告并未举证原告在其中存有过错，亦未提供有效证据证明被告因收货迟延遭

受了损失及数额，故法院依法判决被告向原告支付货运代理费，并依照《民事诉讼法》第253条的规定加倍支付迟延履行期间的债务利息。①

【案例评析】在航空货物运输实践中，采用空运方式进出口货物需要办理一定的手续，如出口货物在始发站机场交给航空公司之前的揽货、接货、订舱、制单、报关和交运等；进口货物在目的地机场从航空公司接货、接单、制单、报关、送货或转运等。有些航空公司不负责办理这类业务，而由专门承办此类业务的航空货运代理公司负责。航空货运业务一般包括通过航空货运代理公司办理或由收、发货人直接办理两种。

航空货运代理公司作为货主和航空公司之间的纽带和桥梁，可以是货主的代理，代替货主向航空公司办理托运或提取货物的手续；也可以是航空公司的代理，代替航空公司接收货物，出具航空公司的主运单和自己的分运单。航空货运代理的产生和迅速发展，是因为其服务能为货主和航空公司双方都带来好处。

第一，航空货运代理公司对运输环节和有关规章十分熟悉，并与民航、海关、商检以及交通运输部门有着广泛而密切的联系，具备办理运输的基本条件。同时，航空货运代理公司在世界各地都设有分支机构和代理人，能够及时联络，随时掌握货物运输的动态，而航空公司只负责从一个机场运送到另一个机场。因此，委托航空货运代理公司办理进出口运输比托运人直接向航空公司办理更为便利。

第二，航空货运代理公司的主要业务是办理集中托运，即把若干单独发运的货物组成一整批货物，用同一份主运单发运到同一个目的站，再由其在当地的代理人负责接货，清关后分拨交给实际收货人。这种托运方式可以从航空公司争取到较低的运价，代理公司和货主都可以从这种服务中得到好处。航空公司也可以从代理公司的服务中获利，虽然航空公司要向代理公司支付一定的酬金，但代理公司将众多客户的货物集中起来交运，为其节省了大量的人力、物力和时间，并为其组织了成批的货源，承揽了大批客户，有助于开拓空运市场。

航空货运代理人无论是货主的代理还是航空公司的代理，接受被代理人

---

① 浙江省嘉兴市南湖区人民法院（2015）嘉南长巡商初字第334号民事判决书。

委托后，需尽到相应的义务，能够胜任被代理人对其知识、技能、信用的信赖[①]。《民法总则》第164条第1款规定："代理人不履行或者不完全履行职责，造成被代理人损害的，应当承担民事责任。"

货运代理人应尽义务分为两类，一是代理权需要亲自行使。当然，在经由被代理人同意或者有不得已的事情发生时，代理权可转托第三方行使；二是需谨慎、勤勉、忠实地行使代理权。当代理人不履行勤勉义务，疏于履行代理义务，致使被代理人目的落空时，由代理人予以赔偿。[②]

在本案中，被告对于收货时间有异议，货物应从2015年7月5日运出，于2015年7月8日清关，但是货物被拖延至7月13日、15日清关，认为实际收货时间超过被告于双方往来邮件中承诺的运输时间，致使被告选择空运的合同目的无法实现。假设该事实被被告提交的证据证明，被告收货迟延是由于原告未谨慎、勤勉、忠实的行使代理权所致，则被告有理由就其损失向原告追偿。但是，本案被告并未举证原告在其中存有过错，亦未提供有效证据证明被告因收货迟延遭受了损失及数额，因此必须按照约定向原告支付代理费用。

五、"运费到付"情形下航空货运代理人垫付运费的风险

【案例】上海市A公司与东莞市B公司货运代理合同纠纷案

【案情介绍】2007年9月，被告东莞市B公司委托原告上海市A有限公司出运货物一批，约定运费到付，始发空港为上海浦东国际机场，目的地为美国洛杉矶。原告接受委托后，为被告提供货运代理服务，并向被告出具了编号为SHA－0090016的航空分运单。实际承运人美国博立航空公司出具了编号为403－81809195的航空总运单，与分运单记载相同，货物信息、航班日期与分单相符。

上述货物在按时抵达目的港后，被告向原告出具一份"保函"，载明涉案航班的航班号、提单号、箱型箱数等，发货人为被告，收货人为D公司，要求原告先放货，由此产生的责任由被告负责。原告即通知目的港代理予以

① 王利明：《民法（第六版）》，中国人民大学出版社2015年版，第131页。

② 《民法通则》第66条第2款规定："代理人不履行职责而给被代理人造成损害的，应当承担民事责任。"

放货。嗣后，原告通过国外代理向收货人索要运费未果，故诉至法院，要求判令被告偿还原告垫付的空运费用 103 577.50 元。

法院经审理认为，被告出具的“保函”上载明了航班号、分运单号，由此推断被告应当收到过分运单，而分运单上载明的托运人为被告。如被告并非托运人，则无权利也无必要出具“保函”，原、被告间货运代理合同关系成立，被告应为涉案货物的托运人，即货运代理关系的委托人。原告履行了代理出运义务并按被告指示放货，而未收到运费。原、被告原约定运费到付，当视为约定由货运代理合同关系外的第三人付款，现第三人未付款，被告应按“保函”承诺承担支付运费的责任。①

【案例评析】随着电子商务的兴起，航空货运增长较快，为航空公司提供揽货、制单、报关等服务的货运代理业发展迅速，并日趋成为航空运输市场的组织者，也相应带来了大量航空货运代理纠纷案件，其中有关“运费到付”约定下收货人运费支付的纠纷，具有一定的复杂性和代表性，相关问题值得进行研究。

1. “运费到付”的约定是债务转让还是第三人代为履行债务

在国际贸易中，国际航空货物运输的运费支付方式与海运有所不同。在航空货物运输实践中，航空公司并不接受“运费到付”的费用支付方式，除 Fedex，UPS 等专门从事国际快件运输的企业外，航空公司签发的总运单中一般没有“运费到付”的约定，“运费到付”方式一般是通过货运代理人同货主在分运单中记载约定而实现的。与运费预付比，“运费到付”的约定显然增加了货运代理人收取运费的风险，一旦出现目的港无人提货或收货人收货后拒绝支付运费的情形，货运代理人就面临着无法获取运费的风险，进而会转向托运人主张运费，由此引起纠纷。

从司法实践看，因航空货运中“运费到付”是通过货运代理人与货主进行约定后记载于分运单的方式实现的，一旦发生目的港无人提货或者收货人提货后未支付运费的情况，货运代理人能否转向货主主张运费就成了其权利能否实现的关键问题。

解决此类纠纷的关键是在“运费到付”中托运人、货运代理人与收货人三者之间的法律关系中，托运人和货运代理人之间成立货运代理合同关系，

① 上海市浦东新区人民法院（2008）浦民二商初字第 1672 号民事判决书。

如何认定收货人法律地位？“运费到付”的约定究竟属于债务转让还是第三人代为履行债务？对此，法院的主流裁判观点是“运费到付”只是托运人履行其货运代理合同下运费支付义务的具体方式上的安排，收货人只是作为合同之外的第三人协助货主完成其运费支付义务，其并非《合同法》第84条意义上的债务受让人，而只是第65条意义上代债务人向债权人履行的第三人，其是否履行债务是其自由，如不履行债务或者履行债务不符合约定的，无论理由为何均由货主作为债务人向作为债权人的货代公司承担违约责任。①

2. “运费到付”情形下货运代理人向托运人主张运费的条件

在“运费到付”情形下，货运代理人应当首先向收货人主张运费，在收货人拒付运费情况下，才可向委托人主张。换言之，货运代理人向委托人主张运费的前提是已经向收货人主张运费而收货人拒绝支付，或者经过合理期限而确定目的港无人提货。②

3. “运费到付”情形下承运人被收货人拒付后向托运人主张运费的举证责任

航空运输实践中，值得肯定的做法是托运人与承运人不仅约定“运费到付”，还约定当承运人在货物送达后遭到收件人或合同约定的第三方拒付运费时，可以向托运人主张运费。这种做法有助于纠纷发生时明确权利、义务和责任，增加法律关系的明晰性和当事人对纠纷处理的可预见性。

但是，在这种约定下，承运人对托运人主张运费支付请求权时，必须承担以下举证责任：首先，承运人须证明其是托运人货物运输合同订立的合同相对人；其次，承运人须证明货物运输合同确实达成并有“运费到付”记载的约定，并明确约定收件人或第三方不支付运费时由托运人承担支付义务；最后，承运人须证明其已完成合同约定的运输义务后收件人或第三方未支付运费的事实。上述举证责任须全部具备，承运人要求托运人支付运费的主张方能得到法院支持。因此，在日常业务中，承运人应注意固定与收集证据，避免诉讼时因举证不能而承担不利后果。③

4. “运费到付”情形下托运人出具保函时的运费支付义务

正如上述案件，在航空货运代理实践中，托运人收到分运单，分运单上

① 上海市浦东新区人民法院（2006）沪一中民四商终字第1052号民事判决书。

② 上海市浦东新区人民法院（2009）浦民二商初字第2932号民事判决书。

③ 上海市浦东新区人民法院（2011）浦民二商初字第92号民事判决书。

载明的托运人出具保函的事实，可以认定货运代理合同的成立。只要托运人系货运代理合同的实际委托人，即应当认定其与货运代理公司之间存在货运代理合同。在货物抵达目的地后，货运代理人在未收到运费的情况下，按照托运人出具的“保函”向非货运单上载明的收货人放货，即使保函没有明确由其承担运费，但实际上，放货后对于货运代理人的风险就是运费的收取，托运人向货运代理人出具的“保函”中承诺承担的责任就是运费的收取。在货运代理人不能从收货人处收取运费的情况下，货运代理人取得对托运人主张运费的请求权，托运人应向货运代理人支付运费。[①] 如果在存在托运人为收货人提货出具保函的情况下，即使保函中未明确约定运费支付，托运人也应承担货运代理或承运人因放货而无法收取运费的责任。

① 上海市浦东新区人民法院（2008）沪一中民四商终字第1358号民事判决书。

第十章

诉讼时效与期间

诉讼时效，又称为消灭时效，是指在法定期间内权利人不行使权利，则产生相应法律后果的制度。

根据《仲裁法》第74条和《民法总则》第198条规定，法律对仲裁时效有规定的，依照其规定；没有规定的，适用诉讼时效的规定。因此，诉讼时效是权利人请求法院或者仲裁机构解决争议，保护其权益而提起诉讼或者申请仲裁的法定期限。

诉讼时效制度在各国民法的规定中均为强行性规范，不属当事人意思自治的范围，其强行效力体现为以下几个方面。

首先，诉讼时效的期间、计算方法以及中止、中断的事由均由法律规定，当事人约定无效，当事人对诉讼时效利益的预先放弃无效（《民法总则》第197条；《最高人民法院关于审理民事案件适用诉讼时效制度若干问题的规定》第2条）。

其次，诉讼时效期间届满的，义务人可以提出不履行义务的抗辩；诉讼时效期间届满后，义务人同意履行的，不得以诉讼时效期间届满为由抗辩；义务人已自愿履行的，不得请求返还（《民法总则》第192条）。

再次，人民法院不得主动适用诉讼时效的规定（《民法总则》第193条；《最高人民法院关于审理民事案件适用诉讼时效制度若干问题的规定》第3条）。

最后，诉讼时效抗辩权原则上在一审期间行使。《最高人民法院关于审理民事案件适用诉讼时效制度若干问题的规定》第4条规定："当事人在一审期间未提出诉讼时效抗辩，在二审期间提出的，人民法院不予支持，但其基于新的证据能够证明对方当事人的请求权已过诉讼时效期间的情形除外。当事人未按照前款规定提出诉讼时效抗辩，以诉讼时效期间届满为由申请再审或者提出再审抗辩的，人民法院不予支持。”司法解释为何限定诉讼时效抗辩权原则上在一审期间行使？原因在于诉讼程序机制的建构实质上蕴含着通过构筑正当程序以保证私权争议获得公正裁判的诉讼理念，如果任由义务人在任何审理阶段均可行使诉讼时效抗辩权，则将出现法院无法在一审审理阶段固定诉争焦点，无法有效发挥一审事实审的功能，使审级制度的功能性设计流于形式，产生损害司法程序的安定性、司法裁决的权威性、社会秩序的稳定性等问题。①

关于诉讼时效期间，《民法通则》第135条规定：“向人民法院请求保护民事权利的诉讼时效期间为二年，法律另有规定的除外。”《民法总则》第188条第1款规定：“向人民法院请求保护民事权利的诉讼时效期间为三年。法律另有规定的，依照其规定。”

关于诉讼时效期间的起算，《民法通则》第137条规定：“诉讼时效期间从知道或者应当知道权利被侵害时起计算。但是，从权利被侵害之日起超过二十年的，人民法院不予保护。有特殊情况的，人民法院可以延长诉讼时效期间。”《民法总则》第188条第2款规定：“诉讼时效期间自权利人知道或者应当知道权利受到损害以及义务人之日起计算。法律另有规定的，依照其规定。但是自权利受到损害之日起超过二十年的，人民法院不予保护；有特殊情况的，人民法院可以根据权利人的申请决定延长。”第204条规定：“期间的计算方法依照本法的规定，但是法律另有规定或者当事人另有约定的除外。”

《1999年蒙特利尔公约》第35条规定：“一、自航空器到达目的地点之日、应当到达目的地点之日或者运输终止之日起两年期间内未提起诉讼的，丧失对损害赔偿的权利；二、上述期间的计算方法，依照案件受理法院的法律确定。”

《民用航空法》第135条规定：“航空运输的诉讼时效期间为二年，自民用航空器到达目的地点、应当到达目的地点或者运输终止之日起计算。”第171条规定：“地面第三人损害赔偿的诉讼时效期间为二年，自损害发生

① 郝秀辉：《航空运输合同法》，法律出版社2016年版，第122～123页。

之日起计算；但是，在任何情况下，时效期间不得超过自损害发生之日起三年。”

据此，航空领域的违约之诉和侵权之诉，根据特别法优于一般法的法律适用原则，国内航空运输合同和航空侵权的诉讼时效期间为2年，国际航空运输纠纷案件如果由中国法院受理，同样适用2年的时效规定。航空运输的2年诉讼时效期间的起算点，包括民用航空器到达目的地点、应当到达目的地点或者运输终止之日三种；地面第三人损害赔偿的诉讼时效期间的起算点则为损害发生之日。

但是关于最长诉讼时效期间问题，《民法通则》和《民法总则》均规定，从权利被侵害之日起超过20年的，人民法院不予保护；有特殊情况的，《民法通则》规定人民法院可以延长诉讼时效期间，但《民法总则》规定人民法院可以根据权利人的申请决定延长。《民用航空法》第171条规定，地面第三人损害赔偿的诉讼时效期间在任何情况下，不得超过自损害发生之日起3年。

一、航空旅客身体受伤害的诉讼时效

【案例】马某某诉济南国际机场股份有限公司侵权责任纠纷案

【案情介绍】2011年8月6日15时许，原告马某某到达济南遥墙国际机场（以下简称济南机场）完成安检进入候机厅。该候机厅上方有一段玻璃采光带存在漏雨，济南机场管理人员在地面滴水位置摆放一个小型警示牌，并在滴水位置下方放置一个黑色塑料垃圾袋用于接水。原告马某某进入候机厅路过地面滴水位置时，未注意到该警示牌及塑料垃圾袋，因踩到该塑料垃圾袋摔倒受伤。济南机场工作人员将其送医救治，2011年8月23日出院，并支付医疗费33 419.05元。2012年11月20日，原告马某某为取出左髌骨骨折术后的内固定物，在蒙阴县医院住院手术，22日出院，支付医疗费2611元。

2014年4月10日，原告马某某委托临沂鼎衡法医司法鉴定所参照《职工工伤与职业病致残程度鉴定标准》对其因左髌骨骨折导致的伤残等级、护理时间及人数进行鉴定，支付鉴定费800元。4月15日，鉴定所作出司法鉴定意见书认为：马某某摔倒致左髌骨骨折并行骨折内固定，参照工伤鉴定标准，可评定为九级伤残；建议其住院期间配护理人员2名，出

院后2个月配护理人员1名。原告马某某与原告济南国际机场股份有限公司（以下简称济南机场公司）协商赔偿事宜未达成一致意见，提起诉讼。

法院认为本案系公共场所管理人未尽到安全保障义务，造成他人损害的人身损害赔偿纠纷。被告济南机场公司作为济南机场的管理人负有在合理限度范围内保证他人免受人身损害的义务。本案中，因机场候机厅上方玻璃采光带存在漏雨的安全隐患，故被告济南机场公司应采取诸如隔离滴水区域、放置防滑垫并及时修复漏雨部位等合理措施，以防止他人因地面湿滑而摔伤，但被告济南机场公司仅在滴水位置摆放了小型警示牌，并放置了并无防滑作用的黑色塑料垃圾袋用于接水，该处理措施显属不当。通过现场录像可以看到在原告马某某路过滴水位置前，亦有他人自此走过，该警示牌及塑料垃圾袋无法让他人形成足够的警惕意识，致使原告马某某摔伤，对此，被告济南机场公司应当承担主要的侵权责任。另外，原告马某某在行走过程中，未仔细观察路况，是致其摔伤的原因之一，综合双方的过错情况，法院认为由被告济南机场公司承担90%的侵权责任比例较为合理。①

【案例评析】本案审理过程中，被告济南机场公司曾辩称原告的诉讼时效已经超过。诉讼时效期间是指权利人请求人民法院保护其民事权利的法定期间。通常可分为普通诉讼时效期间、特别诉讼时效期间和最长诉讼时效期间。

本案审理时《民法总则》尚未颁行，故本案审理适用《民法通则》。我国《民法通则》第135条规定的2年期限为普通诉讼时效期间，第136条规定的1年为特别诉讼时效期间，包括四种：（1）身体受到伤害要求赔偿的；（2）出售质量不合格的商品未声明的；（3）延付或者拒付租金的；（4）寄存财物被丢失或者损毁的。

航空旅客运输合同在履行过程中，航空身体受到伤害请求赔偿的，显然属于《民法通则》规定的特别诉讼时效，期间为1年。原告是2011年8月6日受伤住院，其诉讼时效期间是2012年8月6日届满。

《民法通则》第140条规定："诉讼时效因提起诉讼、当事人一方提出要求或者同意履行义务而中断。从中断时起，诉讼时效期间重新计算。"《民法

① 济南市历城区人民法院（2014）鄂历城民初2号民事判决书。

总则》第195条规定："有下列情形之一的，诉讼时效中断，从中断、有关程序终结时起，诉讼时效期间重新计算：（一）权利人向义务人提出履行请求；（二）义务人同意履行义务；（三）权利人提起诉讼或者申请仲裁；（四）与提起诉讼或者申请仲裁具有同等效力的其他情形。"

本案事故发生后，原、被告曾多次不断地就原告马某某的赔偿事宜进行协商，故本案的诉讼时效因中断而重新计算，原告马某某因身体受到伤害而向被告济南机场公司诉讼请求未超出诉讼时效。

实际上，这里也涉及人身损害赔偿请求诉讼时效的起算点如何计算问题。《民通意见》第168条规定："人身损害赔偿的诉讼时效期间，伤害明显的，从受伤害之日起算；伤害当时未曾发现，后经检查确诊并能够证明是由侵害引起的，从伤势确诊之日起算。"上述规定为诉讼时效起算问题，但显然过于原则和抽象，致使在诉讼时对于人身损害赔偿案件中1年诉讼时效的起算日有不同的认定方式，主要有人身损害事故发生日、受害人治疗终结日、伤残评定日。

根据《民通意见》规定的文义解释，受害人通常是在事故发生当场受伤，故大多数人据此认为诉讼时效期间应自事故发生日起算。因此，人身损害事故发生当日作为诉讼时效的起算日，是被普遍接受和适用的方式之一。但对于人身损害伤情严重且需长时间治疗的受害者来说，在事故发生日1年内提起诉讼，即意味着受害者要在治疗期间提起诉讼，且受害者只能对已经实际产生的医疗费、护理费等损失提起诉讼，而此时受害者正接受治疗，对于提起诉讼后受害者继续产生的医疗费、护理费等损失，意味着受害者还需在第一次起诉后诉讼时效期间重新计算的1年内再次起诉。如果受害者在离事故发生日后治疗时间为1年以上，逻辑上要进行多次诉讼，这不仅严重浪费司法资源，也给双方当事人带来巨大的诉累。受害人向侵权方提出要求主张权利时适用时效中断，但实践中如何分配受害人主张过权利的举证责任又成为一个难题，可能需要受害人在受伤治疗期间应留存主张权利的证据，否则诉讼中若对方不承认势必陷受害人于不利。

以治疗终结之日起算时效期间，主要缺陷在于治疗终结时间本身很难确定，有的以出院之日作为治疗终结之日，有的以康复之日作为治疗终结之日。治疗终结是一个医学概念，在临床医学上一般认为损伤后病理变化经临床治疗后得到完全和部分恢复并维持稳定的时期是治疗终结。时效期间的起算点不确切致使法院很难认定超过诉讼时效到底是受害人主观上不积极主张权利，还是客观上不能主张权利。

以伤残评定日起算时效期间也有重大缺陷。伤残评定之日是指委托鉴定之日还是指鉴定机构作出伤残等级之日存在不同的看法，即使该时间被最终确定为上述二者之一，但不是所有事故受害人均需要伤残评定，明显不构成伤残、无须进行伤残评定的案件，时效期间如何起算？有的受害人符合构成伤残条件，但却因鉴定费等原因不积极地进行伤残评定，时效期间不能一直不起算，诉讼时效制度的目的是制裁权利人怠于行使权利的行为，但对于受害人伤残评定之前的懈怠行为却无法制裁。

在审判实务中，人身损害赔偿案件应自受害者各项损失费用确定之日，作为诉讼时效的起算日，更为合理，便于操作，理由在于《民法通则》第137条规定："诉讼时效期间从知道或者应当知道权利被侵害时起计算……""知道"完全是一个主观标准，仅从权利人主观上来衡量，但诉讼能否变成现实，还取决于受害人客观方面的条件是否允许。因此，该规则强调了受害人的主观因素，而未考虑对受害人实现诉权所存在的客观障碍，实际操作中带来的后果往往是从根本上违背了诉讼时效制度的立法本意。"权利被侵害"是明确的客观事实，具有确定性，产生侵权请求权，但侵权请求权的功能在于补偿其受到的损害，因此，受害者必须在确定其遭受的损失前提下，即"权利被侵害后的各项损失"已经明确的前提下，才能完全行使侵权请求权，从而得到其所受损害的相应补偿，此时开始计算侵权请求权的诉讼时效期间，方能体现诉讼时效制度的立法意义。

二、航班取消赔偿请求诉讼时效的适用

【案例】王某某等诉深圳航空有限责任公司等航空旅客运输合同纠纷案

【案情介绍】原告王某某为和新婚妻子刘某某、父亲王某甲、母亲刘某甲、姐姐王某乙赴香港旅游，于2012年2月23日在被告趣拿公司经营的"去哪儿网"上，通过机票销售商链接到被告逍遥行公司经营的"逍遥行商旅网"，并在该网站订购了五原告济南、深圳两地的往返机票（从济南遥墙机场至深圳宝安机场的起飞时间为2012年3月22日12时30分，从深圳宝

安机场至济南遥墙机场的起飞时间为2012年3月27日13时50分）。其中，返程航班的承运人为被告深圳航空有限责任公司（以下简称深圳航空公司），航班号为ZH9927，机票价款为690元/人（含票价510元、机场建设费50元、燃油附加费130元），共计3450元。

2012年3月19日，被告逍遥行公司短信告知五原告其预定的航班由于航空公司原因临时调整，并于2012年3月20日将五原告的上述航班调整为2012年3月28日8时55分起飞的航班。2012年3月25日和26日，被告深圳航空公司两次短信告知五原告，其乘坐的2012年3月27日深圳至济南航班因公司计划原因取消；2012年3月26日，再次短信告知五原告乘坐的2012年3月28日深圳至济南ZH9939航班因公司计划原因取消，并调整为2012年3月29日航班。之后，五原告为及时返回济南，重新订购了山东航空公司2012年3月27日自深圳飞往济南的航班，机票价款为1240元/人（含票价1050元、机场建设费50元、燃油附加费140元），共计6200元。2012年3月29日，被告逍遥行公司代为退还机票款3450元。

五原告认为被告深圳航空公司无故擅自取消航班，导致五原告行程延误，致使消费者的知情权、选择权受到影响，存在对消费者的欺诈故意，提起诉讼请求法院判决被告深圳航空公司、趣拿公司、逍遥行公司按《消费者权益保护法》的规定赔偿五原告3倍机票款及其他经济损失；赔偿五原告改乘其他航班额外多花费的机票款2750元及相应利息；支付违约取消航班的经济补偿金3450元；赔偿五原告额外花费的电话费、交通费500元；赔偿五原告精神损害赔偿金50 000元。

被告深圳航空公司辩称，五原告于2012年3月19日已经得到航班变动的通知，即从2012年3月19日开始五原告已经知道其民事权利受到侵害，应当从此日开始在2年内主张权利，而五原告于2014年3月25日提起诉讼，超过了2年的诉讼时效，不应得到法律保护。

【案例评析】关于被告深圳航空公司辩称五原告的诉讼请求已经超过诉讼时效的问题。本案的诉讼时效不是适用《民法通则》第137条“诉讼时效期间从知道或者应当知道权利被侵害时起计算”的规定，而应适用航空特别法规定。

《民用航空法》第135条规定：“航空运输的诉讼时效期间为二年，自民用航空器到达目的地点、应当到达目的地点或者运输终止之日起计算。”涉案航班应当到达目的地点的时间为2012年3月27日，五原告提起诉讼的时间为2014年3月25日，因此，本案并未超出诉讼时效期间。

本案标的是航空旅客运输合同关系，五原告通过网购方式购得被告深圳航空公司的机票，深圳航空公司作为承运人，有义务按照机票载明的时间和班次运输旅客到目的地，并应在不能正常运输的情况下及时向旅客告知原因，根据旅客的要求安排改乘其他班次或退票。

2017年1月1日起施行的《航班正常管理规定》进一步明确规定，承运人应当按照获得的航班时刻运营航班；承运人应当合理安排运力和调配机组，减少因自身原因导致航班延误；承运人及其航空销售代理人在售票时应当将旅客联系方式等必要信息准确录入旅客定座系统，并负责及时通告旅客航班动态信息；航班出港延误或者取消时，承运人应当根据运输总条件、客票使用条件，为旅客妥善办理退票或者改签手续，旅客要求出具航班延误或者取消书面证明的，承运人应当及时提供；航班出港延误或者取消时，承运人应当按照运输总条件，做好旅客服务工作。①

本案被告深圳航空公司在乘机前告知五原告由于公司计划原因取消了原定班次，该次航班的取消并非由于不可抗力等法定事由造成，被告深圳航空公司的该行为构成违约，依法应当承担违约责任，赔偿因其违约给五原告造成的经济损失，赔偿范围应包括五原告为改乘其他航班而额外支出的机票差价2750元及其相应利息、为协调该事宜额外支出的通信费用。

关于原告主张被告深圳航空公司构成欺诈要求3倍赔偿的诉请，法院认为，所谓欺诈消费行为是指经营者在提供商品或者服务中，故意采取虚假或者其他不正当手段欺骗、误导消费者，使消费者的合法权益受到损害的行为。被告深圳航空公司在客票销售之初，并没有采取虚假或者其他不正当手段欺骗、误导消费者之故意，在航班取消后，其公司在短信中告知的“因公司计划原因取消”，并不违反法律及其行业规定的告知义务，被告深圳航空公司虽在保障五原告上述知情权和选择权方面有所不当，但其行为仅构成违约，并不构成欺诈。②

① 《航班正常管理规定》（CCAR－300）第6条、第8条、第20条、第27条、第28条。
② 济南市历城区人民法院（2014）历城民初字第808号民事判决书。

三、航空运输货损赔偿诉讼时效期间的起算

【案例】泰尼科公司诉锦宇物流等航空运输合同纠纷案

【案情介绍】2010年8月初，原告泰尼科公司委托被告锦宇物流代理其办理一批马铃薯种薯的出口运输业务。锦宇公司接受代理委托后，为原告货物办理了出口手续，并且代表原告与港龙航空建立了货物航空运输关系，约定由港龙航空负责将原告总重3821公斤的货物通过航班，分两批从昆明运往沙特阿拉伯的利雅得机场。第一批货是在2010年8月5日到达的，第二批是在2010年8月7日到达。

2010年8月25日，根据Nadec的质检人员检查，这些种薯已经不符合种植要求；所有的货物共计216箱全部损失，被收货人拒收。该报告经过了沙特阿拉伯相关机构的公证，并且得到中华人民共和国驻该国大使馆的认证。2010年8月28日，该批货物在沙特阿拉伯海关监督下销毁。2010年9月14日，锦宇物流给原告发来一封函件，陈述了涉案货物运输情况。原告据此将两被告诉至法院。

法院经审理认为，《1999年蒙特利尔公约》第35条第1款和《民用航空法》第135条规定，自航空器到达目的地点之日、应当到达目的地点之日或者运输终止之日起2年期间内未提起诉讼的，丧失对损害赔偿的权利。本案中，承运人港龙航空确认涉案货物分为两批，于2010年8月5日和7日到达目的地沙特阿拉伯利雅得机场，而本院受理案件的日期为2011年12月13日，从涉案货物到达航空运输目的地之日起至本院受理本案诉讼之日止，尚未超过该公约规定的2年诉讼时效。①

【案例评析】诉讼时效期间的起算，是指诉讼时效期间开始计算的时点，换言之，是从何时开始计算诉讼时效期间。

《民法通则》第137条规定："诉讼时效期间从知道或者应当知道权利被侵害时起计算。但是，从权利被侵害之日起超过二十年的，人民法院不予保护。有特殊情况的，人民法院可以延长诉讼时效期间。"

《民法总则》第188条规定："向人民法院请求保护民事权利的诉讼时效

① 云南省昆明市中级人民法院（2016）昆民六初字第19号民事判决书。

期间为三年。法律另有规定的，依照其规定。诉讼时效期间自权利人知道或者应当知道权利受到损害以及义务人之日起计算。法律另有规定的，依照其规定。但是自权利受到损害之日起超过二十年的，人民法院不予保护；有特殊情况的，人民法院可以根据权利人的申请决定延长。”

本案航空货物运输合同关系是民事法律关系的一种，应适用特别法的规定。

根据《1999 年蒙特利尔公约》第 35 条第 1 款和《民用航空法》第 135 条的规定可知，在航空运输领域，诉讼时效期间的起算点是航空器到达目的地点之日、应当到达目的地点之日或者运输终止之日。本案中，承运人港龙航空确认涉案货物分为两批，于 2010 年 8 月 5 日和 7 日到达目的地沙特阿拉伯利雅得机场，而法院受理案件的日期为 2011 年 12 月 13 日，从涉案货物到达航空运输目的地之日起至法院受理本案诉讼之日止，尚未超过该公约规定的 2 年诉讼时效。

四、航空消费服务合同诉讼时效的计算

【案例】刘某某诉海南航空股份有限公司合同纠纷案

【案情介绍】2001 年 12 月 30 日，刘某某与海航公司签订一份“海南航空股份有限公司金鹿银卡付款协议”，约定刘某某向海航公司一次性支付票款人民币 25 000 元，海航公司为刘某某制作金鹿银卡并开具票据，金鹿银卡正式生效；金鹿银卡有效期从购卡之年起至第十年的 12 月 31 日止；刘某某持金鹿银卡在海航公司直属售票处购买海航公司国内、国际任意航线现执行航班的本人机票，只需支付全票价 50% 票款（不限乘机次数）；海航公司每年向刘某某发放两张垫付了全额票款的乘机凭证（可换开海航国内任意非包机航线，不记名、可转让、单程、当年有效），该凭证换开客票时无须付款；刘某某获取及使用上述垫付票款的机票时，应遵守国家民航管理机关及海航公司的有关规定，任何一方如有违约，另一方均可根据以上协议要求赔偿相应的损失；本协议之有效附件为“金鹿银卡章程”。

“金鹿银卡章程”第 1 条规定：金鹿银卡是海航公司发行的一种预付票款、购票后从中垫付 50% 票款及享受优先确定座位和精品服务的凭证；本卡限量发行，有效期从发卡之年起至第十年的 12 月 31 日止。

合同签订后，刘某某当日向海航公司支付票款人民币 25 000 元，海航公

司于同日向刘某某发放“海南航空股份有限公司金鹿银卡”，海航公司按协议约定向刘某某发放2002年两张垫付了全额票款的乘机凭证，刘某某也一直凭金鹿银卡享受50%票款及享受优先确定座位和精品服务至合同期满。但2003年后，海航公司以发放金鹿银卡违背其公司内部规定为由不再按协议约定每年向刘某某发放两张已垫付全额票款的乘机凭证。海航公司对停发两张垫付了全额票款的乘机凭证的事项，没有书面告知或以公告形式公示持金鹿银卡人。刘某某以海航公司未按协议发放9年共18张已垫付全额票款的乘机凭证为由，于2012年12月18日向法院提出诉讼，请求判令海航公司向刘某某发放18张由海航公司垫付全额票款的乘机凭证。

一审法院审理后按法定2年有效诉讼时效计算，判决海航公司应当按合同约定向刘某某发放2010年度和2011年度计4张垫付全额票款的乘机凭证，并依法驳回从2003年度至2009年度的垫付全额票款的乘机凭证的诉讼请求。刘某某不服判决提起上诉，二审法院依法判决驳回上诉，维持原判。[①]

【案例评析】本案是金鹿银卡付款使用协议诉讼时效争议纠纷。

从本案刘某某与海航公司之间签订的“海南航空股份有限公司金鹿银卡付款协议”及其附件“金鹿银卡章程”的内容来看，金鹿银卡虽是海航公司发行的一种预付票款、购票后从中垫付50%票款及享受优先确定座位和精品服务的凭证，但刘某某如果没有发生购票消费时，海航公司并没有返还预付票款的义务。双方签订合同的目的包括两方面：刘某某是为了享受海航公司10年期限内50%的机票优惠，自愿交付2.5万元购买了金鹿银卡；海航公司是为了吸引消费者与其建立长期稳定的消费关系，承诺在刘某某办理金鹿银卡后的10年期间每年向刘某某发放两张已垫付全额票款的乘机凭证（可换开海航国内任意非包机航线，不记名、可转让、单程、当年有效），该凭证换开客票时无须付款；刘某某还享受海航公司优先确定座位和精品服务。因此，本案合同是消费者刘某某与提供服务的海航公司为建立双方稳定消费关系而成立的长期消费服务合同，该合同双方当事人的意思表示真实，主体适格，内容并未违反法律、行政法规的强制性规定，合同有效，刘某某有权利享受海航公司提供的合同约定内容的服务。

---

① 海口市美兰区人民法院（2013）美民一初字第215号民事判决书、海南省海口市中级人民法院（2013）海中法民二终字第300号民事判决书。

关于本案金鹿银卡使用协议争议的诉讼时效问题，需要从金鹿银卡付款协议约定的有效期着手。双方在2001年12月30日签订合同并付款，海航公司交付金鹿银卡时已到2002年，根据金鹿银卡章程的约定，金鹿银卡有效期从发卡之年起至第十年的12月31日止。因此，按照通常理解和公平合理的解释①，本案金鹿银卡的使用期限应从发卡之年2002年起计算至第十年即2011年12月31日止，而不应是金鹿银卡上载明的有效期（至2010年12月31日止）。

根据合同约定，刘某某自发卡之年起至第十年的12月31日止，每年可分别获得海航公司发放的两张免费乘机凭证，且当年有效。即海航公司应自2002年起在每年的12月31日前履行发放两张免费乘机凭证的义务，否则构成违约；刘某某应在当年使用该乘机凭证，过期无效。可见，海航公司每年免费发放的两张乘机凭证是附期限的法律行为，是一种定期给付之债。

定期给付之债的诉讼时效期间应从每一期的履行期限届满时分别起算，适用《民法通则》法定两年的诉讼时效规定。因此，本案的诉讼时效应分期计算，即应以每年的12月31日每一期的履行期限届满之日起计算。据此，2003年至2009年期间的14张免费乘机凭证的诉请已经超过诉讼时效，依法应予以驳回，2010年度和2011年度计4张垫付全额票款的乘机凭证的诉请，依法应予以支持。故两审法院判决是正确的。

五、航空货物运输保险代位求偿的诉讼时效

【案例】某保险公司诉上海机场（集团）有限公司保险代位求赔案

【案情介绍】 甲公司向乙会社购买250纸箱/2500套××牌数码相机，以CIF（成本+保险+运费）方式计价，共计美金190 575元。乙会社于2007年7月2日开具了相应发票和装箱单。乙会社对该批货物向原告某保险公司投保，原告于2007年7月12日签发了保险单。2007年7月15日，该批货物于由香港运往上海，同日运抵上海浦东机场后，存放于由丙公司向上海机场（集团）有限公司承租的G5库。2007年7月18日，G5库的消防水管爆裂，

① 金鹿银卡上载明的条款为海航公司提供及制作的格式合同条款，《合同法》第39条规定："采用格式条款订立合同的，提供格式条款的一方应当遵循公平原则确定当事人之间的权利和义务……"第41条规定："……对格式条款的理解发生争议的，应当按照通常理解予以解释。对于格式条款有两种以上解释的，应当作出不利于提供格式条款一方的解释……"

导致部分货物受到水湿。2007年7月19日，收货人甲公司向丙公司发送事故通知，告知上述××牌数码相机遭受水渍的事实，并将该事故通知抄送丙公司转交甲公司。检验报告确定货损性质和原因为货物系被仓库内棚顶有瑕疵的消防水管突然涌出的水浇湿。之后，甲公司向乙会社支付检验费美金2710元。2007年8月29日，某保险公司于向甲公司支付保险赔款美金88 297.42元，甲公司于2009年3月12日向原告出具了权利转让书，转让上述××牌数码相机所涉的追偿权。据此，原告请求判令：（1）被告赔偿货物损失及利息；（2）被告承担本案诉讼费。审理中，某保险公司对第一项诉讼请求的金额调整为货物损失人民币236 816.51元及利息人民币54 946.21元。另查明，2009年7月16日，某保险公司就本案事故向上海市第一中级人民法院投递起诉材料。

经审理法院认为，根据《民用航空法》第135条的规定，航空运输的诉讼时效期间为两年，自航空器到达目的地之日起计算。故本案诉讼时效应从2007年7月15日起算。原告就本案曾于2009年7月16日向法院投递起诉材料，故根据《最高人民法院关于审理民事案件适用诉讼时效制度若干问题的规定》第12条的规定，诉讼时效从原告提交起诉状之日即2009年7月16日起中断，从中断时起，诉讼时效期间重新计算，至2011年7月14日收到原告本案起诉材料，尚未超过两年的诉讼时效。①

【案例评析】诉讼时效期间的中断是指诉讼时效进行中，因法定事由的发生，推翻了诉讼时效存在的基础，因此使已进行的期间全部归于无效，诉讼时效重新起算。

《民法通则》规定，中断的事由主要包括提起诉讼、主张权利、义务人承诺。《最高人民法院关于审理民事案件适用诉讼时效制度若干问题的规定》第12条规定："当事人一方向人民法院提交起诉状或者口头起诉的，诉讼时效从提交起诉状或者口头起诉之日起中断。"

本案原告就本案曾于2009年7月16日向上海市第一中级人民法院投递起诉材料，故诉讼时效从原告提交起诉状之日起中断，诉讼时效期间从中断时起重新计算，至法院2011年7月14日收到原告本案起诉材料，尚未超过2年，故本案未超过诉讼时效。

① 上海市浦东新区人民法院（2011）浦民六商初字第S4667号民事判决书。

六、航空公司承担连带保证责任的诉讼时效

【案例】夏某某诉林某某等民间借贷合同纠纷案

【案情介绍】被告林某某、张某某向原告夏某某借款230万元，约定借款利率为月利率1.5%。2009年3月18日，原告夏某某将230万元汇入林某某的账户。2012年10月29日，被告林某某、张某某作为借款人，原告夏某某作为出借人，被告汤某某作为保证人签订"借款协议"，协议载明："经过统计：截至2012年10月29日，张某某向夏某某的借款净额为人民币2 300 000元，以此据为准，以前银行汇款单作为凭证。"同日，汤某某与原告签订"保证合同"，约定为原告与张某某的借款提供连带责任保证；担保的借款本金为230万元，保证范围包括借款本金、利息等；保证期间为主合同约定的履行期间届满之日起二年。汤某某及温州市捷达航空服务有限公司在保证人落款处签字、盖章。

协议签订后，林某某、张某某于2013年1月28日偿还原告借款本金30万元并陆续向原告支付利息至2015年9月19日。此后，林某某、张某某未偿付剩余借款本息。另查明，2015年8月19日，温州市捷达航空服务有限公司变更为温州捷达航空服务股份有限公司以下简称捷达航空公司。

审理法院判决被告林某某、张某某共同偿付原告夏某某借款本金200万元及利息；被告汤某某、温州捷达航空服务股份有限公司对上述借款本息承担连带清偿责任；保证人承担保证责任后，有权向债务人追偿。①

【案例评析】本案双方争议的焦点有两个，一是原告的起诉是否已过诉讼时效；二是被告捷达航空公司是否提供保证，汤某某、捷达航空公司的保证是否已过保证期间。

关于原告的起诉是否已过诉讼时效的问题。《最高人民法院关于审理民事案件适用诉讼时效制度若干问题的规定》第6条规定："未约定履行期限的合同，依照合同法第六十一条、第六十二条的规定，可以确定履行期限的，诉讼时效期间从履行期限届满之日起计算；不能确定履行期限的，诉讼时效期间从债权人要求债务人履行义务的宽限期届满之日起计算，但债务人在债权人第一次向其主张权利之时明确表示不履行义务的，诉讼时效期间从债务

① 温州市鹿城区人民法院（2016）浙0302民初8050号民事判决书。

人明确表示不履行义务之日起计算。”2012 年 10 月 19 日签订的“借款协议”虽然是对之前借款所作的结算，但从被告汤某某作为新加入的担保人提供担保及协议未对还款期限作出约定可知，原告未要求张某某、林某某立即还款。双方签订借款协议的真实意思表示为继续借款，且未约定还款期限。协议签订后，张某某、林某某向原告支付利息直至 2015 年 9 月 19 日，其间原告未要求偿还借款。之后，张某某、林某某停止支付利息，原告才要求偿还借款。原告于 2016 年 7 月 5 日起诉，未超过两年诉讼时效。

关于被告捷达航空公司是否提供保证，汤某某、捷达航空公司的保证是否已过保证期间的问题。汤某某、捷达航空公司在保证人落款处签字、盖章，应当认定为提供保证。捷达航空公司系法人，其加盖印章的行为并不能起到见证的效果。汤某某、捷达航空公司与原告约定的保证期间为主债务履行期限届满之日起 2 年，但本案担保的借款未约定还款期限。

《最高人民法院关于适用〈中华人民共和国担保法〉若干问题的解释》第 33 条规定：“主合同对主债务履行期限没有约定或者约定不明的，保证期间自债权人要求债务人履行义务的宽限期届满之日起计算。”林某某、张某某停止支付利息后，原告才要求偿还借款，至今未超过 2 年。因此，汤某某、捷达航空公司的保证未过保证期间。林某某、张某某欠原告借款本金 200 万元及利息事实清楚，本案不存在虚假诉讼。原告要求偿还借款本金及利息，符合法律规定，法院予以支持。汤某某、捷达航空公司自愿提供连带责任保证，且未过保证期间，应当对林某某、张某某的上述债务承担连带责任。保证人承担保证责任后，有权向债务人追偿。

七、航空保险事故与保险期间的适用

【案例】孙某某诉中国太平洋人寿保险股份有限公司安徽分公司保险合同纠纷案

【案情介绍】2015 年 7 月 2 日，孙某某购买了海南航空地公司承运的合肥至广州 2015 年 7 月 8 日起飞的航班号为 HU7244 的机票，同日孙某某为此次出行在中国太平洋人寿保险股份有限公司安徽分公司（以下简称太平洋人寿安徽分公司）投保了任我行交通工具意外伤害险，飞机项下的意外伤害保险金额为 40 万元。保险期间自 2015 年 7 月 8 日至 2015 年 7 月 14 日。

保险责任条款约定："在保险期间内，本公司依据与投保人的约定对被保险人遭遇的以下 3 类风险中的一类或者数类承担保险责任……C 类：被保险人以乘客身份乘坐商业运营的民航班机，自通过机场安全检查时起至抵达目的地走出民航班机的舱门止，因遭受意外伤害导致的身故或伤残。被保险人在保险期间内遭遇投保时约定的风险，本公司按下列约定给付保险金……（2）残疾保险金，被保险人自意外伤害事故发生之日起 180 日内以该次意外伤害为直接原因致伤残的，且属于《人身保险伤残评定标准（行业标准）》中所列的伤残条目，本公司依照该标准规定的评定原则进行评定，并按评定结果所对应该标准规定的给付笔录乘以该类风险所对应的保险金额给付残疾保险金。"免责条款约定："……12. 交通工具自始发地出发以后，未到达目的地之前，在汽车和火车的车厢外部、轮船的甲板之外，飞机的舱门之外所遭受的意外导致的身故或伤残。"

2015 年 7 月 8 日，孙某某在合肥新桥机场办理相关手续后登机。飞机起飞后，机组人员通知乘客飞机后货舱起火，要求乘客做好逃生准备。后飞机紧急迫降回合肥新桥机场，孙某某在航空机组人员的指导下紧急撤离，但在紧急撤离过程中摔伤。法院根据孙某某的申请，就其伤残等级委托安徽正宇司法鉴定所按照《人身保险伤残评定标准（行业标准）》进行鉴定，该鉴定机构于 2016 年 6 月 22 日出具鉴定意见书，鉴定意见为："被鉴定人孙某某因外伤致其左胫骨下段开放性粉碎性骨折，左腓骨中断骨折，左小腿软组织挫裂，现遗有左踝关节活动受限属十级伤残。孙某某为此支付鉴定费 1050 元。"法院经审理后，判决被告太平洋保险安徽分公司向原告孙某某支付保险金 4 万元。①

【案例评析】关于孙某某与太平洋人寿安徽分公司之间的保险合同关系，有保险单足以认定。该合同内容并不违反法律和行政法规的禁止性规定，应是合法有效的合同，双方均应履行各自的合同义务。

本案争议焦点在于保险事故是否发生在保险合同约定的保险期间之内。

本案太平洋人寿安徽分公司辩称，孙某某本起事故构成保险合同第 12 条免责条款之约定。但从本案保险责任约定来看，被保险人以乘客身份乘坐商业运营的民航班机、自通过机场安全检查时起至抵达目的地走出民航班机的舱门止，因遭受意外伤害导致的身故或伤残，均为保险期间内的伤害。

① 安徽省合肥市庐阳区人民法院（2016）皖 0103 民初 1191 号民事判决书。

本案原告孙某某是在紧急撤离过程中摔伤，属于走出民航班机舱门的过程中发生的事故，下机期间应属于保险期间范畴。更重要的是，孙某某遭遇意外伤害的原因行为来自于飞机飞行过程中遇货仓报火警，结果行为产生于舱门之外，保险条款约定“飞机的舱门之外所遭受的意外导致的伤残”，该条款通常意义上应理解为造成意外的原因行为发生于舱外，因此，太平洋人寿安徽分公司应对保险事故承担给付保险金责任，不能适用保险合同第12条免责条款。

八、水上超轻型飞机产品质量侵权纠纷的诉讼时效

【案例】湖北威格集团有限公司与中国航空工业总公司六〇五研究所产品质量侵权纠纷案

【案情介绍】1995年6月19日，湖北威格集团有限责任公司（以下简称威格公司）与中国航空工业总公司第六〇五研究所（以下简称六〇五所）签订了一份海欧200型水上超轻型飞机购销合同，合同约定威格公司购买六〇五所超轻型水上飞机一架，价值265 000元，并扣除10 000元质量保证金，待交付飞机满一年后付清，并在合同第7条注明：“海欧200型超轻型水上飞机是未经适航审定的飞机，是由六〇五研制试飞成功，由质检部门审定通过的飞机”。

1995年6月20日，威格公司付款255 000元之后，六〇五所将飞机运至威格公司下属的合丰实业发展有限公司所在的武汉市黄陂区木兰湖。1995年9月，威格公司购买该飞机停放在木兰湖边，因风大遭受损坏，由六〇五所前往木兰湖对该飞机进行维修，并约定维修费18 000元，如不给付按约定维修费的30%按月计算违约金。威格公司仅付维修费7000元，欠购机款11 000及违约金至今未付。1997年9月21日，威格公司聘请驾驶员丁某某驾驶该飞机在空中飞行时，发动机从飞机体中剥离坠入木兰湖中，后经组织打捞，发动机至今没有打捞出来。

在庭审中，法院要求六〇五所对该飞机系合格的民用航空器即其质量合格进行举证。六〇五所仅举证海欧200型超轻型水上飞机系中国航空工业总公司航空计［1995］1号文件批准生产的飞机，但该飞机没有中华人民共和国民航局颁发的型号合格证、生产许可证、适航证等证书。

威格公司对六〇五研究所提起产品质量侵权诉讼，请求法院依法判令六〇五所赔偿其经济损失。六〇五研究所则提起反诉，要求威格公司支付飞机维修费及违约金及下欠购机款。威格公司辩称六〇五所诉飞机维修费及违约金及下欠购机款应由威格公司给付的请求，已经超过法律规定的2年诉讼时效，请求法院依法驳回反诉的诉讼请求。

法院经审理后判决：六〇五所向威格公司赔偿购买飞机损失255 000元；驳回六〇五所向威格公司要求给付购飞机款10000元及利息和飞机维修款11 000元及违约金2 594 000元的诉讼请求；驳回威格公司其他诉讼请求。①

【案例评析】本案争议焦点有包括两个：一是海欧200型水上超轻型飞机作为不合格的民用航空产品，被告（销售者）应否承担产品质量责任；二是飞机维修费及违约金的诉讼请求是否超过诉讼时效。

1. 超轻型飞机的产品质量责任问题

超轻型飞机，是按重量分类中最轻的一类飞机，通常是指由螺旋桨驱动、乘员不超过2人、最大起飞质量不超过480千克的小型通用飞机，承载能力很小，一般只适合在晴朗天气飞行的低速飞机。超轻型飞机属民用航空类，具有低空、低速、稳定和安全等特点，结构简单、重量轻、价格便宜、容易操纵、维护方便，可广泛应用于农林牧业、勘探、航空摄影、航空体育运动和旅游等，是通用航空技术发展的方向之一。2008年汶川大地震后，国家测绘局安排中国测绘科学研究院调集超轻型飞机低空数码遥感系统，利用超轻型飞机低空航空摄影的技术优势获取高分辨率大比例尺数字航空遥感影像，为广元市的灾害评估和灾后重建提供1∶2000的基础测绘资料。

超轻型飞机因属民用航空类，故其型号设计、生产许可、适航等方面应适用《中华人民共和国航空器适航管理条例》（以下简称《航空器适航管理条例》）的相关合格证和适航证的规定。② 主要包括以下几个方面。

任何单位或者个人设计民用航空器，应当持航空工业部对该设计项目的审核批准文件，向民航局申请型号合格证；民航局接受型号合格证申请后，应当按照规定进行型号合格审定；审定合格的，颁发型号合格证。

任何单位或者个人生产民用航空器，应当具有必要的生产能力，并应当

① 湖北省武汉市黄陂区人民法院（2000）陂经初字第288号民事判决书。

② 《航空器适航管理条例》第6条、第7条、第8条、第9条规定。

持《航空器适航管理条例》第6条规定的型号合格证，经航空工业部同意后，向民航局申请生产许可证。民航局接受生产许可证申请后，应当按照规定进行生产许可审定；审定合格的，颁发生产许可证，并按照规定颁发适航证。任何单位或者个人未按照前款规定取得生产许可证的，均不得生产民用航空器。但《航空器适航管理条例》条例第8条规定的除外。

任何单位或者个人未取得生产许可证，但因特殊需要，申请生产民用航空器的，须经民航局批准；按照前款规定生产的民用航空器，须经民航局逐一审查合格后，颁发适航证。民用航空器必须具有民航局颁发的适航证，方可飞行；民航局颁发的适航证应当规定该民用航空器所适用的活动类别、证书的有效期限及安全所需的其他条件和限制。

在本案中，威格公司向六〇五所购买的海欧200超轻型水上飞机系民用航空器，该飞机没有民航局颁发的型号合格证、生产许可证及适航证书，六〇五所仅因其上级主管机关中国航空工业总公司下达的文件而生产和销售该飞机，其行为不符合法律规定，该飞机系未经许可而违法生产并销售的民用航空产品。

《民法通则》第122条规定："因产品质量不合格造成他人财产、人身损害的，产品制造者、销售者应当依法承担民事责任。运输者、仓储者对此负有责任的，产品制造者、销售者有权要求赔偿损失。"

涉案的海欧200超轻型水上飞机没有民航局颁发的型号合格证、生产许可证及适航证书，该飞机因质量不合格造成飞行事故毁损，六〇五所对该飞机销售后造成事故应负主要责任。威格公司明知该飞机为"三无"产品进行购买并使用，也负有一定的事故责任。因此，威格公司要求六〇五所对该飞机质量合格举证的请求及要求六〇五所赔偿购机款损失的请求，法院依法给予了支持。

2. 飞机维修费及违约金的诉讼时效问题

在本案审理过程中，六〇五所提出要求威格公司支付维修费及违约金的诉讼请求。从案情看，该飞机维修费及违约金发生于1995年9月，至2000年六〇五所要求威格公司支付维修费及违约金、提起诉讼请求时，已经超过法律规定的两年诉讼时效，据此，法院判决不予支持，依照《民法通则》第135条驳回六〇五所的诉请。